아파트
투자학

아파트 투자학

초판 1쇄 발행 2026년 1월 14일
초판 2쇄 발행 2026년 1월 21일

지은이 이웃사람(이호석)

발행인 장상진
발행처 (주)경향비피
등록번호 제2012-000228호
등록일자 2012년 7월 2일

주소 서울시 영등포구 양평동 2가 37-1번지 동아프라임밸리 507-508호
전화 1644-5613 | **팩스** 02) 304-5613

ISBN 978-89-6952-643-4 03320

- 값은 표지에 있습니다.
- 파본은 구입하신 서점에서 바꿔드립니다.

아파트 투자학

오르는 아파트에는 이유가 있다

이웃사람(이호석) 지음

경향BP

머리말

이웃사람입니다.

각색과 가공을 거치는 과정에서 이미 죽은 정보가 되는 책을 평소 그리 즐기지 않습니다. 특히 투자서는 더더욱 실천이라는 용기를 글로 이끌기도 어렵고, 눈으로 보고 행하는 모든 것을 독려하지 않으면 굳이 상호간 시간 낭비가 되니 그렇습니다. 그래서 혹여나 나의 독자가 그런 영양가 없는 경험을 할까 봐 늘 출간에 대한 제의를 거절해 왔습니다.

그러나 이렇게 책을 펴낸 까닭은 위 고민보다도 이 책을 보게 될 앞으로의 제 독자분들이 우리나라 주택시장을 바라보며 스스로 해석할 최소한의 잣대를 명쾌하게 세워 보고자 해서입니다. 앞으로 어떤 기사를 접하든 사실과 왜곡, 비약과 비판을 단번에 알 수 있도록 도울 기준을 이 책에 담습니다. 반갑습니다.

이웃사람 이호석

차례

제3장 기본 소양
– 투자자는 먼저 '마음가짐'을 갖춰야 한다

제4장 방향 설정
– 어디에, 어떤 기준으로 투자할 것인가

제5장 자료 수집
- 발로 뛰는 정보가 수익을 만든다

제6장 분석 기법 : 지역 설정
– 어떤 지역이 오를 것인가를 읽는 법

제7장 분석 기법 : 단지 설정
– 좋은 단지를 고르는 눈을 키워라

제8장 분석 기법 : 타점 설정

– 언제 사야 할지 타이밍을 잡아라

제9장 분석 기법 : 맞춤 설정

– 나에게 맞는 투자 조건을 설계하라

제10장 실전 전략 : 정성 평가
– 좋은 입지를 선별하는 눈을 길러라

제11장 실전 전략 : 종합 평가
– 모든 정보를 종합해 최적의 결정을 내리다

개념 정리

- 아파트 투자의 출발점을 이해하라

이 장의 목적은 아파트 투자에 대한 이해를 돕고자 함입니다. 아파트 투자는 어떠한 장점과 단점을 가지고 있는지, 또 가진 특성에 따라 어떻게 접근하며 사고해야 하는지 설명합니다. 자산을 크게 나누면 비(非)부동산과 부동산이 있고, 부동산 안에서도 주택과 비(非)주택이 있는데, 왜 아파트에 투자해야 하는지 알아봅니다.

01

학문으로의 아파트

: 아파트를 하나의 '연구 대상'으로 이해하기

흔히 주식과 코인을 공부하듯이 아파트도 학습이 필요합니다. 어쩌면 그 어떤 투자처보다도 더욱 열심히 공부해야 할 종목이 아파트입니다. 아파트는 주식과 코인과 달리 분산 투자 시 비교적 큰 자본을 들여야 하며 세제 혜택을 위해 사실상의 거주 및 보유도 필요하기 때문입니다.

차라리 주식처럼 분산 투자가 된다면 좋았겠지요. 내 전체 자산에서 액면 가액에 맞춰 지역별로 조금씩 나눠 담으면 되니까 말입니다. 그런데 부동산은, 그리고 제가 이 책에서 말하는 아파트는 그렇지 않습니다. 한 번의 매수로 정확하게 영점을 잡아 취득을 하고 시간을 들여 소유를 해야 합니다. 그러니 더욱 밀도 높은 학습이 요구되는 것입니다.

처분도 어렵습니다. 덜컥 잘못 사도, 주식은 다음날 내 마음이 가는 대로 처분하면 됩니다. 그러나 아파트는 취득세 등 이미 지불된 중간 비용도 금전적으로 문제이며, 이 외에도 물리적인 통근, 전학 등 생활 전반의 문제까지 따르므로 처분이 만만하지 않습니다. 또 당연히 사겠다는 매도자가 매도를 결정한 다음날 땅에서 솟아나지도 않지요.

2023년 국토교통부 주거실태조사에 따르면 우리나라 주택의 평균 보유 기간은 약 8년으로 투자 기간이 짧지도 않습니다. 투자 관점에서 보면 10년 가까운 기간에 계속적으로 투자가 지속되어야 한다는 것이니, 긴 투자 기간에 맞춰 투자할 물건의 선정도 장기적인 시야로 선별해야 합니다.

덧붙여 긴 기간에 보유할 나의 주택과 나의 인생의 결이 맞아야 합니다. 매수를 하던 시점, 보유를 하는 와중, 매도를 하게 될 그 미래의 내가 목적하는 투자 이상향과 현재 주안점 간의 괴리가 최대한 작게끔 설정해도 모자랍니다. 평행하는 듯 보이지만 기울기 각이 1도만 틀어져도 두 선은 졸지에 갈라서니 말입니다. 장기적인 관점을 가져 보다 올바른 주택 매수를 목적해야 한다는 것을 유념하십시오.

아파트 투자는 티끌 같은 오류도 없는 온전한 의사결정이 매순간마다 요구됩니다. 특히 첫 매수가 가장 중요한데, 이는 우리가 살면서 겪게 되는 입학, 취업, 결혼 등과 비슷한 수준입니다. 그런데 자문을 하다 보면 이렇게 중요한 의사결정을 대부분 두어 달 정도만 고민하고 덥석 매수합니다.

물론 결혼도 두어 달 만에 결정할 수 있겠지만, 가능하다면 상대에 대한 충분한 이해를 마친 다음에 동행 여부를 결정해야 큰 실수를 줄일 수 있습니다. 장고(長考) 끝에 악수(惡手)를 둘지언정 악수가 악수인지를 알아볼 눈도 없이 아파트를 매수하는 참사는 막아야 합니다. 그런데 이렇게 중요한 의사결정을 두어 달 만에, 심지어 시댁·친정과의 거리 따위와 같은 사사로운 이유를 붙여서 결정하는 분이 많습니다. 어떤 분은 최상위 지역인 강남에 내 집 마련을 할 수 있으면서도 동탄에 친정이 있어서 거기에 집을 샀습니다.

거주를 분리해서라도 반드시 최우선으로 고려해야 할 시장에서의 입지적 가치를 그렇게 개인적인 이유들로 현격히 낮추는 선택을 합니다. 그렇게 잘못 매수를 하면 보유부터 기회손실이 되며 나중에는 매도도 어려워져 인생 난이도가 대폭 오르는데도 말입니다.

특히 요즘 같은 경우는 지역별 격차가 더 커지고 있습니다. 당장 2025년만 봐도 상급지라 표현되는 평당가 5,000만 원 이상의 지역 가격 상승폭이 미만 지역보다 무려 60% 이상 큰 폭의 상승을 보이고 있으니 말입니다. 매수할 단지 설정과 지역 설정이 그만큼 중요해지는 것이며 단 한 번의 매수 실수로 상급지로의 갈아타기 기회마저 박탈될 수 있습니다.

아파트 투자는 첫 단추부터 잘 끼워야 합니다. 이 내용을 책의 서두에 넣는 이유도 이것이 가장 핵심이기 때문입니다. 아파트를 함부로 매수하지 마십시오. 혹여나 이 책을 다 읽고도 잘 이해가 안 된다면 차라리 주식과 코인을 하십시오. 아파트는 한 번의 잘못된 매수가 평생을 모은 자산에서 남들과 격차만 키웁니다.

원론적으로 다시 강조하지만 아파트는 학문과 같이 대해야 합니다. 아파트 투자는 사전적 정의 그대로 체계적으로 배워서 익혀야 하는 지식, 개인의 사정과 감정보다는 정확한 방정식의 방법론입니다. 어찌 보면 수학 공식과 가까운 편입니다. 시간을 들여 충분히 학습하고 공식을 이해한 다음, 아파트 시장에 대한 온전한 이해가 되는 시점에 투자하세요.

이 책에는 오로지 리스크를 방지할 방도만 담을 것입니다. 더 오르고 덜 내리는 투자를 위해서, 시간이 지나면서 더욱더 다른 지역들보다 더 오르며 급지 열위를 극복하는 투자로 시간이 지나면 지날수록 이득을 볼 방향 말입니다. 근거는 가까운 일본에 있습니다. 잃어버린 20년이라 조롱받던 시간을 지나 결국 긴자 등 일본 핵심지 지역은 모두 전고점을 돌파하고, 오히려 대세 상승에 가까운 지난 5년을 보내면서 자산 양극화를 키웠습니다.

지역별 격차가 커지는 와중에 누군가는 오히려 명목이 아닌 실질적 자산 증식을 이루고, 누군가는 실질도 아닐 명목적 가격 정체에 근본적인 기회손실을 맞이합니다. 우리도 대비해야 합니다.

- 다른 투자와 같이 아파트 투자도 학습이 필요합니다. 충분한 시간을 들여서 공부하세요.
- 아파트를 매수하는 시기에 지극히 개인적인 조건을 달아 시장 가치를 훼손하지 마십시오.
- 아파트 매수는 입학·취업·결혼과 비등한, 인생에서 상당히 중요한 의사결정입니다.

투자로서의 아파트

: 자산 증식의 수단으로 바라보기

이제 아파트 투자의 결정이 매순간마다 중요하다는 것은 전달되었을 것입니다. 그렇다면 도대체 왜 아파트일까요? 아파트 외에 오피스텔도 있고 빌라도 있고 주상복합도 있는데 말입니다. 이유는 간단합니다. 아파트가 비아파트보다 연간 거래량이 많고 시장이 더욱 크기 때문입니다.

투자는 당사자 간의 가치 평가가 다른 구간을 기회로 잡아내 이득을 얻는 거래를 반복하는 것입니다. 그러니 시장이 크다는 것은 그 안에 속하는 거래 당사자가 많다는 것이고, 당연히 시장이 커서 기회도 많은 종목인 아파트가 낫다는 것입니다. 시장이 크면 주식이나 코인과 달리 다소 부족한 아파트의 환금성을 일정 부분 해소할 수도 있습니다.

주택매매 거래 현황-주택유형별(전국)

지역	주택 유형	2024년	
		동(호)수	면적(천㎡)
전국	단독주택	48,282	5,429
	다가구주택	7,844	2,575
	다가구주택	75,943	3,672
	연립주택	18,455	1,211
	아파트	492,052	36,632

출처 : 부동산통계정보

주택매매 거래 현황-주택유형별(서울)

지역	주택 유형	2024년	
		동(호)수	면적(천㎡)
서울	단독주택	3,040	509
	다가구주택	1,382	322
	다가구주택	27,555	1,164
	연립주택	3,159	207
	아파트	58,282	4,418

출처 : 부동산통계정보

실제로 아파트와 일반 다세대, 연립주택의 연간 거래량을 비교해 보면 아파트의 연간 거래량이 비아파트 전체를 합친 거래량보다 높은 비율을 점하고 있습니다. 더 나아가 빌라의 매매가격지수 추이만 보아도 과거와 달리 아파트 가격이 뛰어도 반응이 시원치 않은 편이고, 아파트로의 매수세만 계속해서 증가하므로 아파트를 공략해야 합니다.

물론 최근에 지어지는 오피스텔과 주상복합은 예전과 달리 구조와 전용 공간에 대한 단점이 대폭 개선되었습니다만 굳이 빈틈을 찾아 틈새시장을 발굴하는 노고를 들일 이유가 있을까요? 이미 지어진 기축 아파트 비율만 봐도 절반 이상을 차지하고 있는데 말입니다. 아파트는 기존 시장과 신규 유입 모두를 압도하고 있습니다.

참고로 주식, 코인은 환금성이 비교적 좋은 편이고 소액으로도 가능한데 왜 굳이 부동산 투자를 해야 하느냐는 반문이 있을 수 있습니다. 굳이 설명하자면, 아파트 투자는 주식이나 코인보다 비교적 수월하게 규모가 더 큰 대출이 나옵니다. 무려 1금융이 절반 가까이나 보증을 서 주는 투자입니다.

현행 DTI 기본 규제 비율을 보면 투기지역·투기과열지구에서 40%, 조정대상지역에서 50%, 이 외 지역은 60%입니다. 대출 비율은 정권에 따라 변동이 있습니다만 대부분의 지역은 절반 이상의 자금 조달이 가능하므로 투자자 입장에서는 본인의 보유 현금 외에 매수할 물건을 담보물로 활용해 조달 자금을 키울 필요가 있습니다.

간혹 대출을 끼워 투자하는 것을 투기라 비판하기도 하는데 우리나라의 LTV(주택담보인정비율)는 OECD 국가에서 싱가포르 다음으로 규제가 심한 편입니다. 임대차 3법을 비롯한 다른 부동산 관련 규제를 보면, 대부분의 자유경제체제를 존중하는 국가와 달리 공산주의를 표방하거나 계획경제를 지향하는 국가와 비등한 수준입니다.

개인적으로 주택과 같이 규모가 크면서 동시에 인생 계획과 맞물리는 자산에 대한 대출 비중을 규제하는 것이 상식적이라 생각하지 않습니다. 무분별하게 대출을 받아 채수(한 사람이 실제로 매수한 부동산의 수)를 늘려 투기를 목적하는 것은 당연히 규제해야 합니다. 하지만 주택의 시가 이내로 들어온다면 오로지 개인별 부채 감당에 따른 자유의사를 존중해야 계층 이동을 돕고 국가 발전에 이바지할 가계의 성장도 이룩할 것입니다.

그럼에도 불구하고 대출이 꺼려진다면 경우에 따라서는 전세를 낀 매매와 같이 물권을 팔아 세입자를 들여 자금을 조달할 수도 있습니다. 실제로 2021년 전후에는 정부의 대출 규제로 인하여 자금 조달이 어려워지자 서울의 아파트 갭투자 비율이 50.1%로 절반을 넘겼습니다. 물론 이러한 현상에 대해 전세입자의 전세금을 활용한 투기 행태라 비판하는 의견도 있지만, 저는 시장성에 반하는 규제로 인한 불가피한 대응이라고 생각하며, 불법이 아닌 방안에 입씨름할 이유는 작거나 없다는 쪽입니다.

결국 대출을 끼든 전세를 놓든 내 자본이 아닌 곳에서 신규로 자금 조달을 할 수 있기 때문에 일부분 환금성이 떨어지고 소액, 분산 투자가 어렵다는 단점이 있어도 아파트 투자를 배척할 이유가 작습니다. 다른 사람의 자본을 합법적으로 활용하면서 그 수익을 온전히 가져도 되는 이 정도 크기의 시장은 없습니다.

투자를 말할 때 당연히 불법을 종용해서는 안 될 것입니다. 그러나 상식선에서 합법의 선을 지키고 있다면, 그것에 대한 자의적 판단으로 비난할 주제는 아니라고 생각합니다. 뿐만 아니라 마녀사냥을 조장해서도 안 됩니다. 합법과 상식 안에서 대출과 전세로 조달할 수 있는 자금에 대한 방안도 충분하게 검토할 것을 권장합니다.

그러면 토지나 건물에 대한 투자는 어떨까요? 결론적으로 그것도 좋습니다. 부동산 투자에서 레버리지는 대단한 이점이기 때문입니다.

정리하자면, 비부동산과 부동산 투자 중에서는 대출 여부로 부동산을 추천하며, 상업용 부동산과 주거용 부동산의 선택은 편하게 택하면 되지만 주거용 부동산 중에서는 아파트 종목을 추천합니다.

인생을 살다 보면 몇 가지 원칙이 생깁니다. 도박과 주색(酒色) 등 몇몇 피해야 하는 것이 있듯 말입니다. 아파트와 비아파트도 마찬가지입니다. 주거용 부동산이라는 카테고리에서는 두 부류 중 아파트를 선택해야 합니다. 비아파트를 선택할 경우라도 아파트로 개발될 빌라에 투자해야 합니다. 시장이 계속해서 아파트만 갈망하는데 굳이 대세를 거스르지 마십시오.

- 가격 증감과 시장 크기만 보아도 아파트와 비아파트 투자에서 고민할 이유가 없습니다.
- 아파트 투자는 합법적으로 대출을 내어 추가 조달이 가능한 장점을 지닙니다.
- 건물과 토지를 비롯한 상업용 부동산 투자도 좋지만 거주용이라면 아파트에 투자하세요.

매수 의의

- 사기 전에 반드시 생각해야 할 것들

이 장은 부동산 투자에서 가장 중요한 매수에 대해 설명할 것입니다. 대부분의 사람이 부동산 투자의 매수, 보유 그리고 매도까지의 전 과정을 합하여 종합 예술과 같은 이치라 일컫지만 저는 공감하지 않습니다. 특히 부동산 투자만큼은 매수 단계가 그 어떤 단계보다 우위로, 단연코 가장 중요한 의사결정이기 때문입니다. 매수의 중요성을 지금부터 알아봅니다.

01

매수 실수

: 잘못 사면 손실로 이어진다

아파트 투자는 주식과 같은 금융 상품과 달리 환금성이 극히 떨어집니다. 그러니 아파트를 살 때부터 무결점의 선택을 해야만 하는데, 그 완벽한 의사결정이 요구되는 가장 맨 앞 단계가 매수입니다. 매수를 제대로 이행하지 못하면 그다음 단계인 보유도, 매도도 다 최선이 아닌 차선과 차악, 최악의 결정이 될 것입니다.

국토교통부 매매 실거래가 자료 분석을 보더라도 통상적으로 지역을 대표하는 대단지이면서 검색 유입이 많은 단지의 거래 빈도가 높습니다. 소위 말하는 브랜드 아파트, 유명 건설사 공급 단지의 거래 단가와 빈도, 매수 의뢰가 월등하게 높다는 것입니다. 수도권 거래 상위 단지 순위를 보아도 순위권은 모두 대단지로 평균 가구수가 1,000가구를 넘습니다.

결국 여기서 유념해야 하는 맥락은 환금성을 높이기 위해서는 내 취향이 아닌, 시장이 선호하는 상품을 매수해야 유리하다는 것입니다. 간혹 인기단지 옆에 있는, 저렴한 나홀로(1동) 아파트를 사도 되냐는 식의 질문을 받는데 그러지 말라는 것입니다. 높게 형성된 인기단지 가격과 낮게 형성된 비인기단지 가격을 비싼 것과 싼 것으로 곡해하지 마십시오. 각각은 그저 명품이냐 아니냐이지 고평가와 저평가가 아니라는 의미입니다.

실제로 부동산업을 하면서 만난 수많은 개인 투자자의 실패 사례를 들여다보면 십중팔구 잘못된 매수부터 문제였습니다. 사면 안 되는 물건을 사 버리니 가격 상승 폭이 차이 나서 보유도 하지 못하고, 매도를 해야 하는데 과거의 나만한 호구를 찾기가 쉽지 않습니다. 내가 그 동네 제일의 호구였다는 사실은 늘 뒤늦게 알아챌 뿐입니다.

종목과 사랑에 빠지면 안 된다는 주식 격언과 마찬가지로 많은 사람이 아파트도 어느 한 단지에 빠져 치명적인 단점을 콩깍지로 덮으며 사 버리곤 합니다. 왠지 이 아파트가 저렴한 것은 똑똑한 나만 유일하게 발견한 저평가 단지이기 때문일까요? 비극의 시작입니다. 그렇게 스스로 자해하면서 즐겁게 도장을 찍고 옵니다. 펑펑 울어도 모자랄 판입니다.

부동산이 아닌 주식과 같은 투자는 의사결정에 다소 자비가 있습니다. 시도도 쉽고 탈출도 쉬운 편이라 일찍 손바꿈 원리를 깨닫기도 하니 말입니다. 그러니 기간을 충분히 잡고 조심스럽게 소액으로 접근한다면, 일부분 학습 효과를 보면서 점진적으로 나아갈 수 있습니다.

그런데 부동산은 도장을 찍으면 끝입니다. 점진적으로 배울 틈이 없습니다. 대부분의 사람이 아파트가 실물이라 친숙해서인지 쉽게 투자를 생각하지만 아파트는 실패하면 아예 탈출이 불가할 수도 있습니다. 실제로 100세대 미만, 일명 나홀로 아파트의 거래신고를 살펴보면 직전 거래와의 간격이 5년 이상씩 차이 나는 경우가 많으며, 10년간 단 1건의 거래도 없는 사례가 있습니다.

투입될 자본은 한정적인데 이미 진입된 자본 안에서 다음 단계를 밟아 볼 기회도 사라지는 격입니다. 결국 매수가 가장 중요한 단계이며, 예방도 결론적으로 매수만 잘하면 그만입니다. 매수를 잘하면 그 다음의 보유와 매도도 매끄럽게 성공합니다. 그러니 재차 강조하는데 매수를 두려워하고 충분히 준비하세요.

매수할 때에는 매수 다음의 보유와 그다음의 매도까지 모두 계획하고 진행해야 합니다. 이번 매수를 고민하는 순간에 얼마나 보유할 것인지, 어떻게 매도할 것인지, 그다음 매수는 어떻게 할 것인지까지 고민하고 시도해야 합니다. 내 집 마련이라는 큰 방향은 맞습니다만 그 뭉툭한 방향 설정 때문에 도달하게 될 목적지가 생각과 다를 수 있으니까요.

- 재차 강조하는데 진정으로 매수라는 단계가 가장 중요합니다.
- 잘못된 아파트 투자로 손절도 불가한 상태가 되면 평생 한곳에서만 살아야 할 수도 있습니다.
- 매수를 할 때에는 그다음의 보유와 매도, 더 나아가 다음 매수도 생각하세요.

02

매수 강요

: 분위기에 휩쓸리지 않는 판단이 필요하다

매수는 강제성을 가집니다. 인간은 태어남과 동시에 먹고 지내는 것에 강제적으로 참여하게 되며 의(衣), 식(食), 주(住)라는 기본 요소를 벗어나기 어렵습니다. 물론 주라는 것은 살 주(住)이지, 집 주(宙)가 아닙니다만 모두가 집을 기본 요소라고 생각한다면 시대의 변화에 따라 한자도 바뀌어야 할 것입니다.

시대란 일정하게 구분된 구간으로 언제나 변화하는 시대에 맞추어 옛 것을 버리고 새롭게 모두가 원하는 가치를 좇아 발 빠르게 선점할 필요가 있습니다. 그것이 투자이며, 남보다 앞선 우위에 위치하여 자본주의 사회에서 갖추어야 하는 기본적인 소양을 쉽게 가질 수 있습니다. 결국 매수란 집을 가져야 하는 현재 시대에 맞는 기초적 소양인 것입니다.

참고로 전세는 선택하지 않는 것을 권장합니다. 차라리 월세는 자본을 다른 자산에 투자해 수익을 꾀할 수 있지만 전세는 어떤 자산적 값어치도 없으니 말입니다. 전세는 그저 현금을 금고에 넣어 두는 것과 같습니다. 은행에 예금이나 적금이라도 하면 1원이라도 이자를 받을 텐데 굳이 2년 이상의 시간을 들여서 무이자로 목돈을 방치하는 결정을 할 이유가 없습니다.

전세는 오로지 투자를 목적한 매수를 마친 세대가 결정할 선택권이어야 합니다. 내 집 한 채가 온전히 있는 세대가 하필 거주지 분리를 해야 하는 일련의 사정이 있을 때, 하필 해당 단지에 월세보다 전세가 턱없이 저렴한 경우에나 고민할 결정인 것입니다. 그러니 여유가 된다면 일단 매수부터 하고 전세를 살든 월세를 살든 하세요.

소유한 집이 없는데 전세를 산다는 것은 무모합니다. 투자란 금전과 함께 시간이 투입되는 것인데, 계속 낭비될 시간이 아깝습니다. 누군가는 목돈을 굴려 시간을 통한 기간 수익을 함께 합하며 계층 이동을 하는데 그 모든 기회를 스스로 박탈하는 상황을 만들지 마십시오.

더군다나 매수는 강제적이기 때문입니다. 어차피 아파트란 상품은 장기적으로도 보유할 가치가 있으며 결국 여러분이 도달해야 할 끝점입니다. 이 말은 당장 오르고 내리는 집값에 겁먹어서 매수를 미루고 전세를 사는 결정을 하지 말라는 것이기도 합니다. 어차피 언젠가는 매수를 해야 하므로 시점을 맞춰 움직일 이유 자체도 사실상 따지고 보면 큰 의미가 없습니다.

어차피 매수라는 끝점에 도달해야 하기 때문입니다. 모두가 매수라는 끝점이 같다면 미리 선점해 가격이 오르는 것을 헤지(hedge)할 이유가 더욱 없는, 근본에 가까운 의사결정이니 말입니다. 집값이 오르고 내려도 모두가 한 파도에 같이 올라타 위아래로 비슷하게 움직이니, 당장의 내 집값만 보면서 내렸다고 눈물을 쏟을 이유가 없습니다.

비관론자가 가장 득세했던 2017~19년의 추이를 기억하세요. 그 두세 분기의 가격 하락을 기대하다가 엄청난 집값 급등을 겪고 다시는 되돌릴 수 없는 기회 손실을 본 상황을 말입니다. 후회한다고 해도 이제는 되돌아갈 수 없으니, 결과를 뒤바꿀 수 없다면 최악의 결과를 상정해 피하는 것이 전략입니다.

모두가 착각하는 것이 있는데, 최악은 집값이 내리는 것이 아니라 오르는 것입니다. 집값을 얘기하면서 언제나 집값의 하락이 아니라 집값의 상승을 두려워하라고 제언합니다. 설령 내일 당장 집값이 내리더라도 하락은 그저 시간을 축내고서 버티면 그만입니다. 언젠가는 다시 오를 것이기 때문입니다.

하물며 소위 말하는 부동산 비관론자조차도 집값이 반 토막 나면 매수를 해서 수익을 보겠다고 하지, 절대로 집을 사지 말아야 한다고 하지 않습니다. 그들도 결국 매수 시점 이후부터 상승을 기대하고 매수를 하는 것이지, 계속해서 추가 하락을 거듭한다는 멸망론을 말하는 것이 아닙니다. 문제는 집값이 오르는 데에 있습니다.

만약 집값이 올라 버리면 어떻게 대응할까요? 이전부터 생각해 온 저렴했던 집값이 있는데 거기서 추격 매수할 용기가 갑자기 생길까요? 쉽지 않을 것입니다. 그렇다고 무작정 계속해서 집값이 떨어지기만을 기다릴 수 있을까요? 그것도 어렵겠지요. 결국 집값이 오르면 사실상 해결 방안이 없습니다. 아무런 방도가 없다는 것이 정녕 최악 중 최악의 의사결정이 되는 것입니다.

타임머신을 타고서 시간을 되돌리지 않는 이상 대응책이 없습니다. 그러니 집값이 내리는 것이 두렵다며 내 집 마련을 하지 않는 사람이 제 눈에는 오히려 더 큰 용기가 있는 것으로 보입니다. 최악과 차악의 구분도 하지 못하는, 무지한 탓에 용기를 내야 할 매수가 두렵다는 역설적인 본인의 행동을 알고나 있는지 의문입니다.

마냥 매수를 하지 않는 것이 보수적인 선택이라 생각하지 마십시오. 보수적 의사결정의 진정한 의미는 닥칠 결과에 따라 대응이 가능한 선택을 미리 해 두는 것입니다. 최악, 차악, 차선 그리고 최선이라는 결과 중에서 최소한 최악은 면할 수 있는 선택을 골라내는 의중(意中)이 보수적인 것입니다. 따라서 부동산 투자에서 보수적인 의사결정은 매수이지, 무소유가 아닙니다. 무소유는 그저 무응답, 무방비이니 말입니다.

이 책을 읽는 독자분들이 매수를 하지 못하고 전·월세를 전전하지 않기를 바랍니다. 특히 좌파 정권이 득세할 경우 큰 정부 지향에 따라 사유 재산을 지키기가 어렵습니다. 정치적이라 폄훼될 음모론이 아닙니다. 실제로 매 정권별 집값 급등의 시기는 오히려 시장을 옥죄는 규제만능주의로 매몰된 시점에 있었습니다. 프랑스를 비롯한 유럽 대부분 국가에서 복지를 생각할 정도로 국가 이익이 여유롭던 시절에 포퓰리즘을 고안해 냈고, 우리나라도 이제는 선진국 반열에 올라 잉여 이익을 복지로 돌릴 여유가 생겼다는 긍정적 측면도 있습니다.

하지만 이는 사회 비용의 증가, 양적 완화에 의한 화폐 가치의 훼손, 그리고 그 끝에 세금을 늘려야만 유지될 미래 세대의 착취로 이어지게 됩니다. 결국 우리는 촘촘하게 짜일 미래 사회의 인프라에 사유재산마저 잠식될지도 모릅니다. 그러니 그 방향이 가시화되기 이전에 내 자산을 반드시 똘똘하게 갖추어야 할 것입니다.

지금부터 이 책의 끝까지 모두 매수를 위한 것들만 설명할 것입니다. 앞서 매수가 최우선이라고 말했듯이 부동산 투자가 곧 매수란 사실을 인지하고서 현재까지 부동산 투자, 개발, 시행, 자문, 중개를 업으로 하는 이웃사람의 매수 비법을 모두 알려 드리겠습니다. 이 책이 최종적으로 독자의 아파트 투자 홀로서기에 이바지하기를 바랍니다.

- 바깥에 텐트를 치고 노숙할 것이 아니라면, 매수는 강제적인 의사결정입니다.
- 전세는 유주택자가 거주지 분리 등의 사유로 어쩔 수 없이 선택할 추가 옵션입니다.
- 집값은 가격이 내리는 것이 아니라 오르는 것을 두려워해야 합니다.

기본 소양
- 투자자는 먼저 '마음가짐'을 갖춰야 한다

십여 년이 지난 후에도 전혀 개발될 기미가 없는 지역에 투자하기보다는 천지개벽할 지역을 선점하는 편이 낫습니다. 대표적으로 청량리 역세권 개발과 같은 규모의 호재가 있는 지역 말입니다. 우리는 현재에 투자를 결정하지만 그 수확은 미래에 있으니 미래를 예측할 수 있는 능력이 필요합니다. 이 장에서는 아파트 투자의 기본 소양에 대해 설명합니다.

01

상상(想像)

: 미래 가치를 그리는 눈

투자는 기본적으로 마음가짐이 절반입니다. 이 마음가짐이 올바르지 않다면 좋은 재목(材木)을 골라도 충분한 시간을 들이지 못하고 설익은 매도를 할 것이니 말입니다. 그래서 마음가짐에 대한 올바른 소양 가치를 제시하려고 합니다. 이는 가지를 내고 열매를 틔우기 전의 뿌리 내지는 씨앗이라 할 것입니다.

소양에는 총 3가지가 있는데 그중 으뜸은 상상(想像)입니다. 앞서 아파트 투자는 학문과 같으며 수학과 같은 방정식에 가깝다고 말했는데 그것은 개인적인 사정과 감정을 배제하라는 것이지, 곧이곧대로 계산만 하라는 것은 아닙니다. 상상할 줄 알아야 미래를 전망할 수 있으며, 전망할 줄 알아야 수익 원리를 이해합니다.

사실에 기반을 둔 학문의 연구도 모두 가설(假說)에서 출발하며, 매수 전략의 시작은 일단 상상할 줄 알아야 합니다. 물론 이 상상이 충분히 합리적이면서 상당히 조리 있어야 합니다. 아무런 근거도 없이 망상만 할 것이 아니라 어디가 어떻게 개발이 돼서 얼마의 수익을 볼 것인지, 왜 개발이 될 가능성이 높은 것인지 등 정확한 근거가 있어야 합니다.

그렇게 하나씩 근거가 될 만한 단서를 덧붙이면서 상상할 줄 안다면, 그 상상의 힘이 곧 선점의 가치가 됩니다. 그러면 이 상상을 어떻게 올바르게 할까요? 이것은 우리가 살면서 단 한 번도 본 적이 없는 용을 그릴 수 있는 것을 생각하면 됩니다. 우리는 어떻게 용을 그릴 수 있을까요? 단 한 번도 본 적이 없는데 말입니다.

그 이유는 바로 과거부터 오랜 기간 동안 용의 모습이 이미 새 다리에 사슴뿔과 물고기 비늘을 가진 상태로 자주 그려져 왔기에 익숙해서 가능한 것입니다. 아무도 본 적이 없는 상상의 동물이지만 모두가 마치 용을 본 듯이 그릴 수 있는 이유는 결국 과거에 용을 묘사한 그림들이 많기 때문입니다.

이것을 바꿔서 말하면, 내가 투자할 지역의 미래 모습이 다른 지역의 개발 사례와 맞닿는 지점이 있는지, 역사적 사료를 찾듯 상상의 시작점을 비슷한 유사 사례부터 맞춰 보는 것입니다. 반복하면 할수록 더욱 수월해집니다. 내가 투자할 물건의 미래를 구체적으로 상상하고 싶다면 이미 개발이 된 성공 사례를 충분하게 살펴보세요.

철도 역사를 기준하여 예시하자면, 4개 이상의 환승 노선이 생기면서 집값이 크게 올랐던 서울역, 청량리역, 왕십리역, 공덕역 같은 성공 사례를 충분히 살펴보는 것입니다. 그렇다면 장래에 4개 이상의 환승 노선이 생길 대곡역, 인덕원역, 여의도역, 연신내역, 초지역 같은 역사의 가치가 전과 다르게 명확하게 보일 것입니다.

철도 개통에 따른 아파트 가격 상승률은 과거 부동산원에서 나온 조사 결과 역세권 600m 반경 이내 최대 13%입니다. 지어질 역사와 파급 효과가 유사한 사례를 미리 알고 상상할 줄 안다면 남들보다 빠르게 선점하고, 언제 얼마만큼 수익을 볼 것인지, 목표와 함께 다음 구상도 미리 준비할 수 있습니다.

또 다른 예시로 2기 신도시 공급을 할 때 일시적으로 공급이 몰린 탓에 짧은 기간 동안 크게 미분양 단지가 늘었습니다. 이때 도시기본계획상 거점 역할을 목표하던 판교나 위례 등지의 미래를 미리 가늠할 상상력이 있었다면 매수했을 것입니다. 당시의 미분양 잔여물량을 보면서 용기를 내어 현재 시세의 30% 수준으로 매수했다면 계층 이동을 할 수 있는 기회를 가졌을지 모른다는 것입니다.

지금까지 시장은 내성을 가지는 듯하면서도 사이클 주기마다 일정한 패턴을 보입니다. 그러니 우리는 그 패턴에 유의하면서 시장성을 예측하고 대응해야 합니다. 작게는 미시적인 매물과 호가 변동에 따른 가격 예측이 있고, 크게는 거시적인 금리와 같은 지표에 따른 집값 변동을 주시하며 예측할 수 있습니다.

역사적으로 충분히 시장에 경고해 왔던 시그널들을 무시하지 마십시오. 과거의 데이터를 온전히 이해하고서 변칙적인 변수를 판단해야지, 아무런 데이터도 없이 듣기에 그럴싸한 전망은 전혀 영양가가 없습니다.

우리가 하는 일에도 결과보다 과정이 중요할 때가 있는데, 특히 시장 전망이 그렇습니다. 저는 과거를 보고 미래를 예측해 낼 것이며, 독자분들도 그렇게 함으로써 마침내 홀로 서게 될 것입니다.

비관론에 젖어 상상을 저해하는 말을 하는 사람이 많은 와중에도 과거 사례를 충분히 학습하여 미래 전망까지 해 낸다면 성공적인 투자를 할 수 있습니다. 2008~12년 당시 부동산 투자는 절대 해서는 안 된다며 떠들던 사람들이 그렸던 미꾸라지 같은 미래를 무시하고 본인만의 용을 그리세요.

상상한 용을 따라서 그리듯 이미 개발해 둔 사례를 통해 앞으로 개발될 지역의 미래 모습을 미리 상상해 의사결정을 마쳐야 합니다. 그것이 철도 역사든, 특별건축구역이 될 자리든, 수도권 광역급행철도(GTX)가 지나게 될 곳이든 이전 사례만 있다면 의사결정은 쉬워집니다.

- 상상과 망상의 차이는 합리적인 근거와 충분한 조리에 있습니다. 상상을 연습하세요.
- 상상의 힘은 수많은 과거 사례를 학습하여 온전히 이해한 다음에 뚜렷하게 나옵니다.
- 선점하기 위해서 상상을 하고, 상상이 현실이 될 것을 검증할 사례를 찾으세요.

02

무시(無視)

: 불필요한 소음과 정보에 흔들리지 않기

무시하는 태도도 아주 중요합니다. 대부분의 사람은 어떤 일을 하려고 할 때 주변 사람들이 그러다가 망할 거라며 걱정을 하면 그것이 호의인 줄 알지만 그렇지 않습니다. 그런 사람들은 창의적인 혁신을 저해하는 것이며, 미국의 일론 머스크와 같은 천재의 탄생을 억제하는 것입니다.

우리나라의 경우 이러면 안 되고 저러면 안 된다 식의 힐난에 가까운 주변 사람들의 걱정을 감사히 여기는 경우가 많은데, 정확한 근거와 조리에 맞게 상상할 줄 안다면 이런 말들은 기꺼이 무시할 필요가 있습니다. 과도한 비난에 주저하지 말고 맞설 용기를 키우십시오.

무조건 실패할 것이라는 부정적 사고에 젖어 예금이 아니면 어떤 투자라도 두려워하는 공포를 이겨 내야 합니다. 또 타인의 비관 전망에 동요되어 순식간에 공포에 빠지는 미숙한 마음가짐을 지워야 합니다. 투자에서 상상의 원천은 결국 현재까지의 성공 사례들이듯, 무시의 원천도 결국 과거 사례에 대한 명쾌한 학습에서 나오는 용기입니다.

시험 공부를 완벽하게 했다면 시험 보기가 두렵지 않을 겁니다. 과목에 대한 명확한 이해와 암기가 되어 있다면 말입니다. 제대로 공부하지 않으니 두려움이 생기고 그 두려운 마음이 가슴 한편에 있으니 실패와 같은 부정적 사고가 깃들 공간이 계속해서 넓어지는 것입니다. 완벽한 학습만이 용기의 원천이라는 것을 잊지 마십시오.

부동산 투자를 할 것이라면, 부정적 사고를 끝끝내 무시할 수 있도록 반드시 완벽한 체득을 목적해야 합니다. 학습이 온전히 되어야 무시할 용기를 가질 수 있게 되고, 부정적 전망에 대한 무시로 결국 긍정적 사고가 가능해지며 상상을 펴 나갈 수 있습니다.

제대로 학습했다면 결국 모두가 무시했던 송도의 개발 당시 미계약 물량을 선점할 수 있었을 것이며, 판교로 인한 가격 하락에 바닥이었던 분당의 선도단지를 저가에 용기 내서 매입할 수 있었을 것입니다. 비관적인 전망은 누구나 합니다. 그런 감정은 마음에 담기도 쉽습니다. 하지만 모두가 부정하더라도 완벽한 학습이 말하는 방향이 늘 맞아 왔음을 잊지 마십시오. 상상하지 못하고 무시하지 못하는 대다수는 돈을 벌지 못합니다. 돈을 버는 소수는 상상하고 무시할 수 있는 사람입니다.

투자 관련한 격언 중에 세상의 비관론을 무시해야 부자가 된다는 속설이 있습니다. 비관적인 전망에 두려워하며 매도를 선택해 후회하는 사람이 많은데, 대표적으로 문재인 정권 때 집값을 잡겠다는 약속을 철석같이 믿고서 매도를 택한 경우입니다. 2017년 이후로 집값은 사실상의 슈퍼 사이클, 직전 5개년보다 100%를 상회하는 상승폭을 보였으며 결국 매도했던 선택과 의사결정은 돌이킬 수 없는 손실을 맞이했습니다.

무시도 용기입니다. 시장이 겁먹고 던지는 매물을 줍는 용기, 추격매수라 조롱받을 시점에 더 적극적으로 매수하는 용기, 그 두려운 마음을 꽉 채울 지식과 경험치가 무시를 이끌어 낼 수 있습니다.

대학교 입시를 비롯하여 대부분의 경쟁은 바닥을 깔아 줄 90%를 제외한 나머지 상위 10%끼리의 싸움입니다. 제 눈에는 아직 시장참여자의 90%가 까막눈으로 보입니다. 그러니 여러분은 제대로 학습함으로써 개안(開眼)하여 시황을 초월하고 시대를 초월하는 가치 투자자가 되기를 바랍니다.

- 남이 걱정해 주는 것에 감사를 느낄 시간에 걱정을 날려 버릴 실력을 키우십시오.
- 모두가 그렇지는 않습니다만 부정적인 사람들은 그저 겁쟁이일 수 있습니다.
- 충분한 학습은 무시할 용기와 긍정적 사고를 북돋아 주며 상상할 힘도 줍니다.

03

인내(忍耐)

: 기다림도 투자다

마지막으로 인내를 가지십시오. 보통 큰 차익을 보고 상급지 갈아타기에 성공하는 분들을 보면 아주 충분한 시간을 들여 투자를 했습니다. 이것이 대단한 차이가 아니라고 생각하나요? 그렇지 않습니다. 특히 세계적인 금융위기가 있었던 2008년 전후로 매입한 분들은 말입니다.

지난 37년간 서울 아파트의 상승률은 연평균으로 약 7% 정도입니다. 이것은 쭉 일자로 펴져 있지 않습니다. 2022년에는 전년 대비 거의 5% 안팎의 큰 하락이 있었고, 2023년에는 전년 대비 8% 안팎의 큰 하락이 있었습니다. 그 분들은 이러한 굴곡들을 온전히 인내하면서 보유한 덕분에 남들과 다르게 큰 수확을 볼 수 있었던 것입니다.

그래서 자문을 하며 만나는 분들에게도 설령 매수한 이후 집값이 내리더라도 절대로 후회하지 말라고 말합니다. 당연히 본인이 매수한 다음에도 그대로 집값이 쭉 오르면 좋겠지만 내려도 그것에 화를 낸다는 것은 대단히 건방진 것입니다. 앞서 말했듯이 우리는 집값이 오르는 최악을 면하고자 매수를 하는 것이니 말입니다.

만약에 집값이 그대로 올랐으면 어땠을까요? 매수를 했으니 다행이지만 매수를 안 했다면 되돌릴 수 없는 확정 손실이 되었을 것입니다. 다행인 것과 되돌릴 수 없는 상황을 분간해서 감내할 필요가 있습니다. 그러니 설령 집값이 내려도 최악을 면한 것에 감사하면서 앞으로 어떻게 대응해야 할지 고민하는 것이 옳습니다. 예를 들어, 소위 말하는 상급지에서 급매가 나오기를 기다려 매입하기를 시도한다든지 하는 것 말입니다. 집값이 내리는 공포에서도 혹시 나보다 더 심약한 누군가가 던질 급매를 찾아보면서 가격이 일시적으로 내리는 바겐세일을 기대하면서 더 기뻐하라는 것입니다.

대세적인 하락이 온다 해도 반드시 무주택자만 기회를 잡을 수 있다고 생각할 필요는 없습니다. 유주택자도 충분히 잘 대응할 수 있습니다. 실제로 자금조달계획서 기준으로 하락 구간의 거래 비중을 보면 매수자의 절반 이상이 유주택자입니다. 2021년 과열기를 지나 2022년 하락기에 돌입한 와중에 매수 비중을 키운 건 결국 유주택자들입니다.

인내를 하는 것도 용기입니다. 겁을 이기고 용기를 내 선택을 하고 나면 이어서 인내를 하고 다음 도전을 해 볼 용기도 납니다. 그것이 상급지 급매 선점에 보다 빠르게 대응할 수 있도록 도와주며, 평균 지수로 집값이 모두 내리더라도 지수를 그릴 무수히 많은 점의 합에서 결국 낮은 점을 잡아내게 도울 것입니다.

상급지 단지의 급매는 더 큰 폭의 할인을 하는 경우가 많습니다. 몰라서 그렇지 그것에 맞춰 내 보유 물건의 일부 손실을 확정해 갈아탈 간격을 조절하는 방법론은 유효하며 권장하는 대응 방법입니다. 바꿔 말하면 지수가 오르든 내리든 매수를 결정한 이후는 어느 구간이든 간에 기회를 찾아낼 수 있다는 것입니다. 여러분 마음에 포기만 없다면 말입니다.

지금도 여전히 지수가 1~2주만 내려도 보유한 주택을 팔아야 하는지 고민하는 분이 태반입니다. 미안하지만 우리는 그렇게 아둔하고 조급한 태도로 투자를 하는, 가볍게 엉덩이를 들썩거리는 그런 바보들의 급매물을 주워 담을 수 있게 인내하며 기다릴 필요가 있습니다. 참은 시간만큼 커다란 결실이 뒤따를 것입니다.

그 결실은 인내로부터 나오는 것이며, 포기하지 않고 시장에 남아 버티는 자가 온전히 누리는 수익입니다. 모두가 정확하게 가치를 평가해 가격을 산정한다면 부의 이전은 쉽지 않습니다. 인내심이 부족해서 순간 잘못된 의사결정을 하지 않게끔 마음을 잘 단련해야 합니다.

- 매수한 다음에 집값이 내렸다고 화내지 마세요. 상승했다면 아무런 방도가 없었습니다.
- 집값이 어떤 굴곡도 없이 매끄럽게 오르기만 바라는 것은 건방진 태도입니다.
- 인내가 부족한 자들의 실망 매물은 상급지 갈아타기 전략에 활용하기 좋습니다.

방향 설정

- 어디에, 어떤 기준으로 투자할 것인가

아파트에 대한 개념 정리와 함께 의의, 그리고 갖춰야 할 소양을 공유했으니 이제 아파트 투자 방향을 잡아야 합니다. 어떤 아파트에 어떻게 투자를 해야 할까요? 연식으로 나누자면 신축과 준신축·구축이 있을 것이고, 세대수로 나누자면 대단지부터 나홀로 아파트까지 다양한데 말입니다. 이 장에서는 목적 아파트에 대한 방향성을 기술합니다.

01

매수와 청약

: 사는 것과 당첨받는 것은 다르다

가장 먼저 매수를 할까, 청약을 할까 고민하고 있다면 결론적으로 매수하는 방향을 추천합니다. 물론 가점이 아주 높아서 이미 공공 분양을 목적하여 얻어 낼 가능성이 높은 경우이거나 신혼부부 특공을 기대하는 특수한 경우에는 청약을 목적하는 것도 한 방법이기는 합니다. 다만 당첨 확률이 낮은 데다 앞으로 수도권 인근은 더 공급이 적어지고, 더욱더 어려워질 것입니다.

과거에는 청약이 꽤 좋은 선택지 중 하나였습니다. 1989년부터 시작한 1기 신도시 공급만 보더라도 분당신도시(성남시), 일산신도시(고양시), 평촌신도시(안양시), 중동신도시(부천시), 산본신도시(군포시)까지 무려 30만 가구로 작지 않았습니다. 주택보급률 기준에서도 60%대에

1기, 2기 신도시 개발 개요

계획 구분	개발 지역	공급 물량	발표 시기	최초 입주
1기 신도시	분당	9만 7,600가구	1988년	1989년
	일산	6만 9,000가구		
	평촌	4만 2,000가구		
	산본	4만 2,000가구		
	중동	4만 1,400가구		
2기 신도시	위례	4만 2,947가구	2005년	2008년
	판교	2만 9,263가구		
	광교	3만 1,000가구		
	동탄	15만 2,334가구		
	평택	5만 4,267가구		
	검단	9만 2,000가구		
	김포	5만 9,844가구		
	파주	7만 8,454가구		
	양주	5만 8,975가구		

서 70%대까지 오른 사상 최대의 공급이었습니다.

판교를 필두로 한 2기 신도시 공급도 많았습니다. 성남시부터 평택시까지 다 합쳐서 34만 1,000가구를 목표한 2기 신도시 덕분에 수도권 집값의 장기 안정이 가능했습니다. 이는 결국 청약인구의 당첨 확률도 높였습니다. 1기 신도시와 2기 신도시가 있었던 구간에는 당연히 청약도 내 집 마련의 한 방법론 중 알맞은 전략이었습니다.

그러나 현재 우리가 겪는, 앞으로 겪을 구간은 다릅니다. 수도권에는 더 이상 과거와 같은 대규모 공급을 할 나대지(건축물이나 시설물이 없는 대지) 상태의 토지가 없습니다. 심지어 그린벨트로 묶어 둔 20% 안팎의 토지도 모두 서울을 둘러싼 바깥이며, 핵심이 되는 일명 노른자 위치는 모두 개발이 된 상태입니다.

그러니 최근 3기 신도시의 공급 소식에도 대다수 전문가가 서울의 핵심지 집값에는 큰 영향을 주지 못할 것이라고 전망하는 것입니다. 애초에 서울 핵심지 집값을 꺾을 정도로 공급이 될 상대적 우위 입지는 모두 개발이 끝났으니 말입니다. 이것을 뒤집어 생각해 보면, 결국 청약을 시도하지 않아야 하는 이유입니다. 이미 극악의 확률인데다 청약은 앞으로 기회조차 줄어들 것이며 좋은 입지가 아닐 확률이 높기 때문입니다.

3기 신도시 개발 개요

계획 구분	개발 지역	공급 물량	최초 입주
3기 신도시	계양	1만 7,000가구	2018년
	왕숙	6만 8,000가구	
	교산	3만 3,000가구	
	창릉	3만 6,000가구	
	대장	1만 9,000가구	

과거의 분당이나 판교와 같은 위치에 공급될 아파트도 거의 없는데다 전반적으로 물량의 크기가 작습니다. 실제로 2023년 기준, 서울

아파트 청약 당첨률은 2.5%로 절망적인 수준입니다. 전국으로 넓혀서 보더라도 8.3%로 대단히 낮습니다. 3기 신도시 외에도 공급할 토지 자체가 작고 시기적으로 유리한 전략을 세울 경기 상황도 아닙니다.

실제로 향후 수도권 공급의 가장 큰 비중이라는 3기 신도시를 보더라도 공급 시점은 절반 이상이 2030년 이후로 예정되었으며, 그조차 확정이 아니어서 더욱 지연될 가능성도 있습니다. 이러나저러나 청약은 대성하기에 시기적으로 지속가능한 투자 방향이 아닙니다.

또 다른 관점으로 봐도 매수와 달리 청약은 시장의 검증이 없는 상태입니다. 기존에 지어진 아파트들은 수많은 계약을 통해 실거래 신고가 점으로 찍히며 일종의 시장 평가를 검증받는 반면, 청약 대상인 분양 상품은 아직 평가를 앞둔 상태입니다. 특히 최근에는 유사 아파트가 아파트인 양 분양되고 있어서 경험이 적거나 없는 분들이 그중에서 옥석을 잘 가려낼 수 있을지 의문입니다.

최근 발표를 보면, 도시형생활주택도 아파트 면적 기준에 부합하도록 규제를 완화한다고 하는데, 세대 면적이 늘어나는 것과 달리 토지 자체가 협소하여 주차장 문제, 일조권 침해 등 태생적으로 해결이 어려운 문제가 있습니다. 극단적으로 공용면적을 줄여서 전용률을 과장한 사례도 있고, 일부는 분양가 상한제 규제를 피하면서 가격적으로도 전혀 이점이 없습니다.

더구나 최근에는 아파트 공급을 더 줄이는 정책만 나오고 있습니다. 미래에 청약이 늘어나려면 청약하기 이전의 착공과 인허가부터 늘어나야 하는데 그 모든 지표가 마이너스로 전환한 지 7년째입니다.

따라서 턱없이 낮은 당첨 확률과 시장에서의 검증도 없는 청약에 굳이 목매지 마십시오. 기축도 잘 고르면 탁월한 입지에 건물 가치는 감가되면서 오히려 거품이 적거나 없는 상태의 좋은 기회를 잡게 해주니 말입니다. 구축이라 하더라도 시간이 지나면 결국은 신축하게 되므로 괜찮습니다. 청약보다는 신축을, 신축보다는 신축이 될 구축을 매입하세요. 그것이 미래지향적인 투자입니다.

- 청약은 당첨률이 서울 기준 2.5%입니다. 시간 낭비로 인한 리스크 헤지로 청약보다 매수를 권장합니다.
- 과거와 달리 현재는 모두 개발된 상태여서 과거와 같은 대규모 공급부지 자체가 적습니다.
- 청약과 달리 기축 상품의 매입은 상품성 검증이 끝난 상태라는 이점도 있습니다.

02

구축과 신축

: 오래된 아파트 vs 새 아파트

매수를 선택했다면 그다음은 구축과 신축 중에서 선택해야 합니다. 결론적으로 현 시장 상황은 신축보다는 구축에 투자해야 유리합니다. 신축을 매입하라고 주장하는 대부분의 근거를 보면, 향후 최소한 3년간 주택 공급이 급격하게 줄어들 것이니 희소한 신축을 미리 선점해 기간 특수를 누리자는 주장이지만 저는 동의하지 않습니다.

이유는 2026년 이후 전국적으로 입주 물량이 15만 가구, 서울은 7,000여 가구뿐이니 말입니다. 입주 물량이 너무 크게 줄면 기존 기축을 빠르게 부수고 짓는 특별법 제정 등 구축 정비에 대한 정부 지원이 뒤따를 수밖에 없습니다. 그러면 위에서 말한 신축이 가질 기간 특수는 찰나가 될 개연성이 높아 굳이 투기적인 단기 호흡을 방향성으로 잡을 필요가 없습니다.

장기적인 관점에서 재건축 시대를 준비하는 것이 좋습니다. 당장은 아니더라도 입주 물량이 급격히 부족해지게 되면 시장은 곧 큰 혼란에 빠질 것입니다. 당장 경제위기가 와서 집값이 주춤한다고 한들 그 와중에 전세로 몰려간 대기 수요는 안전하기만 할까요? 그렇지 않습니다. 신축 부재로 인한 전세물 부족을 보며 더 큰 전셋값 랠리를 만들 것입니다.

그러면 결국 매매·전세·월세 시장은 하나의 궤를 공유해 전셋값 급등은 매매값 대비 전셋값 비율인 전세가율의 급등을 만들 것이고, 그 전세가율의 급격한 상승은 곧 전세를 낀 매매를 목적한 투자를 동반하면서 반등 지점을 디딜 것입니다. 그리고 이 작용의 끝은 어디서 문제가 터지든 간에 결과적으로 공급을 늘리자는 목소리로 귀결될 것입니다.

실제로 2022년 아파트와 빌라의 순공급(공급 물량-멸실 물량)에 대한 조사를 보면, 국토교통부에서 발표한 5만 7,000여 가구 중 멸실 물량이 차지하는 비중이 30% 가까이 되며, 이 멸실 주택의 증가 속도가 가속화되고 있습니다. 이것이 곧 기축의 활용을 목적한 대재건축 시대의 대전제가 되면서 구축 투자를 목적하는 근간이 됩니다.

당장은 공급 감소에 귀해질 신축이 달콤해 보이겠지만 그 끝은 구축 단지 전체의 정비 사업을 이끌게 될 것입니다. 그러니 구축 상품의 구간 수익이 최대 효율을 보이기 전에 미리 구축을 선점할 필요가 있습니다. 새로 공급할 만한 잉여 토지가 부족한 와중에 기축도 멸실 비중이 늘어난다는 것은 대수선의 시대가 시작된다는 것입니다.

참고로 재건축 시대가 온다면 압구정을 비롯한 전통적인 핵심지부터 부수면서 공급을 늘릴 것입니다. 그러면 그 끝에 남게 되는 것은 모두 입지적 가치, 즉 상급지 선점만 남는데 괜히 애매한 자금력으로 애매한 입지의 애매한 신축을 선점했다가 오랫동안 입지적 열위에서 탈출이 불가할 수 있습니다. 매수 단가로 보더라도 차라리 건물 가치가 대부분 감가된 구축이 나을 수 있으니 말입니다.

2025년부터 수도권은 입주 절벽 구간에 들어섰고, 2026년에는 서울 입주 물량이 1만 건을 하회하고 있습니다. 이대로 가면 갈수록 결국 정부는 공급을 서두를 수밖에 없고, 그 공급의 가장 큰 축은 재건축 상품, 이미 지어진 구축 시장이 됩니다. 압구정동, 목동, 여의도동 등 대표적인 구축 밀집 지역들이 본격적인 정비 사업 궤도에 오르기 전에 선점해 두어야 합니다.

지금까지야 대치동 은마아파트를 보면서 재건축이 언제 되겠냐고 무시하겠지만 앞으로는 그렇지 않을 것입니다. 47살 대치동 은마가 앞으로 30년을 또 그 자리에서 버티면 77살이 되는데, 그러다가 무너집니다. 감성에 의한 판단이 아닌, 실제 건물의 잔존 가치를 보며 구조 안전에 대한 물음을 던져 보길 바랍니다. 물리적으로 보아도, 명분으로 보아도, 투자로 보아도 구축이 최선입니다.

지금까지야 우리나라 특유의 부동산 정치로 인하여 득세를 위한 부동산 규제가 판쳤지만 정치적 옵션을 행사할 수 있는 물리적 연한이 다돼 갑니다. 이제는 1기 신도시에 지어진 단지들도 35살이라, 곧 다가올 2030년 전후로 물리적 임계점에 도달하게 되어서, 더 이상은 미루고 싶어도 미루지 못하게 될 것입니다.

이 단지들의 재건축 시대를 대비하세요. 지금까지야 여유가 있었겠지만 앞으로는 여유가 없습니다. 그러니 청약과 매수 중에서 매수를 선택했다면 신축과 구축 중에서 구축을 선택하세요. 신축은 앞으로 다가올 재건축 시대에서 도태될, 현재 반짝하는 상품입니다.

아파트도 생애주기를 가지므로 신축일 때 가장 가격이 비쌉니다. 5~7년이 지나면 준신축이 되며 가격이 서서히 정체하거나 내려가기 시작합니다. 15년이 지나는 지점에서 리모델링 불가 태생은 집값 급락이 시작되며, 30년이 지나면 재건축 불가 태생도 급락이 시작됩니다. 굳이 이 말을 추가하는 이유는 혹시 이 제언의 반대로 신축을 매수하더라도 반드시 재건축 가능 태생을 고려하라는 것입니다.

이 방법론은 뒤에 나오는 단지태생분석에서 더 자세히 설명할 것입니다. 결론은 신축이든, 준신축이든, 구축이든 반드시 지속가능한 투자를 해야 한다는 것입니다. 입지적 가치만 고려한 구축 투자로 급지를 높여 선점한다면, 결국 그 끝에 신축이 되며 여러분이 이깁니다.

- 청약을 포기하고 구축을 매수한다는 것은 분양을 앞둔 청약 상품을 선점하는 것입니다.
- 향후 재건축 시대가 도래할 경우, 신축은 구축 전부의 개발 붐에서 소외될 열등재입니다.
- 지금까지는 재건축 규제 등이 부동산 정치의 일환으로 쓰였지만 앞으로는 없습니다.

03

점유와 임대

: 실거주냐, 투자냐의 선택

매수와 전세 중 가능하다면 매수를 권장합니다. 매수를 선택한 이후에는 점유해 본인 거주로 살 것인지, 아니면 임대를 할 것인지 선택해야 합니다. 내가 내 집에 들어가 살 것인지, 아니면 임대를 하고 따로 나가서 살 것인지 말입니다. 점유와 임대 중 어떤 선택을 해야 하는지에 따라 전략을 구분해야 합니다.

점유를 목적하는 경우는 실거주 목적으로서 직장과의 거리를 비롯한 생활 반경이 일치하는 분들일 것입니다. 이 경우는 본인 자본 외에 대출만 가능할 것이라 비교적 안전한 현금 유동을 지닐 것이므로 대부분의 사람에게 추천하는 방향입니다. 은행의 대출 심사를 지나 조달될 대출금 외에 어떠한 무리도 없는 안전한 방향입니다.

그러나 임대를 선택해야만 하는 분들도 있습니다. 대표적으로 은행 대출보다 전세 보증금을 받는 것이 자금 조달에 더욱 유리하고, 투자와 거주지를 분리해야 하는 분들입니다. 전자부터 말하면 대개 개인 사정에 의해 대출이 나오지 않는 조건인 분들인데, 이 경우는 전셋값 하방에 대한 인지를 하고 매입을 고려할 필요가 있습니다.

특히 재건축 투자의 경우 대치동 은마만 보더라도 2025년 12월 기준, 매매 가격이 38억 원인 반면 전셋값은 7억 원밖에 되지 않습니다. 유사 사례를 보더라도 노후화됨에 따라서 실거주의 가치만 반영될 전셋값 하방은 구간에 따라 열린 형태입니다. 그러니 재건축 투자자라면 전셋값으로 조달될 자금을 너무 타이트하게 잡아 전세금 반환을 하지 못하는 참사를 미리 예방할 필요가 있습니다.

후자인 투자와 실거주지 분리를 목적하여 임대를 선택하는 경우, 생활 반경이 투자 목적지와 달라 분리가 필요하다면 투자 대상이 되는 단지의 수익률을 극대화하기 위해 거주 분리를 하는 것이니 적절한 의사결정이 맞습니다. 경기도에 직장이 있어도 서울 아파트를 매수할 수 있다면 매수해야 하니 말입니다.

강남 3구를 비롯한 수도권 핵심지 매수는 실거주 생활 반경과 같

점유와 임대 선택 시 고려 사항

점유 선택	① 생활 반경 및 투자 대상 일치(강남 3구 이내 지역) ② 은행 대출 유리
임대 선택	① 생활 반경 및 투자 대상 분리(강남 3구 이외 지역) ② 은행 대출 불리(전세보증금 조달)

으면서 굳이 임대를 하지 않고도 자금 조달이 가능하면 점유 선택하는 것을 추천하며, 반대로 자금 조달이 어렵거나 투자로 목적하는 지역과 거주 분리가 반드시 필요하다면 매수 뒤 임대를 추천합니다. 오로지 투자 목적만 생각하여 점유와 임대 중 선택하는 것이 중요합니다.

이는 2025년 10·15 대책과 같은 토지거래허가구역 확대 지정과 같은 규제가 나오더라도 어떻게 해서든 투자 목적만 생각하여 방도를 찾으라는 말이기도 합니다. 서울 전체와 경기 일부 지역을 토지거래허가구역으로 묶으니 대부분의 시장참여자는 실거주를 할 수 없어서 매수 자체를 포기하게 됩니다.

하지만 실제로 제가 자문한 분 중에 2022년 강남 3구 토지거래허가구역 지정 시점에 강남 아파트를 매수하기 위해 울산 소재의 직장을 1년 가까이 휴직하고, 나머지 실거주 의무 기간 동안 살인적인 출퇴근을 견뎌내고, 이후 전세를 준 사례가 있습니다. 토지거래허가구역도 2년만 실거주를 해 내면 파훼가 가능한 규제라는 부분을 알려 주고자 극단적인 사례를 들었습니다. 비상식적인 대응이라 하더라도 방법은 찾으면 되므로 저는 여러분의 서울 아파트 획득을 응원합니다.

- 본인 집을 점유, 거주하는 경우는 생활과 투자 대상이 같아서 거주 안정의 이점이 있습니다.
- 생활 반경과 달라 거주지 분리가 필요한 경우는 세입자를 들여서 투자 대상과 분리하세요.
- 절대로 투자 가치가 떨어지는 단지는 매입하지 마십시오.

04

투자와 거주

: 수익과 삶의 균형 찾기

점유와 임대를 논하며 다루던 내용을 더 구체적으로 표현해 보겠습니다. 간혹 본인은 투자 목적으로 집을 사는 것이 아니라는 식으로 표현하는데 그것은 아주 잘못된 생각입니다. 그런 생각은 워런 버핏이나 되고 하십시오. 주제 파악이 우선입니다. 투자에 목을 매도 모자랄 판에 감히 투자에 뜻이 없다니요. 그런데 그것은 본인만의 문제가 아닙니다. 그런 가치관을 가진 여러분의 자식도 잘못된 투자관을 배우며 자라게 되고, 가난과 평범함이 대물림될 것입니다.

개미 오줌 같은 소득을 가진 본인에 대한 인식을 또렷하게 마주하세요. 빌 게이츠처럼 1초에 150달러(약 21만 9,090원)를 못 번다면, 투자와 거주 중 선택해야 한다면 투자를 선택해야 합니다. 이런 선택이 당연해야만 하는데 실제 의사결정은 그렇지 않은 경우가 더러 있으니 굳이 지면이 아깝지만 적어 둡니다. 일반적인 경우 투자와 거주는 선택의 문제가 아니라 무조건 투자여야만 한다는 사실을 유념하십시오.

그렇게 투자를 선택했다면 그 투자 목적을 극대화하기 위해서 상급지 선점을 최상위 목표로 잡을 필요가 있습니다. 한국은행을 비롯한 여러 연구에서 지역 간 가격 증감률, 전이 효과를 연구한 데이터를 토대로 볼 때 우위 지역의 가격 상승이 가장 빠르며 상승률도 가장 높기 때문입니다.

전 연구의 평균으로 보아도 강남 지역의 매매 가격 변동이 다른 지역 주택 가격의 20% 정도로 영향을 주며, 연 환산 수익률 기준으로 보아도 2배 정도를 상회하므로 더 우위의 상급지를 선점하자는 전략에 순응할 필요가 있습니다. 평수가 작아도, 더 허름한 구축이라도 우선해서 확인할 것은 지역적 우위 여부입니다.

아래에 제시한 평당가 순위는 2021~25년 연도별 평균 평당가를 지역별 가격 증감을 더하여 재배열한 것입니다. 결론적으로 현재로서는 이 순서에 맞추어 의사결정을 내리는 것이 최선입니다. 시장이 평가한 지역구 순위에 맞추어 내 자본에 맞는 지역을 확인해 보고 그다

서울시 구별 평당가 순위(2021~25년)

강남구, 서초구, 용산구, 송파구, 성동구, 마포구, 양천구, 광진구, 강동구, 영등포구, 종로구, 동작구, 중구, 강서구, 서대문구, 동대문구, 성북구, 은평구, 관악구, 노원구, 구로구, 금천구, 중랑구, 강북구, 도봉구

음에 거주 편의 등을 고려해야 합니다.

4장을 종합적으로 정리하자면, 매수와 청약 중에서 매수를 선택하고, 신축이 아닌 신축이 될 구축을 선택하며, 점유와 임대는 상황에 맞추어 고려하되 반드시 투자 목적을 놓치지 말고 최상위 목적으로 평당가에 기초한 상급지 선점부터 고려해야 한다는 것입니다.

실제로 2024년 5분위 배율을 기준으로 서울의 상위 20% 아파트 평균 매가가 하위 20% 아파트 평균 매가의 5.27배로 급격히 올랐습니다. 서울 안에서도 집값 상승률 격차가 상당히 커지고 있다는 것입니다. 그러니 더더욱 우리가 오를 수 있는 가장 높은 고지를 선점해야 합니다.

설령 집값이 내리더라도 상급지의 가격 방어가 전체 물건의 거래 합으로 보면 30% 정도 높으니, 집값이 오르고 내리는 것에 연연하기보다는 투자의 근간을 지키며 반복적으로 이행할 것을 권장합니다. 반복 이행을 하다 보면 결국 상급지 갈아타기, 앞에서 나열한 지역 중에서 가장 상단이 되는 강남구 진입을 향하게 됩니다.

투자를 목적한다면 평형을 줄여서라도, 다 부서져 가는 구축이라도 반드시 입지적 선점을 고려해 토지만 매입한다는 생각으로 해야 합니다. 양극화의 돌입 속에 수요 쏠림이 더욱 심해진 현 시장에서 가장 적합한 대응 방법은 상급지 선점입니다. 2018년 이후 본격적으로 돌입한 이 선착순 게임에서 승리하려면 상급지 선점이 정답입니다.

다음은 이해를 돕기 위하여 2025년 12월 기준으로 서울 안에서 제가 추천해 온 단지 목록입니다. 서울만 기술된 자료로 입지 선점이라는 큰 틀에서 투자 목적에 가장 적합한 예시 단지들이니 의사결정에 참고하세요. 투자 목적의 단지 구분이 어려운 분들은 다음 단지들의 공통점을 분석해 볼 필요가 있습니다.

저자가 추천하는 서울 내 아파트 단지들(2025년 1월)

서울특별시 종로구 숭인동 2-1 종로센트레빌	서울특별시 은평구 신사동 140-1 미성
서울특별시 용산구 한남동 810 한남더힐	서울특별시 용산구 청암동 181 천년명가청암자이
서울특별시 용산구 이촌동 300-153 한강맨션	서울특별시 용산구 이촌동 300-11 왕궁
서울특별시 용산구 원효로4가 118-16 원효로4가 산호	서울특별시 용산구 서빙고동 241-21 신동아
서울특별시 용산구 산천동 204 한강타운	서울특별시 용산구 보광동 448 신동아
서울특별시 영등포구 여의도동 50 시범	서울특별시 영등포구 여의도동 41 대교
서울특별시 영등포구 여의도동 37-1 미성	서울특별시 영등포구 여의도동 30-3 삼부
서울특별시 영등포구 당산동5가 7-2 유원제일2차	서울특별시 양천구 목동 925 목동신시가지7단지
서울특별시 송파구 잠실동 86 아시아선수촌	서울특별시 송파구 잠실동 320 우성4차
서울특별시 송파구 오금동 43 현대	서울특별시 송파구 오금동 166 가락상아
서울특별시 송파구 신천동 7 장미1차	서울특별시 송파구 신천동 11 장미2차
서울특별시 송파구 송파동 166 가락삼익맨숀	서울특별시 송파구 송파동 161 미성맨션
서울특별시 송파구 송파동 151 한양2차	서울특별시 송파구 방이동 89 올림픽선수기자촌
서울특별시 송파구 방이동 225 잠실3차한양	서울특별시 송파구 방이동 217 대림
서울특별시 송파구 문정동 3 현대1차	서울특별시 송파구 문정동 150 올림픽훼밀리타운
서울특별시 송파구 가락동 96-1 가락우성1차	서울특별시 송파구 가락동 192 가락극동

서울특별시 송파구 가락동 176 가락삼환	서울특별시 성동구 응봉동 98 금호현대
서울특별시 성동구 옥수동 4 옥수현대	서울특별시 성동구 옥수동 220-1 한남하이츠
서울특별시 성동구 옥수동 100 옥수하이츠	서울특별시 성동구 성수동2가 830 강변금호타운
서울특별시 서초구 우면동 773 서초힐스	서울특별시 서초구 신원동 619 서초포레스타6단지
서울특별시 서초구 방배동 2525 방배우성	서울특별시 서초구 방배동 1038 대우효령
서울특별시 서초구 반포동 60-4 반포미도1차	서울특별시 서대문구 냉천동 261 돈의문센트레빌
서울특별시 마포구 하중동 101 한강밤섬자이	서울특별시 마포구 성산동 446 성산시영
서울특별시 마포구 상암동 1637 상암월드컵파크2단지	서울특별시 마포구 상암동 1630 DMC상암센트럴파크1단지
서울특별시 마포구 상암동 1618 DMC상암센트럴파크2단지	서울특별시 마포구 망원동 521 마포한강아이파크
서울특별시 마포구 마포동 253 마포쌍용황금	서울특별시 동작구 흑석동 28 한강현대
서울특별시 동작구 대방동 503 대방주공2단지	서울특별시 동대문구 회기동 65 신현대
서울특별시 도봉구 창동 31 창동주공18단지	서울특별시 노원구 하계동 273 장미
서울특별시 노원구 중계동 513 중계무지개	서울특별시 노원구 중계동 502-1 중계그린
서울특별시 노원구 월계동 13 월계미성미륭삼호	서울특별시 노원구 상계동 730-2 상계주공3단지
서울특별시 노원구 상계동 721 상계주공5단지	서울특별시 노원구 공릉동 707 공릉2단지라이프
서울특별시 금천구 독산동 1088 주공14단지	서울특별시 구로구 구로동 685-223 구로주공2차
서울특별시 구로구 구로동 685-222 구로주공1차	서울특별시 구로구 구로동 23 구로우성
서울특별시 구로구 고척동 339 고척파크푸르지오	서울특별시 광진구 자양동 87-1 한강우성
서울특별시 광진구 자양동 695 자양한양	서울특별시 광진구 광장동 218-1 광장극동2차
서울특별시 광진구 광장동 218-1 광장극동1차	서울특별시 강서구 염창동 66-9 염창우성1차

서울특별시 강서구 가양동 1485 가양6단지	서울특별시 강북구 번동 242 번동주공1단지
서울특별시 강남구 자곡동 687 래미안포레	서울특별시 강남구 자곡동 602 강남자곡아이파크
서울특별시 강남구 일원동 711 수서1단지	서울특별시 강남구 일원동 615 일원동우성7차
서울특별시 강남구 압구정동 426 현대	서울특별시 강남구 수서동 736 신동아
서울특별시 강남구 수서동 708 삼익	서울특별시 강남구 대치동 511 한보미도맨션1,2차
서울특별시 강남구 대치동 316 은마	서울특별시 강남구 개포동 187 개포주공5단지
서울특별시 강남구 개포동 185 개포주공7단지	서울특별시 강남구 개포동 12 대치2단지
서울특별시 강남구 개포동 12 대청	

- **투자 목적이 아닌 매수는 틀린 겁니다. 온전히 투자만 생각하세요.**
- **2018년 이후 5분위 배율이 계속 커지고 있어 전략을 세워 대응할 필요가 있습니다.**
- **평수를 줄여서라도, 더 오래된 단지라도 입지적 가치를 최우선으로 고려하세요.**

05

다능과 집중

: 분산이냐, 집중이냐 전략 세우기

앞서 설명한 모든 내용을 명확히 인지했다면, 지금부터는 투자할 대상의 다능(多能)과 집중에서 선택을 해야 합니다. 결론적으로 '다능은 군자의 수치'라고 하듯 다방면에 애매한 장점을 지니는 것보다 모난 구석이 있더라도 어느 한 부분이 뾰족한 투자 상품을 추천하는 편입니다.

극단적인 예를 들자면 재건축을 할지 리모델링을 할지 애매한 사업성을 보이는 사업장보다 차라리 리모델링 불가로 재건축이 확실한 사업장이 낫다는 것입니다. 대표적인 예로 뒤에서 설명할 PC공법을 적용한 상계동 주공8단지 같은 곳입니다. 조립식 구조로 접합 결함 때문에 연한 미달인데도 곧바로 재건축된 사례인데 재건축으로 방향이 확실했기에 추천한 단지입니다. 또 안정된 지반 위에 자리 잡은 덕분에 최초로 수직 증축이 가능했던 송파 성지아파트도 흔들림 없이 목적이 정해진 투자처로 투자 기간이 짧으면서 수익도 넉넉했던 사례입니다. 이렇게 하나의 단일 목적이 뚜렷한 곳들이 좋습니다.

정리하자면, 역세권 복합 개발을 기대하는 것인지, 한강 르네상스를 기대하는 것인지, 이것도 아니라면 1기 신도시 특별법 같은 지역 특수를 바라는 것인지 등 구체적인 부분이 있는 곳이 좋다는 것입니다. 역세권이면서 한강변이거나, 역세권이면서 1기 신도시거나 등 몇 가지 특징을 묶어도 좋습니다. 여기서 전달하려는 핵심은 하나의 기준이라도 특출한 투자처를 선별하라는 것입니다. 현재 주요 방향성은 다음과 같습니다.

아파트 투자 시 주요 방향성

역세권 복합 개발	최대 250m 이내 역세권 반경 단지로 종상향 또는 용적률 완화를 목적
한강 르네상스	서울시 총 면적의 13.5%인 한강변 토지 선점 목적과 층수 완화를 목적
신도시 정비 사업	공급 물량을 위한 신도시 대수선(규제 완화 등 정비 사업) 촉진을 목적

현재의 부동산 규제를 보며 비관하지 마십시오. 작게는 서울시에서 규제 철폐를 목적하면서 '상가 의무 비율 완화'를 시행했고, 결국 지구단위계획구역으로 지정된 개포택지개발지구와 잠실광역중심 1·2지구 등 준주거지역의 상가 의무 비율(10%)이 전면 폐지되어 상가 없는 주상복합 건립도 가능합니다.

또 '사업성 낮은 역세권 정비구역에 종상향 추진'이라는 명목으로 평균 공시지가 이하 정비 사업장은 전부 수혜를 받을 수 있으며, '높이 규제지역 종상향 시 공공기여 완화'를 통해 공공기여의 부담 비율을 재산정해 사업성을 높이고 '입체공원 조성 시 용적률 인센티브'에 의해 공원 조성만으로 대지로 인정, 용적률 완화 수혜를 받을 수도 있습니다. '재개발 선심의제/처리기한제 도입'도 행정절차기간 단축 효과를 낼 것입니다.

결국 현재 부동산 규제가 즐비한 와중에도 공급 방향성은 구축의 수선으로 흘러가게 될 것입니다. 그렇지 않으면 종국에 서울 아파트의 멸실 비중이 공급을 초과해 순공급이 음수로 전환되며 도심부터 공동화될 것입니다. 서울의 불이 다 꺼질 때까지 규제할 수는 없는 노릇입니다. 상상, 무시 그리고 인내를 기억하세요.

투자할 물건에서 구축을 선택한 것만으로도 합리적인 선택과 집중이라고 생각하지만 가능하다면 앞에서 나열한 투자 콘셉트를 더욱 또렷하게 가지기 바랍니다. 역세권을 겨냥한다면 250m 이내로, 한강변을 생각한다면 접토 필지에 있는 단지를, 신도시 정비 사업을 목적한다면 1기의 선도단지나 그에 준하는 단지를 선점해야 합니다.

- 애매한 2개 이상의 단서보다 하나의 명료한 투자 콘셉트를 가지는 방향이 낫습니다.
- 추천할 3가지는 역세권 복합 개발, 한강 르네상스, 신도시 정비 사업입니다.
- 곧 오게 될 재건축 시대를 기대하면서 신축이 아닌 구축을 상세하게 학습하세요.

자료 수집

- 발로 뛰는 정보가 수익을 만든다

아파트 투자든 아니든 투자의 판단은 자료 수집을 얼마나 신속하고 정확하게 하느냐에 따라 갈립니다. 개인적으로는 감(感)으로 투자하기보다 사실로 집계된 자료를 분석해서 기회가 될 만한 근거를 찾는 편입니다. 이 장에서는 아파트 투자를 할 때 알아야 하는 자료 수집 방법을 소개합니다.

01

권리분석

: 등기와 소유 관계 꼼꼼히 확인하기

권리분석은 소유권을 비롯한 권리 전반의 사항들에 대한 분석입니다. 실무적으로 본다면 공부(公簿)상의 권리와 사실(事實)상의 권리로 나뉩니다. 공부 권리는 문자 그대로 등기부에 작성된 권리로 갑구에 적혀 있는 소유권을 말하며, 사실 권리는 장부상에는 없지만 사실상 점거·점유하는 권리로 현장 답사를 통하여 확인해야 합니다.

당연히 소유권이 없거나 법적 사용권이 없는 와중에도 계속적으로 아파트에 거주하는 무단 점유는 민사 소송을 통하여 명도 소송을 하면서 설비 철거와 원상회복 내지는 부당이득 반환을 요구하여 대응할 수 있습니다. 하지만 그 기간이 아주 길어질 수 있으니 최선의 방법은 해당 문제를 현장에서 발견하여 초도(初度)에 걸러내는 것입니다.

그래서 반드시 현장 답사를 하여 사실 정보를 습득하라고 제언합니다.

대부분은 아마 공부상의 소유자가 아닌 타인의 점유 물건을 득한 경험이 없겠지만 그것은 운이 좋았던 것입니다. 현장에서 보면 이따금씩 집을 보지도 않고 계약금을 보내는 경우가 있는데, 대항력도 없는 점유자가 배 째라는 식으로 덤비면 대단히 곤란한 상황이 발생할 수도 있습니다. 명도 문제를 떠나 이런 복잡한 문제는 아예 사전에 차단해야 합니다.

따라서 집주인 거주가 아니라면 세입자의 불법적 무단 점유 여부를 반드시 현장을 확인하여 예방해야 하고, 혹시 집을 직접 보기 어려운 경우라면 반드시 유선 또는 문자 기록을 남겨 추후 책임 소재를 명확하게 기록해 둘 필요가 있습니다.

여기까지가 아파트 매매의 권리분석 중에서 현장 방문을 통해 가려야 하는 유치권 등 사실상 권리를 분석하는 절차입니다.

이어서 공부상 정보를 얻고자 등기부를 확인하는 방법을 설명하겠습니다. 등기부는 크게 표제부, 갑구, 을구로 나뉘어 있습니다. 아파트 표제부는 집합건물의 표제부로 1동의 건물 표시, 대지권의 목적인 토지 표시, 전유 부분의 건물 표시, 대지권 표시가 들어갑니다.

참고로 드물기는 합니다만 아직 대지권이 등기에 기록되지 않은 경우가 있습니다. 신축 아파트에서 간혹 볼 수 있는 사례인데, 대지권이 미등기인 상태로 토지의 분·합필 등 절차상의 지연 문제 때문이거나 일부 토지에 대한 소송 내지는 건설사 부도 등의 문제 때문입니다. 이 경우는 구매 시 수분양자의 토지대금이 완납되어 있는지 확인해야 합니다. 대금이 완납되었다면 특별한 사정이 있지 않는 한 추가적으로

등기부 갑구(소유권)

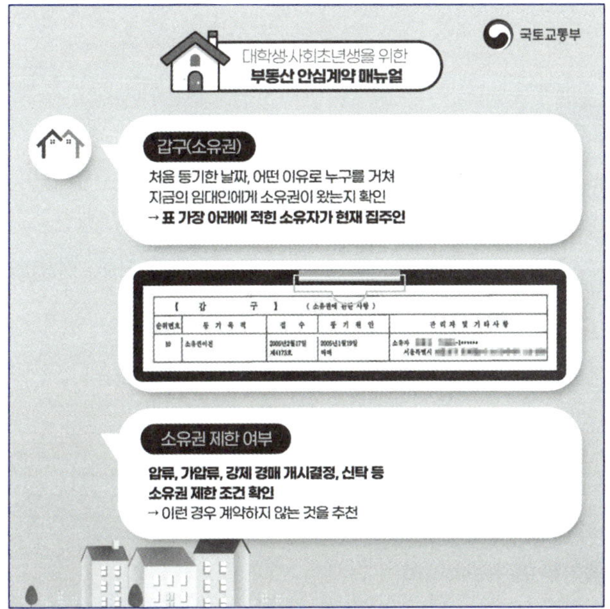

출처 : 국토교통부

토지에 대한 대금 납부 등의 문제는 없습니다.

이 외에 갑구에는 소유권에 관한 사항이 적힙니다. 소유권 보존, 이전, 변경, 경정, 말소 등 모든 소유권 관련 등기가 기록되는 것입니다. 그러니 여기에서 순위번호의 맨 마지막 소유권자의 인적사항과 계약서 매도자란의 인적사항, 그리고 신분증의 인적사항이 모두 같은지 대조하여 확인해 봐야 합니다. 이 3가지가 모두 일치해야 하니 정확하게 검토해야 합니다.

만약 대리인이 나온 경우에는 대리인 위임장의 인감증명서 인적

사항과 같은지를 확인하는데, 이 경우에도 매도인 명의의 신분증 대조는 필수입니다. 또 계약금을 송부할 때 통장사본을 요구하여 계약자 성명도 추가적으로 확인해야 합니다. 간혹 부동산에서 매도인이 아닌 대리인의 계좌에 입금하라는 경우가 있는데 이럴 때는 거절하십시오.

을구에는 소유권 이외의 권리에 관한 사항이 각각마다 들어갑니다. 예를 들어, 은행 대출과 같은 채권이 기재됩니다. 여기서 중요한 것은 살아 있는 모든 채권의 총합과 계약금의 합이 아파트 시가를 넘어서는 안 된다는 것입니다. 드물지만 이런 경우에는 매도인이 계약금을 받고서 그대로 도주하는 순간, 그 집을 팔아도 계약금과 을구 채권

등기부 을구(권리 관계)

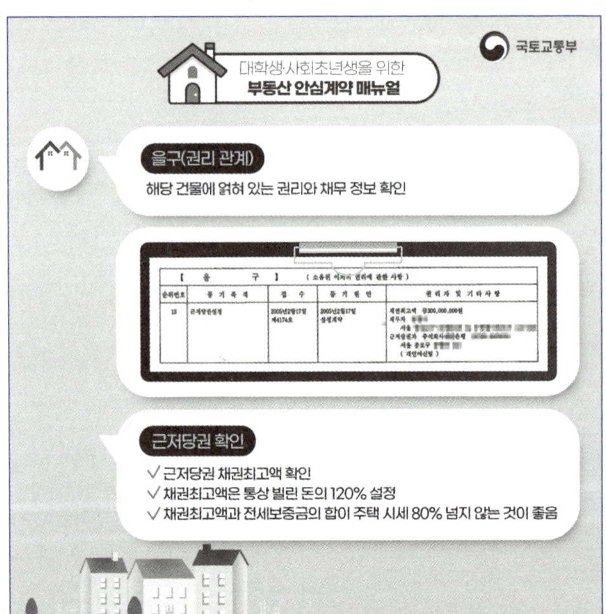

출처 : 국토교통부

을 합한 금액을 보장받지 못합니다.

예를 들어, 매매대금이 10억 원인 갑 아파트를 매입할 때 기존 세입자의 전세보증금이나 대출금이 5억 원이라면, 잔금 이전에 지불하게 될 계약금과 중도금 합이 5억 원을 넘어서는 안 된다는 것입니다. 드물지만 만약에 매도인이 도주할 경우, 선순위인 전세보증금 또는 은행 대출을 제하고 나면 그 초과된 금액만큼 온전히 손해가 되기 때문입니다.

이것만 유념한다면 사실 을구는 계약 당일에는 별로 관계가 없고, 오로지 잔금일에 명도를 받는 경우 은행 대출 등 소유권 외의 권리가

등기부 열람 시기 안내

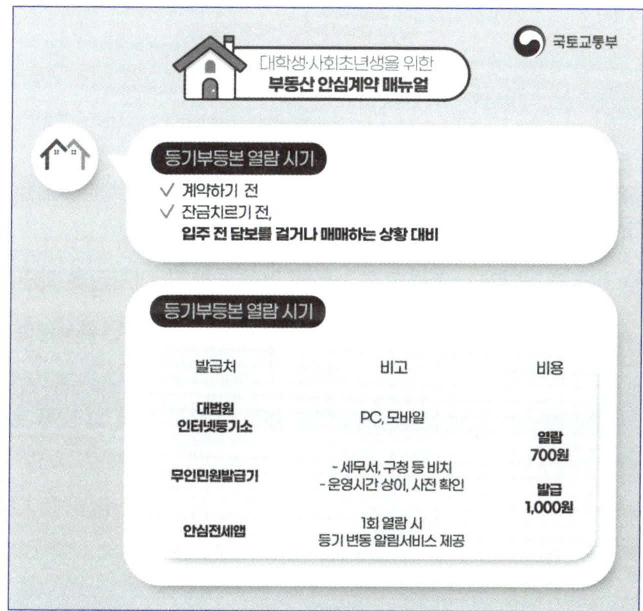

출처 : 국토교통부

말끔하게 말소됐는지 확인하면 됩니다. 드물지만 간혹 채권이 말소되지 않아 대출 실행이 불가하여 등기를 넘기지 못하는 일도 있으니 반드시 잔금 시 채권의 동시 말소를 확인하여 갈등을 방지하세요.

위 사항들을 확인할 때 언제나 등기부등본의 열람 일시가 당일인지 살펴봐야 합니다. 현장에서 중개업소가 출력하긴 합니다만 웬만하면 집에서 출력하여 검토하는 것이 좋습니다. 등기부등본 출력은 온라인에서 쉽게 할 수 있으니 번거롭지만 혹시 모를 모든 참사를 미리 예방하십시오.

정리하자면, 당일 출력한 등기부등본에서 표제부 건물의 표시를 확인한 다음, 갑구의 소유권자 인적사항을 계약 당사자의 신분증과 대조하여 일치 여부를 확인하고, 을구의 대출 등 소유권 외의 권리를 확인하면 됩니다. 시점에 따라서 갑구는 계약일, 을구는 잔금일에 명료히 따져 보면 됩니다.

- **불법 점유를 비롯한 갈등 예방 차 잔금을 지급하기 전에 아파트 현장을 직접 눈으로 확인하세요.**
- **등기부 표제부에서 매수할 아파트의 건물과 토지, 대지권을 확인하세요.**
- **등기부 갑구에 적힌 현재 소유자와 매도자 신분증의 인적사항을 대조하여 확인하세요.**
- **등기부 을구에 있는 은행 대출 등의 채권은 잔금 지급 시 모두 말소되어야 정상입니다.**
- **등기부등본 발급일자는 당일이 원칙입니다. 계약일, 잔금일 둘 다 당일에 출력해 확인하세요.**

02

규제 사항

: 투자 발목 잡는 규제 미리 파악하기

투자를 하려면 어느 지역에 어떤 규제가 있는지 정확히 확인할 필요가 있습니다. 대출만 보아도 투기지역과 투기과열지역 그리고 조정대상지역 각각의 대출 상한이 모두 다르기 때문입니다. 규제에 대한 정보는 호갱노노 앱의 규제 탭에서 간단하게 확인할 수 있습니다.

탭에서 보이듯 규제 지역에 대한 구분 외에도 대출, 청약, 세제, 전매 제한, 정비 사업과 같은 전반적인 규제들도 모두 쉽게 분류되어 있어 알아보기 편합니다. 규제에 관한 기본 정보만 파악할 정도라면 약식으로 이렇게 확인하세요. 여기서 더 심층적인 정보가 필요하다면 토지이음을 통하여 분석해야 합니다.

토지이음 사이트에서는 지도에서 관심 있는 단지를 클릭하면 곧

규제 정보

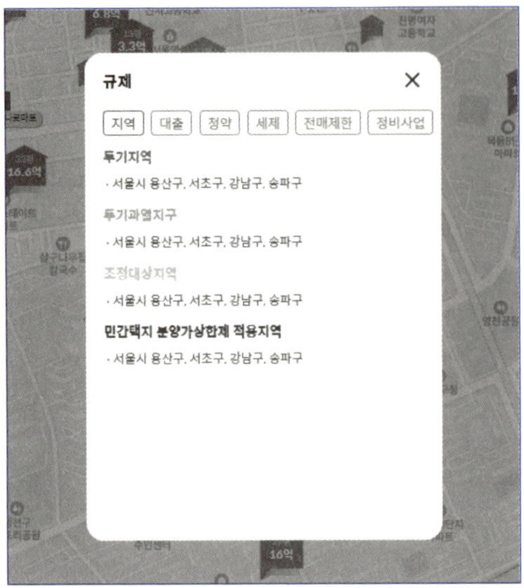

출처 : 호갱노노

바로 토지이용계획을 확인할 수 있습니다. 그 안에서 확인도면을 통하여 '토지거래 계약에 관한 허가구역', 소위 말하는 토지거래허가구역인지 아닌지 판별을 쉽게 할 수 있으며, 지역과 지구 구분 외에도 행위에 대한 제한과 그 제한에 대한 내용이 모두 자세히 나옵니다.

참고로 토지거래허가구역은 토지의 투기 방지를 목적하여 지정된 지역으로서 토지나 주택 거래를 할 때 허가를 받게끔 규제하는 구역입니다. 통상은 지가가 급격히 상승하는 지역이거나 투기적인 거래가 있을 때 이를 방지할 목적으로 지정하지만 최근에는 사실상 별다른 기준 없이 국토교통부 장관의 재량에 따라서 지정됩니다.

중요한 것은 해당 규제 기간이 최대 5년밖에 되지 않아 매수를 앞

토지이용계획

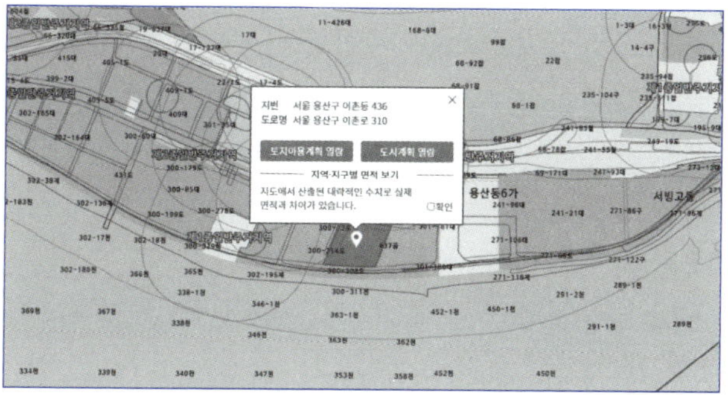

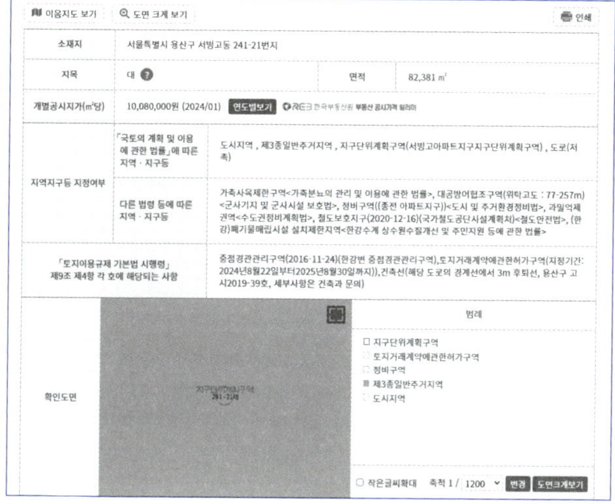

이음지도 보기 | 도면 크게 보기 | 인쇄

소재지		서울특별시 용산구 서빙고동 241-21번지		
지목		대	면적	82,381 ㎡
개별공시지가(㎡당)		10,080,000원 (2024/01) 연도별보기		
지역지구등 지정여부	「국토의 계획 및 이용에 관한 법률」에 따른 지역 · 지구등	도시지역 , 제3종일반주거지역 , 지구단위계획구역(서빙고아파트지구지구단위계획구역) , 도로(저촉)		
	다른 법령 등에 따른 지역 · 지구등	가축사육제한구역<가축분뇨의 관리 및 이용에 관한 법률>, 대공방어협조구역(위탁고도 : 77-257m)<군사기지 및 군사시설 보호법>, 정비구역((종전 아파트지구))<도시 및 주거환경정비법>, 과밀억제권역<수도권정비계획법>, 철도보호지구(2020-12-16)(국가철도공단시설계획처)<철도안전법>, (한강)폐기물매립시설 설치제한지역<한강수계 상수원수질개선 및 주민지원 등에 관한 법률>		
「토지이용규제 기본법 시행령」 제9조 제4항 각 호에 해당되는 사항		중점경관관리구역(2016-11-24)(한강변 중점경관관리구역),토지거래계약에관한허가구역(지정기간: 2024년8월22일부터2025년8월30일까지)),건축선(해당 도로의 경계선에서 3m 후퇴선, 용산구 고시2019-39호, 세부사항은 건축과 문의)		
확인도면		범례: 지구단위계획구역, 토지거래계약에관한허가구역, 정비구역, 제3종일반주거지역, 도시지역		

작은글씨확대 축척 1 / 1200 변경 도면크게보기

출처 : 토지이음

둔 분들이 미처 변경된 것을 모르고 전세를 낀 매매를 목적하는 경우 큰 불이익이 발생할 수 있습니다. 따라서 매수할 단지를 계약하기 전에 반드시 토지이음에 접속하여 허가 여부를 확인하십시오.

토지거래허가구역의 경우는 실거주만 가능하므로 전세를 낀 매매

(갭투자)가 불가하다는 것을 사전에 반드시 인지하고 계약서를 작성해야 합니다. 또 투자를 희망하는 단지의 확인도면과 범례의 확인도 필수입니다. 추가적으로 행위 가능 여부, 건폐율·용적률, 층수·높이 제한, 건축선, 도로 조건도 탭마다 확인할 수 있으니 꼭 필요한 자료를 수집하세요.

또한 건폐율과 용적률을 제대로 이해하고 있으면 유용합니다. 부연하자면, 건폐율이란 토지에 건물이 차지하는 면적비율로 도시지역은 50~70%, 관리지역은 20~40% 정도로 제한됩니다. 일반적으로 아파트는 20% 내외, 주상복합은 40~60% 안팎입니다. 그러니 토지에서 건물이 차지하는 비중이 현저히 낮은 아파트의 거주 편의와 쾌적성이 높아지겠죠. 예를 들어, 용인시 공세동 탑실마을대주피오레 1단지, 2단지는 동마다 간격이 넓어 쾌적한 편입니다.

10% 정도의 차이는 임장만으로도 체감할 수 있습니다. 서울시 도

건폐율과 용적률

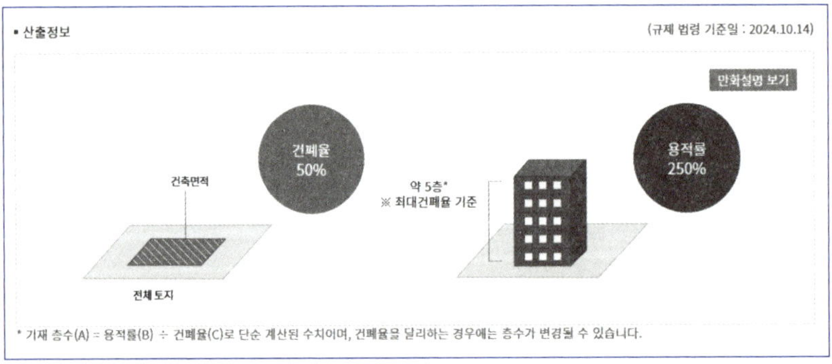

▪ 산출정보 (규제 법령 기준일 : 2024.10.14)

만화설명 보기

건폐율 50%

건축면적

전체 토지

약 5층*
※ 최대건폐율 기준

용적률 250%

* 기재 층수(A) = 용적률(B) ÷ 건폐율(C)로 단순 계산된 수치이며, 건폐율을 달리하는 경우에는 층수가 변경될 수 있습니다.

출처 : 토지이음

시계획조례 기준으로 제3종일반주거지역의 건폐율 상한은 50%이지만 보통은 20% 안팎이며, 재건축 투자 목적이라면 낮으면 낮을수록 좋습니다.

용적률도 재건축 투자 목적이라면 낮으면 낮을수록 좋습니다. 용적률이란 토지면적을 기준으로 쌓여진 건물의 바닥면적(연면적) 비율입니다. 용적률이 높으면 높을수록 그 토지 안에 사는 세대수가 많다는 것이니 그만큼 일반분양 물량이 적어 사업성이 떨어집니다. 그래서 재건축을 목적한다면 용적률을 최대한 늘려 일반분양 물량을 늘려야 사업성을 제고시키고 분담금도 줄일 것입니다.

결국 재건축 투자를 목적한다면 투자할 상품의 건폐율과 용적률이 모두 낮으면 낮을수록 좋습니다. 다행인 것은 최근에 용적률 확대 논의와 건축물 높이 제한 완화가 대두되고 있다는 것입니다. 재건축·재개발 촉진법 제정안의 국회 통과를 기대하면서, 현재의 규제 사항 기준으로 변화되는 간격을 바로 계산해 기회가 오면 주저 없이 매수할 수 있도록 선행 학습을 해 둬야 합니다.

건폐율과 용적률

건폐율	(건축면적/대지면적)×100
용적률	(연면적/대지면적)×100

서울시 용도지역 안에서의 용적률

제1종전용주거지역	100%	제2종전용주거지역	120%
제1종일반주거지역	150%	제2종일반주거지역	200%
제3종일반주거지역	250%	준주거지역	400%
중심상업지역	1,000% (단, 서울도심 : 800%)	일반상업지역	800% (단, 서울도심 : 600%)
근린상업지역	600% (단, 서울도심 : 500%)	유통상업지역	600% (단, 서울도심 : 500%)
전용공업지역	200%	일반공업지역	200%
준공업지역	400%	보전녹지지역	50%
생산녹지지역	50%	자연녹지지역	50%

출처 : 서울시 도시계획조례 제55조(개정 2008. 7. 30., 2016. 7. 14., 2024. 3. 26.)

- 호갱노노에서 대출, 청약, 세제, 전매 제한, 정비 사업의 규제를 확인하세요.
- 토지이음에서 토지거래허가구역 등 매수를 희망하는 단지의 규제 사항을 파악하세요.
- 현황을 명확하게 인지한 상태에서 추후 규제 완화 시점에 주저 없이 매수하고 선점하세요.

03

건축 공법

: 건물의 뼈대와 구조 이해하기

수많은 건축 공법에서 확인해야 하는 것 중 하나는 PC공법입니다. 아파트 투자에 관심을 가진 분이라면 익숙한 이 PC공법은 Precast Concrete의 약자로, 말 그대로 조립식 구조입니다. 건설 현장에서 거푸집을 만든 다음에 콘크리트를 굳히는 것이 아니라 공장에서 기둥과 슬라브 등을 만든 이후 현장에 가져와 그대로 조립하는 방식이라 현장에서의 돌발 변수가 없어 공사기간을 단축하는 장점이 있습니다.

단, 조립하는 방식이다 보니 연결부에서 누수나 균열, 단열의 문제가 발생하기 때문에 대수선에 가까운 리모델링 시공은 불가하며, 반드시 재건축을 해야만 합니다. 대표적인 예로 상계동 주공8단지가 있습니다. 1987년부터 차례로 준공된 상계동 주공에서 안전과 내구성 문제를 고려해 조립식으로 시공하여 가장 빠르게 재건축되었습니다.

물론 상계동 주공8단지의 경우 상계동 주공 16개 단지 중 용적률이 두 번째로 낮아 사업성도 양호한 편이었지만, 기억할 것은 용적률을 기준으로 하자면 첫째로 꼽힐 주공5단지 재건축보다 우선하여 진행되었다는 것입니다. 이것은 분명 PC공법이라는 이유가 일조했을 것이라 짐작할 수 있는 부분입니다. 따라서 투자자 입장에서는 이 공법에 일단 주목할 필요가 있습니다. PC공법으로 지어진 아파트라면 최소한 진행 속도에서 미세하게나마 유리할지 모르니 말입니다.

참고로 진행할 때 리모델링이 어렵다는 점에서 재건축으로 합치될 개연성이 높아 의사결정에서 빠르게 동의를 얻을 수 있을 것입니다. 어설프지 않게 확실하게 불안하니 재건축이 될 가능성이 높아 투

건물 정보

출처 : K-GeoP

건축물대장

■ 건축물대장의 기재 및 관리 등에 관한 규칙 [별지 제7호서식] <개정 2018. 12. 4.>

건축물대장 총괄표제부(갑)

(2쪽 중 제1쪽)

고유번호	4117310400-3-05700000	정부24접수번호	20210908-49563358	건축물 명칭	럭키호계아파트	특이사항	
대지위치	경기도 안양시 동안구 호계동	지번	570	도로명주소	경기도 안양시 동안구 경수대로623번길 46 (호계동)		
대지면적	41,517㎡	연면적	99,985.16㎡	지역	일반주거지역	지구	구역
건축면적	7,391.932㎡	용적률 산정용 연면적	87,555.99㎡	건축물 수	13	주용도	아 파 트
건폐율	17.8%	용적률	210.89%	총 호수/가구수/세대수	호/가구/794세대	총 주차 대수	부속건축물 6동 6,632.66㎡
조경면적	㎡	공개 공지/공간 면적	㎡	건축선 후퇴면적	㎡	건축선 후퇴거리	m

건축물 현황

구분	명칭	도로명주소	건축물 주구조	건축물 지붕	층수	용도	연면적(㎡)	변동일	변동원인
주	101동		프리캐스트 콘크리트조	슬래브	1/15	아파트	12,113.04		
주	102동		프리캐스트 콘크리트조	슬래브	1/15	아파트	6,056.52		
주	103동		프리캐스트 콘크리트조	슬래브	1/15	아파트	8,928.84		
주	104동		프리캐스트 콘크리트조	슬래브	1/15	아파트	6,056.52		
주	105동		프리캐스트 콘크리트조	슬래브	1/15	아파트	4,545.48		
주	106동		프리캐스트 콘크리트조	슬래브	1/15	아파트	6,251.58		

이 등(초)본은 건축물대장의 원본내용과 틀림없음을 증명합니다.

발급일: 2021년 09월 08일

출처 : 세움터

자하기 좋습니다. 확인하는 방법은 간단합니다.

가장 간편한 것은 스마트국토정보 사이트에서 건물 정보를 조회하는 방법입니다. 아파트 이름을 기입하고 검색한 후 토지정보 상세보기를 클릭하면 건물 탭에서 표제부를 무료로 쉽게 확인할 수 있습니다. 만약 이 사이트에서 관심 있는 단지의 건물 구조와 기타건물 구조 정보가 조회되지 않는다면 위처럼 건축물대장상의 구조를 확인하세요.

건축물대장 총괄표제부(갑)에 건축물 주구조상 프리캐스트 콘크리트조 또는 피씨조 표시가 있습니다. 다음은 서울의 PC공법 아파트 목록으로 이미 재건축이 진행된 사례까지 포함해 일괄 공유를 하니 각 단지마다의 가격 형성과 주변 단지와의 차별점을 확인하여 학습 자료로 활용하길 바랍니다.

서울 지역 PC공법 적용 단지

- 상계동 주공8단지
- 중계동 주공6·7·8단지
- 도봉동 삼환도봉
- 명일동 고덕삼환
- 방화동 방화4단지
- 염창동 한마음삼성
- 방이동 올림픽선수기자촌
- 가락동 가락삼환
- 수서동 삼성

- 상계동 주공8단지의 재건축 사유로는 낮은 용적률 외에 PC공법도 꼽힙니다.
- PC공법이 재건축 투자의 핵심은 아니지만 모든 조건이 같다면 PC공법 아파트를 선택하세요.
- 현재는 많은 개량을 통해 건축 공법의 단점이 개선되었으므로 2000년 이전 아파트를 주목하세요.

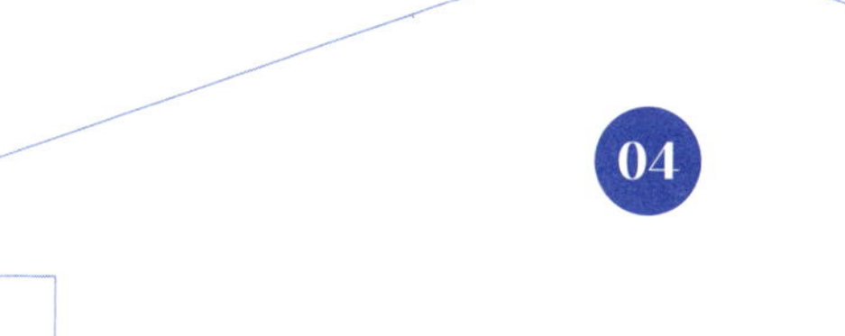

04 내진 설계

: 안전성 체크는 기본이다

내진 설계가 되지 않았다고 해서 바로 재건축 진행이 보장된다고 속단하기는 어렵습니다. 그러나 내진 설계가 적용되지 않은 단지는 당연히 재건축을 할 가능성이 높습니다. 점점 지진에 대한 우려가 커지는 만큼, 내진 성능을 확보하라며 재건축을 독려하는 발언들이 늘어나

내진 설계 등급

최대지반가속도(g)	내진능력(MMI 등급)
0.002 이상 0.004 미만	I
0.004 이상 0.008 미만	II
0.008 이상 0.017 미만	III
0.017 이상 0.033 미만	IV
0.033 이상 0.066 미만	V
0.066 이상 0.133 미만	VI
0.133 이상 0.264 미만	VII
0.264 이상 0.528 미만	VIII
0.528 이상 1.050 미만	IX
1.050 이상 2.100 미만	X
2.100 이상 4.191 미만	XI
4.191 이상	XII

출처 : 경기부동산포털

니 차후에 주요 요건이 될지도 모릅니다.

실제로 1988년 2월 28일 이전에는 없었던 내진 설계 의무가 점차 강화되어 2017년 2월 3일 이후 허가된 건축물에서는 내진능력도 기입해야 합니다. 건축물대장에 수정 메르칼리 진도 등급(MMI 등급)과 최대지반가속도가 함께 표기됩니다. 이렇게 강화되는 추세이므로 매수하기 전에 내진 설계 여부를 미리 파악해 둘 필요가 있습니다.

우리집 내진 설계 간편조회서비스

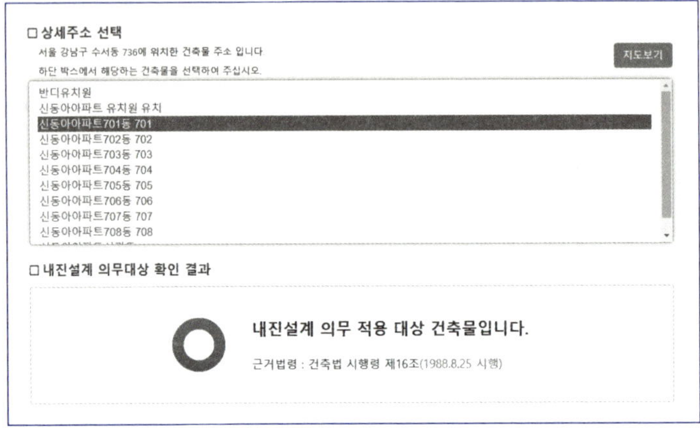

출처 : 건축도시정책정보센터

위 내진 설계의 적용 여부를 알아보려면, 건축도시정책정보센터 사이트에서 우리집 내진 설계 간편조회서비스를 클릭하여 관심 있는 단지명을 넣고 조회하면 됩니다. 재건축 투자자라면 내진 설계가 적용되지 않은 단지를 찾아 일말의 가능성을 높이는 지표로 활용할 수 있습니다.

내진 설계 의무도입 시점

내진 설계 미반영	1988년 이전	내진 능력 미기입	2017년 이전

내진 설계는 1988년 2월 28일 의무도입이 됐습니다만 준비기간 등으로 실제 시행은 동년 8월 25일로, 그 이후에 지어진 단지가 의무 대상입니다. 따라서 1차적으로 1988년 이전에 지어진 아파트인지 아닌지를 확인해 봅니다. 참고로 2024년 기준, 여전히 공동주택의 내진율은 45.8%로 절반 이상이 내진 설계 미반영이니 기회가 많습니다.

검색할 우선순위를 나눠 투자를 목적한다면, 1962년 건축법 제정 이후부터 1988년까지는 어떠한 내진 설계 기준도 없었으니 우선은 1988년 이전에 지어진 단지를 찾아보세요. 그다음은 우리집 내진 설계 간편조회서비스를 통하여 내진 설계가 반영되지 않은 단지인지를 확인하고, 그다음으로 내진능력이 미기입된 단지인지를 확인합니다. 재건축 단지 투자를 목적으로 한다면 말입니다.

참고로 1기 신도시에서 내진 설계가 적용된 단지는 단 한 곳도 없습니다. 그러니 지역을 구분해서 볼 때 2기 신도시보다는 1기 신도시 위주로 검토해야 합니다. 또 1기 신도시보다는 목동을 비롯한 노후 단지가 밀집한 서울 지역부터 보아야 할 것입니다. 지역으로도 알맞은 기준입니다.

참고로 당장은 유의미하지 않지만 2017년까지는 내진능력에 대한 검증이 작던 시절이라 그 전에 지어진 건물의 경우 성능이 부족할 수 있으므로 향후에 법적 보강이 이어진다면 재건축이 강제적으로 이루어질지 모릅니다. 따라서 2017년 이전 주택에 대한 투자 가이드도 세워 두는 것을 권장합니다.

미래의 영역이지만 정비 사업을 염두에 둔다면 충분히 참조할 만한 지표입니다. 특히 1기 신도시의 경우 전체 432개 단지 전부가 내진 설계 미반영입니다. 또한 고양, 성남, 부천, 안양, 군포 등 수도권 5개 지역의 노후 주택에서도 용적률과 임대비율 그리고 대지지분을 기준할 때 매수로 적합한 단지가 나열될 것이니 참조하여 의사결정을 하기 바랍니다. 수많은 단지 전부가 내진 설계가 안 된 마당에 1기 신도시 정비 사업은 불가하다는 일부 비관론자의 의견은 사실상 무시하여도 무방합니다.

- 내진 설계 여부가 재건축 필수 요건은 아니지만 구조안전성 요건의 배점 항목은 맞습니다.
- 내진 설계 도입 전인 1988년 이전에 지어진 아파트를 우선하여 검토할 필요가 있습니다.
- 1기 신도시 조성 당시에 지은 단지는 모두 내진 설계가 반영되지 않았습니다.

05

청약 정보

: 새 아파트 기회 잡기

인근의 청약 정보를 통하여 청약을 시도하거나 매수할 단지 인근의 신규 공급 리스크 관리도 할 수 있습니다. 청약 정보는 청약홈 홈페이지나 앱을 통하여 관심이 있는 청약에 알림 설정을 하여 편하게 추적 관리할 수 있습니다. 다음과 같이 청약 유형, 대상 지역, 공고 상태를 구분하여 검색하면 됩니다.

청약공고문

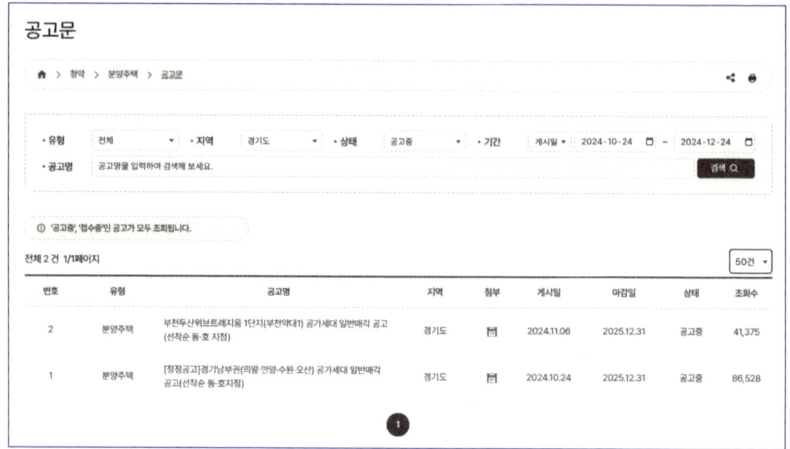

번호	유형	공고명	지역	첨부	게시일	마감일	상태	조회수
2	분양주택	부천두산위브트레지움 1단지(부천약대1) 공가세대 일반매각 공고(선착순 동·호 지정)	경기도		2024.11.06	2025.12.31	공고중	41,375
1	분양주택	[정정공고]경기남부권(의왕·안양·수원·오산) 공가세대 일반매각 공고(선착순 동·호지정)	경기도		2024.10.24	2025.12.31	공고중	86,528

출처 : 청약홈

청약홈에서 청약공고를 확인할 수 있으며 직방, 다방, 호갱노노를 비롯한 각종 부동산 관련 앱으로도 청약 정보를 받아 볼 수 있습니다. 또한 국토교통부, 지역별 시청 및 구청 홈페이지를 통해서도 확인할 수 있습니다. 분양하는 아파트에 따라서는 아파트 공식 홈페이지에서도 청약 일정과 세부적인 주의사항을 안내하기도 하니 편한 방법으로

아파트 분양 가이드

아파트분양절차

1. 내게 적합한 아파트 찾기
2. 입주자저축 가입 및 청약 신청자격 발생
3. 입주자 모집공고 확인
4. 청약신청
5. 입주자 선정 (당첨자 결정)
6. 당첨자 조회
7. 계약
8. 입주하기

출처 : 청약홈

정보를 확인하면 됩니다.

통상적으로 온라인 청약은 옆 페이지의 아파트 분양 가이드에 나열된 수순으로 진행됩니다. 지구 및 주택형 조회를 하고 공동인증서 또는 민간인증서로 로그인해서 유의사항을 확인하고 개인정보 및 고유식별정보 수집·활용 동의를 마치면 청약자격과 신청순위를 선택하게 됩니다. 여기서 서약서에 동의를 하고 순위와 배점 등 항목을 입력하고 청약을 신청하면 차후에 추첨 결과를 받아 볼 수 있습니다.

그러나 앞서 말했듯이 현재 시점은 각종 규제로 아파트 공급이 제대로 되지 않고 있어서 큰 기회로 활용하기는 어렵습니다. 특히 수도권 청약의 경우 1순위조차 경쟁률이 매우 높아 매수를 목적할 경우 사실상 입주까지의 시일이 크게 소요돼 오히려 매수 적기를 놓칠 수 있습니다.

따라서 청약은 이 책에서 공개적으로 추천하는 매수법이 아님을 밝혀 둡니다. 그럼에도 불구하고 청약을 시도할 경우 유리하게 진행하려면 유형에서 무주택 유지로 당연히 1순위여야 할 것이며, 전용면적을 선택할 때 85m^2 이하 등 순위 요건을 충족하거나 신혼부부, 생애 최초, 다자녀 가구 등 특별 공급을 노려야 상대적으로 당첨 확률을 높일 것입니다.

그러니 매수 전략에서 나이, 무주택 기간, 부양가족 수 등 여러 요건을 이미 충족한 경우이거나 현재 혼인을 앞둔 예비신혼부부, 첫 주택을 매입할 목적의 생애 최초 요건 달성이 가능할 때에만 청약을 통한 매수 시도를 권장하며, 이조차도 기축 단지들의 매수와 함께 진행하기를 추천합니다.

예를 들어, 이제 갓 사회생활을 시작한 사회초년생이라면 당장은 목돈이 없어 매수가 어려우니 청약을 노려 볼 수 있습니다. 특히 최근에는 무순위(아파트 분양 후 계약 취소나 미분양된 잔여물량을 1순위, 2순위 등 일반적인 청약순위와 관계없이 무작위 추첨하여 당첨자를 선정하는 방식) 청약에도 무주택자만 지원할 수 있도록 '주택공급에 관한 규칙 개정안'을 시행하니 말입니다. 만약 예비 배우자가 있다면 둘 다 시도해서 확률을 높일 수도 있습니다.

그 밖에 생애 최초 주택 구입, 신혼부부, 신생아 특별공급을 순차적으로 노려 볼 수도 있습니다. 그러다가 운이 좋아 청약에 당첨되면 좋은 것이고, 혹여 당첨되지 않아도 그동안 모은 돈으로 신축이 될 구축에 투자를 하는 것도 가능하니까요. 당장 매수를 하기 어려운 분들은 청약과 교차해서 전략적으로 활용하면 좋습니다.

- 청약홈에서 청약알리미 설정을 하면 카카오톡과 같은 메신저 알림도 가능합니다.
- 청약은 무주택 유지기간이 길어야 하므로 당장 매수가 불가한 분들만 고려하세요.
- 예정된 공급 물량을 통해 공급 충격을 예상하여 매수 타점을 설정할 수 있습니다.

06

개통 일정

: 교통 호재는 핵심 가치

신설 예정인 철도 정보는 투자의 핵심이 됩니다. 모두가 지도를 물리적 거리에 따라서 읽지만 투자자라면 시간 거리로 지도를 보아야 합니다. 지하철 8호선 연장 노선인 별내선처럼 개통과 함께 서초동 진입까지 30분 이상 거리가 단축됐다면 지도상 물리적 거리가 아닌 시간 거리로 지역 가치를 다시 산정해야 한다는 것입니다.

그러니 수도권 광역급행철도(GTX)를 주목할 필요가 있습니다. GTX가 개통됨으로써 운정, 장기, 덕정, 마석, 동탄 등이 큰 폭으로 시간 거리가 단축되면서 바깥으로 수요가 뻗어 전셋값이 오르고 결국 전세가율이 상승하여 매매가를 올릴 것이니 말입니다. 교통 호재는 결국 실거주 여건을 개선하여 전셋값 상승으로 집값을 올리게 되니 개통 일

국제철도망 구축 계획

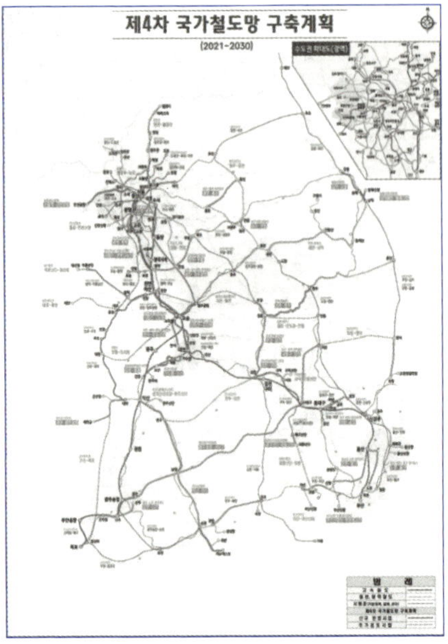

출처 : 국가철도공단

광역철도사업 내용

광역철도사업 내용

- 공사 중인 사업 : 9개 사업 407.2km

노선명	사업구간	사업내용	연장(km)	총사업비(억원)	사업기간
삼성~동탄 광역급행철도	삼성~동탄	복선전철	39.7	21,457	2014~2024
신안산선 복선전철	안산~여의도	복선전철	44.9	43,055	2016~2026
대구권 광역철도	구미~경산	기존선개량	61.9	2,092	2014~2024
충청권 광역철도(1단계)	계룡~신탄진	기존선개량	35.4	2,583	2015~2026
수도권광역급행철도(A노선)	파주~삼성	복선전철	46	36,238	2018~2024
수도권광역급행철도(B노선)	인천대입구~용산, 상봉~마석	복선전철, 기존선개량	62.9	42,894	2022~2030
수도권광역급행철도(C노선)	덕정~수원/상록수	복선전철	86.5	46,084	2023~2028
용산~상봉 광역급행철도	용산~상봉	복선전철	20	27,774	2022~2030
신분당선(광교~호매실)	광교~호매실	복선전철	9.9	11,049	2021~2029

- 설계 중인 사업 : 3개 사업 49.8km

노선명	사업구간	사업내용	연장(km)	총사업비(억원)	사업기간
충청권 광역철도(옥천연장)	오정~옥천	복선전철	20.1	490	2021~2026
태화강~송정 광역철도	태화강~북울산	복선전철	9.7	418	2022~2025
대장~홍대 광역철도	대장~홍대	복선전철	20	21,287	2024~2030

출처 : 국가철도공단

정을 미리 확인해야 합니다.

개통 일정은 국가철도공단 홈페이지에서 확인할 수 있습니다. 홈페이지의 사업 소개, 철도건설 순으로 들어가면 고속철도·일반철도·광역철도 관련 내용이 전부 있습니다. 향후 10년간의 철도 건설 계획을 담은, 5년 주기로 발표하는 국가철도망 구축 계획도 알 수 있습니다. 이 최상위 철도 건설 계획을 통해 우리가 투자할 지역의 미래를 가늠할 수 있겠죠.

참고로 이 노선들의 개별적인 사업 현황도 홈페이지를 통해 확인할 수 있습니다. 예를 들어, 신안산선 복선전철을 보면 예비타당성조사가 2003년에 이루어졌고, 1구간 공사 착공이 2019년입니다. 소위 말하는 예비타당성조사 이후에 실착공이 무려 16년, 대단히 긴 시간이 소요되었습니다. 이 말인즉슨, 뉴스 기사 등이 말하는 장밋빛 개통 일정에 대해서는 비판적으로 수용할 필요가 있다는 것입니다.

따라서 보수적인 투자자라면 매수 타점을 논하기 전에 현실적으로 가능, 불가능 여부에 더욱 초점을 맞출 것이므로 착공이 시작된 노선만 집중적으로 확인할 것을 권장합니다. 뒤에서 설명할 매수 타점에 연연하지 않는다면, 최대 수익만을 목적하지 말고 안정적으로 개통 확정이 되는 노선만 살펴봐도 좋습니다. 확인하는 방법은 다양합니다.

국토교통부, 철도청, 코레일 외에 방법을 찾아보면 미래철도DB가 있습니다. 굵직한 철도의 개통 정보와 추진 현황을 쉽게 찾아볼 수 있게끔 정리해 둔 곳으로 한눈에 파악하기에 적합합니다. 물론 공식 기관이 아니므로 별도 공시에 관한 제재가 없을 것이니 반드시 정부 및 철도공사 공식 홈페이지를 통해 공유된 정보를 부차적으로 검증해야

미래철도DB 소개

[미래철도DB란?]

1. 미래철도DB = FRDB = Future Railroad DataBase
2. 국내에서 **구상, 계획, 설계, 시공** 中인 철도, 지하철, 경전철 노선 정보를 제공
3. 비영리, 비상업, 비회원제, 무료, 개인 사이트
4. 본 사이트 운영자는 철도를 좋아하는 철도애호인
5. 본 사이트는 운영자의 취미 생활 중 하나임
6. 운영자가 철도건설유관기관에서 얻어낸 정보를 바탕으로, 각 노선의 정보를 정리하여 제공함
7. 본 사이트는 철도건설당국의 책임있는 정보가 아님
8. **본 사이트 제작자는 본 사이트에 게재되거나 링크하여 제공된 자료의 정확성이나 완전성을 보장할 수 없으며, 본 사이트 자료의 오류, 누락, 지연에 대해서, 또한 그 자료를 신뢰하여 취해진 조치나 그로 인한 직접, 간접, 부수, 파생적 결과에 대하여 어떠한 책임도 지지 않으며 자료에 대한 신뢰 및 활용 여부는 전적으로 귀하의 책임임을 알립니다.**
9. 중요한 목적(부동산 투자, 이사, 언론기사화 등)으로 본 페이지의 정보를 이용하려는 분들은 관계당국을 통하여 다시 한번 정보를 확인하시기 바랍니다.
10. 미래철도 DB 접속 주소 안내
    - http://frdb2.ivyro.net (1번 서버)
    - http://frdb.dothome.co.kr (1번 서버 장애시 예비 서버)
11. 본 사이트는 일본의 향후 개업예정 철도를 소개하는 홈페이지인 '미래철도 데이타베이스'에서 착안한 홈페이지임을 밝힙니다.
12. 사이트 개선을 위한 건의 / 링크 및 정보에러 신고, 제보 환영 (이메일, 방명록 이용)
13. 무통보 자유링크 가능
14. 배너 [신설철도 예정안내 미래철도 DB] (200*40) (Thanks to http://www.2ero.dev)
15. 미래철도DB 자료 인용시 '출처'를 반드시 밝혀주시기 바랍니다.
    - 상업적 목적의 복제, 전재 금지
    - 출처 삭제위한 편집 금지 .

출처 : 미래철도DB

합니다.

참고로 나중에 철도 개통 호재 편에서 매수 타점에 대한 내용을 자세하게 다루겠지만, 사실 부동산 업자들은 착공이 되기 전에 미리 투자를 합니다. 정확히 말하자면 개통 호재가 발표되기 전 그 발표를 위한 용역을 발주하는 지점에 그 용역을 보고 투자를 하는 것입니다. 공공 기관에서는 국민들의 세금을 운용하는 이상, 공고 의무가 있는 규

모의 개발은 그 계획의 발표마저도 연구 용역에 비용을 지불하고, 그 비용을 모두 공시해야 하기 때문입니다.

정리하자면, 여기에서 말하는 개통 일정의 확인은 말 그대로 착공과 미착공을 기준해서 사업 진척도를 파악하면 되는 것이며, 뒤에서 매수 타점에 대해 다룰 때 더 설명하겠지만 만약 더 큰 수익을 원한다면 잘 파악하여 개통 이전에 투자를 해도 좋다는 것입니다.

- 통상적으로 예비타당성조사의 통과 전후로 인근 집값은 가장 큰 상승을 보입니다.
- 기본계획 수립 이후라도 개통까지의 시일이 생각보다 상당할 수 있음을 인지하십시오.
- 착공이 된 노선은 구간에 따라 매수 타점을, 착공 이전은 투자의 방향성만 목적하세요.

07

실거래가

: 진짜 거래 가격 확인하기

실거래가는 대단히 중요한 투자지표입니다. 구간별 거래가 되는 가액의 변화를 알아보기 위해서는 최소한 1분기 정도의 거래와 직전 거래와의 가격 변화를 일일이 확인할 필요가 있습니다. 최근에는 부동산 관련 정보 사이트가 많아서 어디서든 거래 내역을 쉽게 확인할 수 있습니다. 가장 정확한 것은 국토교통부 실거래가 공개시스템입니다.

실거래가 공개시스템에서는 기간별로 나눠서 아파트별 거래가격을 확인할 수 있습니다. 시장을 전망하기 위해서 저는 대치동 은마와 같은 상징적인 단지 몇 개의 실거래가격을 매달 기입하며 시장성을 가늠하는 편입니다. 개별 물건의 특성에 따라 묶음을 달리 해 종목별 방향성을 예측하는 수단으로 활용하기도 합니다. 이것보다 더 정확하게

실거래가 공개시스템

출처 : 국토교통부

실거래가 동향을 확인하고 싶다면 반드시 해당 지역의 부동산 중개업소를 방문해야 합니다.

개인적으로는 실거래가 조사를 할 때 2가지로 구분하며 활용 목적을 나눕니다. 온라인 실거래가 조회의 경우, 실시간 시황 반영은 더디

실거래가 확인 방법

실거래가 조사 방법	수집 자료 활용 구분
온라인 실거래가 조회	항목별 동향 분석 목적
부동산 중개업소 방문	실시간 동향 파악 목적

지만 방대한 자료를 쉽게 편집할 수 있어서 지역과 단지 태생을 임의로 나눠 세부 동향에 대한 규칙을 찾고자 할 때 활용합니다. 또한 실시간 동향 파악을 통한 매물 수집을 목적으로 할 때는 부동산 중개업소를 방문합니다.

굳이 부동산 중개업소를 방문해야 하는 이유는 간혹 부동산 신고필증을 작성하는 과정에서 단지명이 오탈자로 기입되는 경우, 국토교통부 실거래가 공개시스템에 노출되지 않기 때문입니다. 실제로 단순히 단지명 기입 오류로 인하여 실거래가 노출이 잔금일 이후까지 누락된 사례가 있습니다. 당연히 여러분이 즐겨 보는 크롤링 사이트에서도 확인이 불가합니다. 실제로 거래가 되었는데도 불구하고 말입니다.

또 가격이 크게 오르내리면서 변동성을 키울 때에는 부동산 중개업소가 인위적으로 거래신고를 늦추는 경우가 많습니다. 가격이 너무 단번에 오르면 집주인들이 내놓은 매물의 호가를 갑자기 올리거나 매물을 거두게 되고, 이렇게 단기간에 매도 우위로 전환되면 거래로 이어지기가 힘드니 거래신고를 인위적으로 최대한 늦추는 것입니다. 결국 거래신고가 되지 않았으므로 시세 파악이 늦게 됩니다.

반대로 하나의 급매 거래로 집값이 급격하게 내리면, 나와 있는 매물의 호가가 충분히 저렴하더라도 그것과 관계없이 매수자들은 급격히 내린 단 1건의 거래를 기준으로 눈높이를 높입니다. 그 급매 물건이 대단히 희귀한 것이든 아니든 일단 기다려 보는 관망 상태로 전환하게 됩니다. 따라서 가파른 가격 하락을 보일 때에도 중개업소는 거래신고를 늦춥니다. 매수자의 눈높이가 높아져서 매수를 미루는 등 거래 기일을 늦추기 때문입니다.

그러니 정확한 현황을 파악하고자 한다면 현장을 방문하는 방법 밖에 없습니다. 따라서 매수를 앞둔 시점이라면 현장 방문을 통해 중개업소마다 거래내역을 확인하십시오. 이렇게 방문 확인을 해야 하는 이유는 우리가 매수할 단지의 최신 거래 가액을 정확하게 알아야 인근 단지와 값이 벌어지는지, 좁혀지는지 확인할 수 있기 때문입니다.

이는 단순히 당장 거래될 가격 외에도 가격의 변천사를 단번에 파악하기 좋은 가늠자가 됩니다. 가격이 상승하면서 인근 단지와 가격 차이가 계속해 벌어진다면 관심단지가 절대적인 우위에 있는 것인지, 신규 호재가 있는 것인지 여부를 확인해 볼 시사점이 생기니까요. 이때는 호재 성격에 따라 추격 매수를 할 것인지 판단해야 합니다.

반대로 가격 차이가 본래는 크게 벌어져 있었으나 인근 단지와 비등하게 맞춰진다면 순환매상 관심물건의 매수 타점일 수 있습니다. 추후에 다시 간격을 벌리며 크게 상승할 개연성이 높으니 이 역시 절대 우위를 판별하여 선점할 투자 타점을 가늠할 시사점이 생깁니다. 이 외에 가격이 하락하는 경우에는 격차가 좁혀지든 벌어지든 더 하락하는 단지가 열위가 됩니다.

가격과 매수의 상관 관계

가격 상승	간격 증가	일시 관망(단, 장기 호재의 경우 추격 매수)
	간격 감소	추격 매수
가격 하락	간격 증가	일시 관망(단, 단기 악재의 경우 저점 매수)
	간격 감소	추격 매수

아파트 가격지수

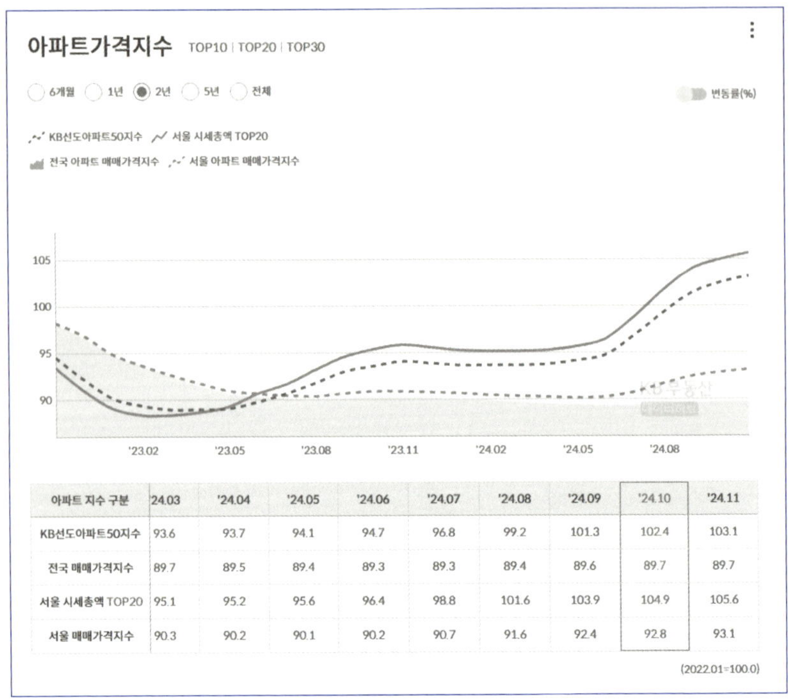

아파트 지수 구분	'24.03	'24.04	'24.05	'24.06	'24.07	'24.08	'24.09	'24.10	'24.11
KB선도아파트50지수	93.6	93.7	94.1	94.7	96.8	99.2	101.3	102.4	103.1
전국 매매가격지수	89.7	89.5	89.4	89.3	89.3	89.4	89.6	89.7	89.7
서울 시세총액 TOP20	95.1	95.2	95.6	96.4	98.8	101.6	103.9	104.9	105.6
서울 매매가격지수	90.3	90.2	90.1	90.2	90.7	91.6	92.4	92.8	93.1

(2022.01=100.0)

출처 : KB부동산

가격이 하락하면서 간격이 넓혀지는 경우는 관심물건이 일시적 급매물로 인하여 단기적인 급락을 보이는 것인지 확인이 필요하고, 단기 급락이 맞다면 추격 매수를 해도 무방합니다. 반대로 간격이 좁혀지는 경우는 관심물건이 우위라는 확신만 있다면 그대로 추격 매수를 해도 무방합니다.

실거래 가격을 확인하세요. KB부동산에서 제공하는 선도단지 50 지수처럼 각 지역의 대장 단지를 모아 현재 시황을 가늠할 자료로서 확인할 수 있으며, 여러분이 관심 있는 단지의 가격대를 적어 보면서 해당 단지와 비교하려는 단지의 우열도 손쉽게 가려낼 수 있습니다. 무엇보다도 가장 정확한 것은 현장 방문이라는 것을 잊지 마세요.

참고로 현장을 방문할 때, 특히 매수를 앞두었다면 부동산 중개업소 한 곳만 들러서 확인하는 것이 좋습니다. 어차피 인근 중개업소들끼리 제휴하거나 회(會)가 있어서 DB를 공유하므로 방문한 중개업소에서 자신의 물건지 부동산이 아니더라도 계약을 성사시키기 위해 여기저기 제휴한 물건을 제시해 줍니다. 그러니 부차적으로 여기저기에 들러서 물어 볼 이유가 없습니다.

또 하나의 이유는 괜히 여러 곳 방문하다가 매도인에게 중복되어 연락이 가서 호가가 더 올라갈 수 있습니다. 실제로 제가 자문한 분 중 10억 원에 매수하려던 와중에 본인이 열심히 알아본다고 여기저기에 연락하고 다니다가 10억 5,000만 원에 계약한 경우가 있습니다. 나중에 알고 보니 중개업소에서 너도나도 매도인에게 연락을 해 매도인이 매수희망자가 쌓여 있는 줄 알고 호가를 올린 것입니다. 결국 본인이 본인과 매수 경쟁을 하게 된 것입니다. 따라서 매수를 앞둔 경우라면 더욱더 부동산 중개업소에 연락을 최소한으로 할 것을 권장합니다.

- 실거래가의 동향을 파악하는 것은 현재 집값의 움직임을 파악할 수 있는 주요 지표입니다.
- 고의 또는 실수 누락에 따른 최신 실거래 동향 파악을 위해 현장을 꼭 방문하세요.
- 실거래 동향을 통해 비교 단지의 가격 간격을 파악하면 저평가 여부를 확인할 수 있습니다.

08

매물 증감

: 시장 온도를 파악하는 지표

매물은 해당 지역의 매수와 매도 우위를 파악하는 자료가 됩니다. 매물이 늘면 매수 우위, 매물이 줄면 매도 우위 상황이 됩니다. 아실 사이트는 시황을 가볍게 읽기에 좋습니다. 여기서 매물 증감 탭을 확인하면 각 읍·면·동마다 매물의 개수가 일자별로 어떻게 변화하고 있는지 확인할 수 있습니다.

세부적으로 단지까지 좁혀서 분석하는 경우에는 네이버 부동산에 등록된 매물을 일일이 세어 보아야 합니다. 단지에 있는 매물을 동일 매물로 묶고 중복 단지를 모두 제거한 뒤에 일별로 확인할 수 있습니다. 가격도 같이 기입하여 추적해 보면 단지의 시세 동향을 쉽게 파악할 수 있습니다.

매물 증감 현황(2024년 12월 23일 기준)

출처 : 아실

매물이 늘면서 가격이 오르는 경우는 시장에 참여자가 늘면서 시장성이 회복되는 초입의 모습이며, 반대로 매물이 늘면서 가격이 내리는 경우는 하락과 조정 초입의 모습입니다. 또 매물이 줄면서 가격이 오르는 경우는 상승장 말미가 되며, 매물이 줄면서 가격이 내리는 경우는 하락을 멈추고 저점 반등을 채비하는 지점이 됩니다.

통상적으로 매스컴이나 비관론자의 전망에서는 언제나 집값이 내리는 구간을 싸잡아 추가 하락을 전망하고 기대하지만 실제로는 그렇

매물 증감에 따른 시세 동향

매물 증가	가격 상승	대세 상승
	가격 하락	대세 하락
매물 감소	가격 상승	고점 신호
	가격 하락	저점 신호

지 않습니다. 기존에 나와 있던 급매물이 소진되면 지수는 하락하게 되지만, 반대로 그 급매물 소진의 끝에는 큰 반등이 기다리고 있을 수 있으며 그것이 매물 개수와 연관이 있다는 것입니다.

반복적으로 강조하지만 대표적인 상황이 매물이 줄면서 가격이 내리는 구간입니다. 해당 구간은 기존에 나온 급매 소진 외에 추가적으로 해당 가격에 이어 던질 매물이 없어 매도 관망이 나오면서 반등 지점이 찍힐 시점이 다가오는 것입니다. 그러니 단순히 실거래가격지수가 내린다고 해서 추가 하락을 전망하지 마십시오.

기술적으로 접근하면, 지역이라는 큰 틀에서 매물 동향을 보며 현재 시장의 시황을 간단하게 전망해 보고, 개별 단지로 들어가서 매물 동향을 보며 매수 타점과 매도 타점을 잡을 수 있습니다. 만약 가격이 오르는 것과 동시에 매물이 줄어드는 기미가 보이거나 가격이 내리더라도 매물이 줄어드는 기미가 보인다면 두 지점은 모두 매수 타점이 됩니다.

그러나 염두에 두어야 할 것이 하나 있습니다. 2023년 말부터 2025년 초까지 보이는 매물과 가격의 동기화는 지금까지 보여 온 전통적인 규칙과 꽤 다른 양상을 보인다는 것입니다. 보통은 매물이 늘

아파트 매물 추이

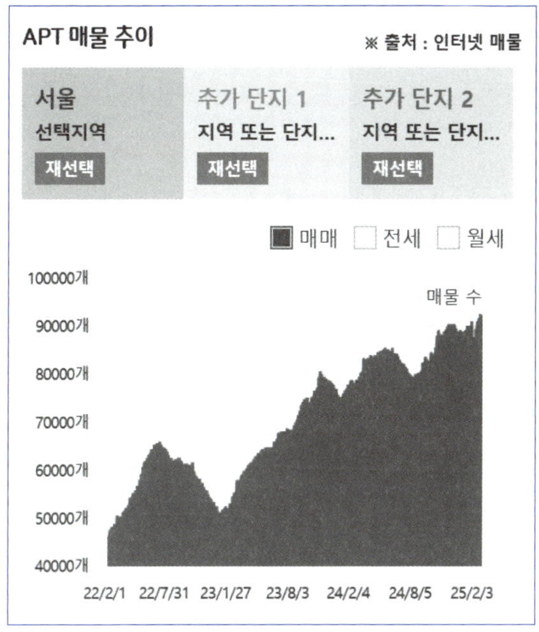

출처 : 아실

면서 가격이 오르면 늦어도 반기 전후로 대세적인 상승세가 보이는데, 해당 구간은 기어코 대세적인 움직임으로 이어지지 않으니 말입니다.

흔히 쓰는 표현을 빌리자면 양극화입니다. 통상적으로 강남 3구의 집값이 오른 다음에 순환매에 따라서 인접 지역이 오르고, 그 인접 지역의 인접 지역이 뒤따라 오르며 대세적인 방향성을 만드는데 해당 구간은 그렇지 않습니다. 계속해서 상급지만 거래가 되며 신고가를 찍기 때문에 지수는 상승하고, 반대로 중하급지는 거래 없이 매물만 쌓여 전체 매물을 늘립니다.

상급지에서는 지수를 올리고 하급지에서는 매물을 늘리는 초양극화 시대입니다. 차라리 앞서 말했던 전통적인 분석과 같이, 매물이 늘며 가격이 오른 다음에 나타나는 대세적인 상승세가 있어야 모든 시장 참여자가 골고루 기회를 잡을 수 있을 것입니다. 현재와 같이 상급지 단독 독주로 인한 지수 상승은 대부분의 참여자에게는 전혀 긍정적이지 않습니다.

정리하자면, 매물이 늘면서 가격이 오르는데 대세적인 상승세가 아니라 오직 상급지와 하급지의 갭만 벌어지는 해당 구간과 같은 형국, 즉 초양극화인 구간에서는 매물의 증감으로 시장성을 분석하지 마십시오. 매물이라는 것은 시장성이 대세적으로 움직일 때 그 매수 타점을 포착하기 위한 것입니다.

그런데 초양극화는 타점을 설정할 때 매물과 가격만으로 대세를 논할 수 없기에, 지역별로 세부적으로 나누어 대세가 아닌 매물이 줄며 오르는 지역만 골라 특정해 매수 대상으로 삼아 공략해야 합니다. 불행 중 다행인 것은 2026년 이후 수도권 입주 물량이 적어서 매물 증감을 초월해 공급 부족을 만들 개연성이 높아 결국은 현재의 괴현상을 넘어서 곧 한쪽으로 방향을 정할 것이라 낙관합니다.

- 매물이 늘고 있다면 매수 우위, 매물이 줄고 있다면 매도 우위로 보아도 무방합니다.
- 매물이 줄면서 가격이 상승한다면 상승 초입, 가격이 하락한다면 반등 지점입니다.
- 양극화 구간에서는 매물이 느는 지역과 아닌 지역을 구분해서 파악해야 합니다.

09

유동인구

: 수요 흐름을 읽는 핵심

유동인구는 일정 기간 동안 해당 지역에 오가는 사람의 수를 말하며, 일반적으로는 상업용 부동산을 분석하는 경우에 활용합니다. 투자를 목적하는 상가나 근린생활시설에 얼마만큼의 유동인구가 있는지, 해당 지역의 밀집도에 따라서 투자 수익률을 환산하여 투자 여부를 결정하게 됩니다. 당연히 사람이 많이 다녀야 입점할 상가의 매출도 늘어날 것이며 안정적인 월세 수입을 기대할 수 있습니다. 상가에 투자할 때에는 유동인구 기준으로 해당 입지에 대한 사업성을 단계별로 분류하고, 유동인구의 유효 수요를 근거로 해당 입지에서 사업을 할 때 손익을 넘길 수 있는지 면밀하게 분석합니다.

아파트 투자에서도 유동인구의 분석이 필요합니다. 당연하게도 백화점이나 대형마트가 근처에 있는 단지가 그렇지 않은 단지보다 유동인구가 많으며, 높은 거주 편의로 인해 집값 상승을 유발합니다. 학교와 학원 등 교육시설이 밀집한 곳들도 마찬가지로 유동인구를 늘리는 동시에 집값 상승을 유발합니다.

공원도 마찬가지입니다. 쾌적한 주거환경에 대한 욕구가 커진 요즘, 공원과 녹지가 잘 조성된 지역이 아닌 곳보다 집값 상승에 긍정적인 영향을 미칩니다. 자연 환경 덕분에 집값이 상승한 대표적인 예로는 한강에 접한 여의도, 광교호수공원을 낀 광교의 일부 단지, 바다 조망이 가능한 송도 소재의 일부 단지를 들 수 있습니다.

또 지하철역, 버스정류장 등 대중교통 접근성이 좋을수록 유동인구가 많으며, 집값 형성에 긍정적인 영향을 줍니다. 더구나 해당 단지와 접한 도로에 유동인구가 많으면 많을수록 추후에 도로 확장과 노선 신설 및 증설 등 신규 철도사업에 대한 투자 평가, 타당성 조사에 통과하기 유리하므로 접도 인근에 유동인구가 많은지, 많다면 어느 길목에 많은지를 우선적으로 파악해 둘 필요가 있습니다.

다음 그림은 서울시 상권분석 서비스에서 행당동 유동인구를 지도에 표시한 것입니다. 해당 서비스는 예비 창업자나 소상공인을 위해서 서울 시내 상권 정보를 쉽게 분석할 수 있도록 도와줍니다. 주요 기능을 보면, 크게 상권 분석, 업종 분석, 맞춤 분석, 자료 제공이 있습니다. 아파트 투자 분석에서 우리가 활용할 수 있는 것은 어느 길목에 사람이 많은지 정도이니 무료로 제공되는 정보로도 충분히 가늠해 볼 수 있습니다.

이 사이트에서 유동인구를 확인하는 방법은 관심이 있는 지역을

유동인구 표시 예(서울 성동구 행당동)

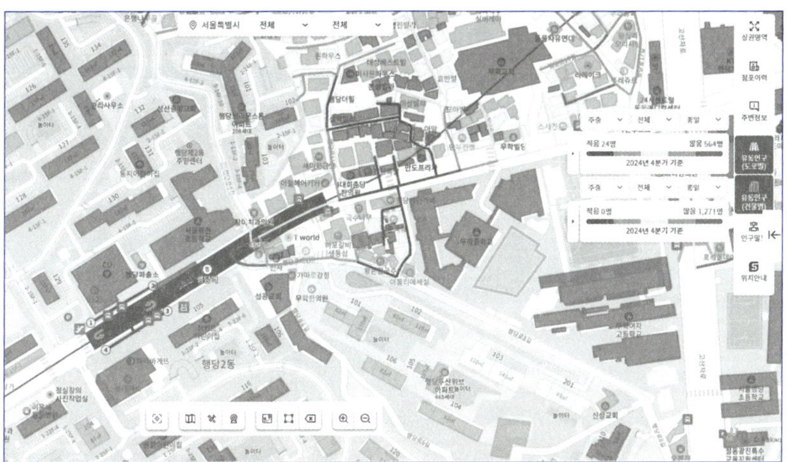

출처 : 서울시 상권분석 서비스

크게 당긴 후에 유동인구 탭을 클릭하면 됩니다. 소개한 사이트들 외에 유료로 제공하는 유동인구와 상권분석 자료도 있지만 상권을 약식으로 분석하는 아파트 투자 목적으로는 무료로 제공되는 자료만으로도 충분합니다.

여기서 각 길목에 배점된 유동인구의 등급을 확인할 것이 아니라 등급이 높은 길목에 있는 단지를 특정하는 것이 중요합니다. 보편적으로 상업지역에 자리 잡은 주상복합의 등급이 높습니다. 다만 비등한 단지를 비교할 때에는 당연히 유동인구가 더 많은 단지가 매수하기에 적합할 것입니다.

예를 들어, 서빙고동 신동아는 인근의 유동인구가 1등급 기준 697명인 반면 맞은편의 잠원동 신반포2차는 약 2배인 1,519명이 나옵니

유동인구 표시 예(서울 중구 명동)

출처 : 나이스비즈맵

다. 두 단지의 평당가는 2025년 1월 기준 서빙고동 신동아 9,355만 원, 잠원동 신반포2차 1억 2,571만 원입니다. 단순히 유동인구만으로 파악하는 것은 아니지만 인근에 있는 유사 단지라면 확인해 보세요.

실제로 업자들 사이에서 왕왕 얘기하는 것이 "불편할수록 개발할 여지가 많아진다."는 것입니다. 사람이 몰려야 상가가 들어서 권역을 이루고 상권을 만들며, 그 상권으로 인하여 다시 사람이 몰려 교통망 구축이 필요해지는 흐름과 같습니다. 학군도 동일한 맥락입니다. 성적이 빼어난 학생들이 모여서 학군을 만드는 것이 아니라 아이가 많아 교육에 대한 수요가 늘어나는 지역에 유명 학원이 입점하면서 교육할 여건을 제고시키고, 나아가 학원가를 형성하면서 인근 학교들에서 소위 말하는 학군지가 형성되는 수순입니다.

모든 시작은 사람이 몰리는, 그만큼의 인기를 끌어낼 만한 요소가 지역과 단지 태생에 있어야 한다는 것입니다. 유동인구로 현재와 미래의 수요 흐름을 파악하여 모의 투자 형태로 정리해 봐도 좋습니다.

사람의 발길이 끊이지 않는 곳들이 연이어 개발될 확률이 높습니다. 당장은 개발될 기미가 없더라도 향후에 자리 잡을 신규 택지가 많아서 인구 유입이 예견된다면 그것으로 유동인구를 역산해 투자 근거로 활용해도 좋습니다. 유동인구가 어디에 크게 밀집되어 있는지 반복적으로 분석하다 보면 신도시 투자에서도 흥행 여부를 미리 파악해 볼 수 있습니다.

- ■ 추후 신설 및 증설 노선에 대한 타당성 조사 우위를 판별하기 위해 유동인구 조사를 합니다.
- ■ 자리 잡은 토지와 단지 태생이 비등한 단지라면 유동인구가 더 많은 쪽이 좋습니다.
- ■ 4개 노선 이상의 역세권은 공통적으로 유동인구가 압도적으로 많습니다.

10

현장 답사

: 발로 뛰는 정보 수집

사전 조사가 완료된 경우 현장에 방문합니다. 앞에서 설명한 분석들은 사실상 집에서 수집한 기초 자료로 우리가 관심을 가지는 아파트의 공부상 특성을 조사하는 단계였다면 지금부터는 외관을 비롯한 사실상의 조사를 하는 것입니다. 간혹 이 현장 답사를 어떤 동네의 분위기나 정취를 즐기러 가는 것으로 착각하는 분들이 있는데 그것은 현장 답사가 아닙니다.

물론 간접적으로 주거 쾌적성, 생활 편의에 대한 고찰이 될 수 있지만 엄밀히 말하자면 현장에 가서 보는 모든 시각 정보나 공간이 주는 체감은 이미 가격에 묻어 있기 때문에 사실상 실제로 본다고 해서 그렇게 영양가가 있지는 않습니다. 그것보다는 차라리 산술적으로 계산이 가능한 가격에 대한 동행 지표나 현장에서 새롭게 추진되는 사항에 대한 조사가 필요합니다.

현장 답사 시 확인할 사항

대상	목적
매매 가격	단지의 매매 시세를 통한 시황 파악과 단지의 실매수 단가를 파악할 목적
전세 가격	단지의 전세 시세를 통한 시황 파악과 단지의 실임차 단가를 파악할 목적
표시 광고	현수막 등을 통하여 단지의 최신 추진 과제 또는 목표 달성 과업을 수집
공사 현장	웹상 수집한 진입도로 등 기초분석 자료와 현장의 동기화 여부 재검토
가맹 사업	대형 프랜차이즈 등의 입점을 마친 상권을 통해 주요 상권 및 파생 상권을 확인

결론적으로 현장 답사를 통해 확인할 것은 크게 5가지로 매매 가격, 전세 가격, 표시 광고, 공사 현장 그리고 가맹 사업입니다.

순서대로 보자면, 현장에서 확인할 매매 가격과 전세 가격은 현장의 최신 시세 동향을 말하니 매수 전략에 활용할 수 있습니다. 매매 가격의 경우, 매매 가격이 오르고 있지 않아도 매물이 소진되며 매매 동향이 급변하는 경우가 잦아 현장에서만 알 수 있는 분위기를 파악하는 목적으로 수집합니다. 이로써 최신 매수 단가를 통해 해당 물건에 대한 진입 여부를 결정할 수 있습니다. 또 현장의 전세 시세를 동시에 파악하여 경우에 따라 전세를 낀 매매를 공략해 볼 수도 있습니다.

매매가와 전세가의 경우는 관내 부동산 중개업소에 방문하여 수집하면 됩니다. 부동산 유리창이나 광고 현수막 등을 거치한 경우 빠르게 훑고 지나가면 되고, 최신 가격과 최근 거래 동향을 파악하려면 중개업소에 직접 방문하여 물어봅니다. 가격 동향의 경우 현재 거래가 되는 가액을 물어보아야 정확합니다.

참고로 거래가액을 묻는 과정에서 약간의 노하우를 전하자면, 매도를 하고 싶다면 매수자 행세를, 매수를 하고 싶다면 매도자 행세를 지인에게 부탁하는 것입니다. 매도를 희망하는 단지에서 매수자 행세를 하는 경우, 부동산에서 가장 매수하기 좋은 매물을 제시하며 설명을 하는데, 이때 우리의 매도 물건과 비교하며 적정한 매도 가격을 알아낼 수 있습니다.

반대로 매도자 행세를 하는 경우는 현 시점에 가장 빠르게 처분하려면 얼마에 매도가 가능한 것인지 물어 급매 가격을 개략적으로 파악하고, 매수 단가에 가감하여 활용할 수 있습니다. 이를 통해 일부 부동산 중개업소에서 매수인과 매도인 각자에게 다르게 설명하는 일종의 중개 상술을 미연에 방지할 수도 있습니다.

보편적인 상황에서는 이 방법이 필요하지 않습니다. 그러나 단지의 크기에 대비해 부동산 중개업소가 극히 적은 곳, 특히 일명 왕사장이 있고 그 아래에 새끼를 치는, 소위 말해서 회(會)가 있는 곳들은 이렇게 대응할 필요가 있습니다. 전형적으로 물건을 가둬 두거나 가격을 후려치는 장난을 일삼으니 말입니다.

표시 광고는 갓 정비구역으로 지정된 단지에 붙는 축하 현수막 등을 말합니다. 이를 통하여 현장의 주된 추진 과제 또는 달성 과업을 파악할 수 있습니다. 재건축 추진 단지의 경우 단계에 따른 공시와 공시 이전의 추진 현황을 실시간으로 파악할 수 있습니다.

이와 별개로 부동산 중개업소에 방문해 실제 현장에서의 고충과

애로사항을 파악해 매수 타점을 고려할 수도 있습니다. 특히 재건축 투자의 경우 조합이 설립되기 전부터 진행되는 단계들에 대해서 미리 파악할 때 주요 자료로 활용할 수 있으니 꼼꼼히 확인해 봐야 합니다.

참고로 재건축 사업의 진행 단계는 다음과 같습니다.

재건축 사업의 진행 단계

정비기본계획 수립 → 정비구역 지정 → 추진위원회 구성 → 조합설립인가 → 사업시행인가 → 분양 신청 → 관리처분인가 → 일반분양 → 조합 해산

재건축 사업에서는 전 과정이 한 단계씩 진행될 때마다 단지에 현수막이 새롭게 붙습니다. 이것을 통해 현재 동의율 등 아직 공시가 되기 이전인 단지 추진 목표를 확인할 수 있습니다. 반경을 키워 임장을 하는 경우에는 인근 단지와 비교해서 구분할 수도 있습니다.

공사 현장은 인근에 착공된 신설 도로나 신규 택지를 말하는 것으로, 단지 인근에 있는 공사 현장을 통해 현재의 조성 여건이 아닌 미래를 상상하는 단서로 활용할 수 있습니다. 동북선 등 굵직한 신설 노선의 경우 집값과 밀접한 연관이 있으니, 비교적 규모가 큰 공사라면 매매 가격과 교차 분석해 매수 타점을 고려해 볼 수 있습니다.

가맹 사업은 체인점을 말합니다. 통상적으로 대형 프랜차이즈 가맹점은 해당 지역에서 가장 상권이 번화하고 상권의 확장성이 훌륭한 입지를 선점하는 경향이 있습니다. 따라서 임장 시 대형 프랜차이즈의 입점 여부를 두고 상권을 차등적으로 나눠서, 주요 상권과 파생 상권

을 기준으로 매수를 목적하는 단지와의 거리나 진입 유불리를 따져 볼 필요가 있습니다.

가맹 사업을 파악하는 방법은 앞서 설명한 유동인구와 비슷합니다. 입점한 프랜차이즈의 수에 따라 해당 단지 인근의 상권 형성 정도를 파악할 수 있습니다. 태생이 동일하다는 가정하에 유명한 체인점이 하나도 없는 곳보다 체인점이 많이 자리한 곳의 상권이 더욱 발달해 있으며 그 덕택에 가격 형성도 유리할 것이라 짐작해 볼 수 있습니다.

특히 재건축 투자자라면 가격이 동일한 경우 상권이 많이 다르면 급지를 잘못 구분한 것은 아닌지 확인해 보는 지표가 되기도 합니다. 가격이 똑같은 상황에 한쪽은 상권이 크게 발달했고, 다른 한쪽은 그렇지 않다면 그것은 전자의 상권이 큰 우위에 있으면서도 왜 가격이 같은지 고민해 보는 기준이 됩니다.

보편적으로 상권이 크게 발달한 곳의 집값이 그렇지 않은 곳과 비등한 이유를 찾아보면 전자가 하급지인 경우가 많습니다. 상권이 크게 발달했는데도 불구하고 집값이 비등하다는 것은 궁극적으로 자리 잡은 토지 자체가 열위일 가능성이 높기 때문입니다. 물론 반대로 상권이 발달한 대신 그만큼 노후화가 진행된, 연한이 꽉 찬 아주 적합한 재건축 투자처일 수도 있습니다. 그래서 매수 단가와 상권에 대한 교차 분석이 필요합니다.

그리고 현장에 가서 지나다니는 행인들의 행색도 확인해 보십시오. 혹여나 이런 식의 판단이 불편할 수도 있겠지만 부동산 투자에서 가장 중요한 것은 인문학적인 접근에 기초한 인구의 집합과 이동이라 행인의 행색도 유의미한 지표가 됩니다. 그 지역과 단지 내 행인의 행색에 따라서도 가격별 가늠이 어느 정도 가능합니다.

개인적으로 현장답사를 월 1회씩 정기적으로 하는데, 당장은 보이는 게 없는 것 같아도 반복하다 보면 데이터가 쌓여서 동네가 변하는 것이 마치 계절 변화처럼 뚜렷하게 보이게 됩니다. 예전에는 토속적인 장터가 열리던 곳에 대형마트가 생겼다든지 등 정량적으로 분석하기는 어렵지만 분명히 행동 양식에서 큰 발전이 되는 것들 말입니다. 모든 단서가 비슷할 경우에는 그런 부분이 매수 근거가 될 수도 있습니다.

- 현장 답사를 통해 확인할 것은 크게 매매가, 전세가, 현수막, 진입로, 체인점입니다.
- 매매가와 전세가는 부동산 중개업소에 방문하여 확인하는데 최대한 여러 곳을 들르세요.
- 단지의 현수막을 통하여 아직 공시 전인 현재 재건축 상황을 빠르게 파악할 수 있습니다.
- 대형 프랜차이즈 입점 여부로 인근 상권의 크기를 가늠하고, 형성된 가격을 유추하세요.
- 상권이 다른 두 물건의 값이 같은 경우 통상적으로 상권이 발달한 쪽이 하급지입니다.

11

내부 점검

: 내부 상태는 가격에 직결된다

사전 조사와 현장 답사가 완료되면 최종적으로 계약 여부를 판단하기 위해 답사지 실내를 방문해 보아야 합니다. 이때 당연히 내부 컨디션이 중요하지만 최우선으로 확인해야 할 것은 중대한 하자 여부입니다. 벽지나 바닥은 훼손됐더라도 새로 시공하면 되지만 중대 하자가 있을 경우에는 거주 자체가 불가할 수도 있기 때문입니다.

여기서 말하는 중대 하자란 공사상의 잘못으로서 안전, 기능, 미관 전반에 초래하는 위험으로 규정됩니다. 대표적으로 누수나 균열, 가스 설비나 급수, 급탕에 대한 하자가 있습니다. 이러한 하자가 있는 경우는 우리나라 민법에 있는 매도인의 하자담보책임이라는 규정을 찾아 대응해야 합니다.

민법상 중대한 하자가 있는 물건의 경우 그 사실을 안 날로부터 6개월 이내로 손해배상 청구를 할 수 있다는 규정이 있으니, 하자에 대한 자각 이후 반드시 6개월 안에 손해배상 청구를 마쳐야 합니다. 혹여나 6개월이 지나도 괜찮습니다. 판례를 보면 채권 소멸시효의 규정을 따른다고 했으니, 발견한 날로부터 최대 10년까지 시효 진행이라 해석할 여지도 있으므로 일단은 손해가 막심하다면 소를 제기해 볼 필요가 있습니다.

단, 이것 하나는 꼭 기억하십시오. 발견한 하자가 매도하기 전부터 존재했다는 사실을 반드시 입증할 수 있어야 합니다. 무작정 매도 이후에 물건에 하자가 생겼다고 매도인 책임으로 돌릴 수는 없다는 것입니다. 매도 이후에 자연 노후로 하자가 발생되었을 수 있으므로 원래부터 하자가 있었다는 사실을 입증할 수 있어야 합니다.

채무불이행에 대한 손해배상 판례

매도인에 대한 하자담보에 기한 손해배상청구권에 대하여는 민법 제582조의 제척기간이 적용되고, 이는 법률관계의 조속한 안정을 도모하고자 하는 데에 그 취지가 있다. 그런데 하자담보에 기한 매수인의 손해배상청구권은 그 권리의 내용·성질 및 취지에 비추어 민법 제162조 제1항의 채권 소멸시효의 규정이 적용된다고 할 것이고, 민법 제582조의 제척기간 규정으로 인하여 위 소멸시효 규정의 적용이 배제된다고 볼 수 없으며, 이때 다른 특별한 사정이 없는 한 무엇보다도 매수인이 매매의 목적물을 인도받은 때부터 그 소멸시효가 진행한다고 해석함이 상당하다 .

출처 : 광주고법 2010. 12. 22. 선고 2010나3451 판결

다시 말하자면, 원래부터 있던 것이라고 인정될 만한 하자나 자연적으로 노후화되어 발생된 하자가 아니라는 사실을 입증할 수 있는 하자가 발생했다면 그 사실을 알게 된 날로부터 6개월 안에 손해배상 청구를 시도하면 된다는 것입니다. 다만 이것은 상당히 까다로운 증빙이 필요합니다.

따라서 최선의 대응은 애당초 하자가 없는 물건을 매수하는 것입니다. 만약 하자가 있는 경우라면 그 책임을 사전에 규명하여 조금이라도 갈등 상황이 생기지 않도록 미연에 방지하는 것이 좋습니다.

그러니 물건지 내부 확인을 위하여 방문할 때 중대 하자가 있는지 여부를 최대한 알아내야만 합니다. 특히 우수관, 오수관 검열을 위해 세탁실과 발코니부터 확인합니다. 통상적으로 아파트에서 발생하는 하자의 경우 누수로 인한 갈등이 가장 빈번하기 때문입니다.

참고로 빗물만 흐르는 우수관과 달리 오수관 근처에는 세탁기 등의 배수 설비가 함께 있는데, 세탁기와 건조기 등이 있는 곳은 오수관으로, 천장과 바닥을 잇는 나머지 수직상의 배관은 우수관으로 볼 수 있습니다. 이 수직 형태의 관 상부와 하부의 누수 흔적을 우선 확인하세요.

방문과 동시에 일단 세탁실 및 발코니에서 천장과 바닥 사이에 얼룩이 있는지, 이 수직 형태의 관을 따라서 누수 체크를 먼저 하는 것입니다. 누수의 경우 위 세대가 우리 세대에 피해를 끼치는 경우는 별 문제가 아닙니다. 우리가 피해 세대가 된다면 위 세대에 누수 사실을 알리고 피해에 대한 보상을 받으면 되니까 말입니다.

큰 비용이 드는 상황은 우리가 누수 발생의 원인 세대, 즉 가해 세대가 되어 아래 세대에 보상을 해야 하는 경우입니다. 보일러 배관의 노후화로 인하여 미세 누수가 전방위적으로 발생하게 되면 아래 세대의 내실에 누수를 발생시킬 수 있습니다. 이런 경우는 외벽을 타고 발생하는 코킹 하자 누수와 달리 큰 손해를 야기합니다. 이런 상황을 대비하여 반드시 일상생활책임보험을 들어 두어야 합니다.

따라서 일단 육안으로 누수 사실을 파악하고, 설령 해당 세대에 누수 사실이 없다고 하더라도 아래 세대의 누수 발생을 고려하여 보험에 미리 가입해 두십시오. 가능하다면 아래 세대를 방문하여 가벼운 인사를 나누고, 누수 등 하자 여부를 사전에 파악해 두면 좋습니다.

그다음으로 확인해야 할 것은 외벽 누수 여부입니다. 통상적으로는 외벽의 외부 코킹 문제로 인한 접착과 시공 불량이 이유이니 외부와 맞닿는 벽들의 누수 자국을 사전에 육안으로 확인하세요.

참고로 누수와 결로는 다릅니다. 누수는 큰 범위로 물 자국이 확연하게 보이며, 결로는 구슬처럼 맺히듯 물 자국이 좁쌀처럼 보입니다. 결로는 아파트 단지의 근본적인 단열 문제이며, 이를 두고 중대 하자라고 할 수는 없습니다. 이 점을 명확히 구분하여 확인한 다음에 지적하기 바랍니다.

이 외에 모든 천장을 모서리부터 찬찬히 확인하세요. 우수관과 오수관을 확인하고 외벽과 맞닿는 내벽을 확인한 다음에는 균열과 벽의 탈락을 확인해야 합니다. 일반적인 재건축 단지 외벽의 균열이 아닌 집 내벽의 탈락과 균열을 말합니다. 대부분 구옥에서 나타나는데 통상적으로 공사상 불량 시공에 의한 균열, 침하, 파손, 들뜸 전부를 포괄합니다. 벽 모서리부터 균열 여부를 꼼꼼하게 확인하세요.

가벼운 실금이 있다면 그것에 관해 묻고 답한 것을 상호간에 인지할 수 있도록 확인한 뒤 설명서에 기재할 필요가 있습니다. 미관과 안전 모두에 문제가 되는 중대 하자일 수 있기 때문입니다. 누수와 균열 2가지만 정확히 확인해도 중대 하자와 관련된 문제는 없을 것입니다.

간혹 어디서 배운 것인지 현장 방문과 동시에 모든 화장실 개수대의 물을 틀고 외벽 창호 근처에 두루마리 휴지를 붙이는 경우가 있는데 그런 기행은 하지 마십시오. 개수대의 수압과 하수구의 배수는 중대 하자가 아닐뿐더러 저렴한 비용으로 해결이 가능하니 말입니다. 녹물도 마찬가지입니다. 구축의 경우 배관의 노후로 인해 녹물이 나오기도 합니다만 아파트 단지 차원의 문제이지 가격을 협상할 때 따질 만한 하자는 아닙니다.

누수와 균열이 아닌 이상 대부분 가격에 이미 반영된 상황입니다. 이 외에는 중개사와 매도인 측의 설명과 다른 실내 시설이 있는지 확인하면 됩니다. 매수를 하지 않아야 할 중대 하자가 있는지만 집중하여 검토하세요. 다른 사소한 문제는 그저 문답을 통해 기록만 해 두세요. 차후에 문제가 발생하면 확인했는지, 설명한 사실이 있는지 없는지부터 소급해서 다투게 되기 때문입니다.

- 중대 하자 중에 누수와 균열 정도는 반드시 내부 점검과 함께 증거를 수집해야 합니다.
- 누수의 경우 우수관·오수관, 외벽과 닿는 내벽과 천장 모서리 순으로 확인합니다.
- 균열의 경우 벽과 천장이 만나는 접지 부분을 기준하여 4개의 귀 전부를 확인하세요.

분석 기법 : 지역 설정

- 어떤 지역이 오를 것인가를 읽는 법

본격적으로 분석을 시작하겠습니다. 지역별 가격 분포를 보며 추려 내는 가격분포지도 분석법과 도시기본계획을 기준으로 향후 개발되는 지역을 선점하는 전략을 세우는 방법론 등을 담았습니다. 이 장을 통하여 앞으로는 두 지역 간의 비교에서 우위를 나열하는 것에 어려움을 느끼지 않게 될 것입니다.

01

가격분포지도

: 지역별 가격 흐름 한눈에 보기

첫 번째로 설명할 방법론은 가격분포지도입니다. 가격분포지도가 무엇일까요? 간단히 말하자면, 가격이 어느 지역에 어떻게 분포하는가입니다.

다음 자료는 호갱노노의 분위지도입니다. 지도에 잡힌 전체 단지를 색깔에 따라 네 단위로 상위부터 구분해 나타내는 것인데, 누가 보더라도 단번에 검정색 점이 뭉쳐 있는 강남이 눈에 띌 것입니다. 이 말인즉슨, 우리가 살고 있는 동시대 시장참여자들은 강남과 비강남을 철저하게 구분하고 있다는 사실입니다.

강남의 집값이 비싼 이유는 여러 가지가 있을 것입니다. 교통과 일자리, 학군과 생활 편의 등으로 항목을 나눠 구분할 때 저마다 크고

분위지도

출처 : 호갱노노

작은 장점이 모여 값을 형성했겠죠. 그러한 개별 분석 자료 또한 훌륭한 참고 자료가 될 것입니다. 지역에 대한 온전한 이해까지 필요하다면 말입니다.

그러나 그것은 결론적으로 시간 낭비입니다. 투자할 지역을 설정할 때 마지막에 도달할 곳은 개별 지역이 가진 특정 요소가 아닌 전반적인 시장의 평가이기 때문입니다. 그 시장의 평가가 가격인데, 구태여 가격을 이루는 요소를 알아볼 필요가 있을까요?

이것은 수많은 요소가 모인 결과입니다. 그래서 가격분포지도 활용의 근간이 됩니다. 개별 지역의 실질적인 가치에 대해 의문을 가지지 말고 개별 가치에 대해 시장이 내린 값이란 결과에서 의사결정을 시작해야 합니다.

가격분포지도 분석법은 값을 이루는 과정이 아닌, 값을 이루게 한 모든 것을 그저 인정하고, 그 도출된 값을 기준으로 지역별 위계에 순응하는 방법론으로 분석 시간을 줄이면서 의사결정을 신속하게 돕습니다. 수백만 가지 이유를 찾아 투자하기에 좋은 물건을 찾았다고 한들, 그것이 시장에서 외면받는다면 그것은 틀린 투자이며 잘못된 방향입니다.

아무리 번뜩이는 아이디어로 사업 아이템을 찾았다고 해도 수요가 없다면 공급은 비록 하나라 하더라도 과잉이 됩니다. 따라서 부동산 업자가 아닌 이상 과정이 아닌 결과만 쫓으십시오. 가격이 정답입니다. 주식 시장에 빗대자면 미숙한 초보 주제에 저평가 종목을 찾겠다고 덤비다가 상장 폐지를 당하는 것과 다르지 않습니다.

아파트 투자에는 상장 폐지가 없지만 이에 준하는 위험은 샀던 값보다 싸게 파는 것, 원하는 시점에 팔지 못해서 어쩔 수 없이 강제로 보유하는 것, 또는 보유하는 동안에 다른 아파트가 더 크게 오르는 것입니다. 이것이 손절과 매몰비용 그리고 기회비용이며, 아파트 투자에서 가장 큰 위험입니다.

가격을 인정하세요. 왜 비싼지, 왜 저렴한지 여러분이 이해하지 못해도 시장에서 내린 결론이니 말입니다. 하나의 단일 물건에 대한 가격이 잘 이해되지 않으면 본인의 투자 감각을 탓할 일입니다. 싼 게 비지떡이라는데 비지떡을 보고 환호해서는 안 됩니다.

참고로 해당 방법론의 장점 중 하나로 시장성 선행이 있습니다. 흔히 가격을 보고 다 지난 다음에 찍히는 것이니 후행 지표라 시장성을 읽기에 별로 적합하지 않다고 여기지만 그렇지 않습니다. 그것은 실거래가격이라는 지극히 늦은 단서만 보기 때문입니다. 여기서 말하는 가격은 개별 물건의 호가까지 포함합니다.

호가란 문자 그대로 부르는 값이니 현재 거래가 되지 않았더라도 시장참여자 중에 매도자 측이 거래를 위해 부르는 가격, 엄밀히 말하면 거래 예정값입니다. 그 가격이 차후 거래가 되면 거래 신고가 되어 점으로 찍히고 그것이 시세라는 선이 됩니다. 그러니 시세가 되기 이전에 호가라는 가격을 분석해 볼 필요가 있습니다.

호가와 시세에 따른 활용 방법

가격 구분	지표 성격	활용 방법
매도 호가	선행 지표	시장 전망
거래 시세	후행 지표	추세 확인

호가를 통하여 시장의 미래 시세를 가늠해 보고 현재 시세가 찍힌 가격분포지도를 통하여 시장 추세를 파악하는 순서를 기억하세요. 지역별로 가격이 분포된 모습과 가격별로 나누어진 지역의 분포를 보면 어느 지역이 시장 선호가 있는 곳인지, 반대로 기피되는 곳인지 명쾌하게 이해할 수 있으니 말입니다.

나아가 가격분포를 들여다보면 강남의 생활권을 필두로 한 강남권과 비강남권을 분리하여 가격대를 형성하고 있으며, 전통적 핵심지인 종로와 여의도의 영향 반경까지 뚜렷하게 확인됩니다. 모두가 종로, 여의도, 강남 생활 권역을 선호하고 소유하길 바라니까 해당 지역만 1분위인 검정색의 분포가 밀집되어 저렇게 짙어진 것입니다.

가격은 차등적으로 거리에 따라서도 나뉘게 됩니다. 어느 구심점이 생겨 가격을 형성하면 그 가격대를 기준해 인근 지역으로 거리에 따라 차등적으로 값이 분배되는 것입니다. 그러니 여기서 해야 할 일은 가능하다면 가격이 가장 높은 곳을 찾아서 그 지역을 중심으로 최대한 가까운 지역에 투자를 하는 것입니다.

낙수효과와 같은 원리입니다. 물이 아래로 흘러넘쳐 흐르듯이 값도 아래로 흘러넘쳐 흐릅니다. 그것이 소위 말하는 급지(級地) 구분의 기준 근거입니다. 결국 가격에 따라 나누어진 급지 구분에 우리는 가능한 한 가장 최상급지를 목표해 계속 거슬러 올라가야 정답에 가까워지는 것입니다.

참고로 현재 우리가 사는 시점에 시장참여자가 원하는 최상급지이자 핵심은 종로, 여의도 그리고 강남입니다. 그러니 그 지역을 기준으로 가장 가깝게 붙어 같은 가격에서 최선을 꼽아 내면 됩니다. 최대한 근처에 붙은 가성비 좋은 지역을 찾아 선점하는 것입니다. 그렇게 최선지를 정상적으로 꾸려 낸다면, 앞으로는 다음과 같은 비교가 어렵지 않을 것입니다.

2024년 12월 기준 경기도 화성시 오산동 내 동탄역 인근 동탄역롯데캐슬의 평당 가격은 4,559만 원으로 34평이 약 16억 8,000만 원, 서울특별시 서초구 우면동 내 서초힐스의 평당 가격은 4,429만 원으로 34평이 약 15억 4,000만 원에 거래되고 있습니다. 두 단지의 가격은 그리 차이 나지 않습니다.

그러나 지역 설정을 위한 가격분포지도를 활용한다면 어떻게 될까요? 가격 분포를 토대로 보면 어디를 사야 올바른 의사결정일까요? 서울특별시 서초구의 우면동 지역 평당가 기준 가격은 4,288만 원인 반면에 화성시 오산동의 지역 평당가는 1,007만 원입니다. 단지의 컨디션 등 많은 논거를 제치고 지역의 값을 고려할 사례 중 하나가 될 것입니다.

지역이 우선이고 그다음에 단지가 중요합니다. 세상의 모든 논거를 무시하고 이 장에서 설명한 가격 분포만 놓고 본다면 당연히 후자를 골라야 합니다. 시장의 선호 지역을 우선하여 고른 다음에 선호 단지를 분석하세요. 값의 형성도 지역 평균이 우선합니다.

2018년에 조사한 수도권 가구 평균 자산과 비수도권 가구 평균 자산의 격차는 50%도 되지 않았습니다만 2023년에 조사한 수도권 가구 평균 자산과 비수도권 가구 평균 자산의 격차는 70%가 되었습니다. 시간이 지날수록 수도권과 비수도권의 자산 격차가 커진다는 것은 우리가 더욱더 핵심지와 근방의 선점으로 대응해야 할 이유입니다.

서울특별시 서초구 우면동과 동탄신도시 화성시 오산동의 사례를 통해 또 알아야 할 것은, 지역별 평당 가격에 상당한 차이가 있는데도 불구하고 단지들이 서로 비등한 값을 유지하고 있다면 별도로 외부적인 요인을 따져 봐야 한다는 것입니다. 상식적으로 어떻게 동탄 아파트가 서울 아파트와 가격이 비슷하게 유지되겠습니까?

결론적으로 그러한 가격 형성의 이유는 압도적인 지역적 열위에도 동탄 소재의 단지 인근에 막대한 인프라가 있기 때문입니다. 단지는 신축이면서 역과 거리도 가깝고 인근 인프라도 최상위권에 속합니다. 반대로 우면동 소재 단지는 서초구라도 준신축을 넘어가고 역도 근처에 없어 비교적 생활 편의가 떨어져 가격이 더 붙을 이유가 없었던 것입니다.

그러한 이유로 지역 간 가격 격차가 큰데도 단지 가격이 비등한 것입니다. 결론적으로는 이러한 경우 더욱더 후자인 우면동 소재 단지를 골라야 한다는 사실입니다. 단지가 위치한 토지와 같은 영속적 가치가 아닌 인프라 등 뻔히 훼손될 사유를 보며 여기가 더욱 살기 편리하겠다며 손뼉을 치면 바보 천치입니다.

투자가 지속가능성이 있으려면 방향성이 미래에도 유효해야 합니다. 감가상각과 맥락이 같습니다. 고려사항에서 입지가 아닌 요인은 시간이 지남에 따라 일거에 훼손되기 때문입니다. 현 시점에 최상의 고평가인 동시에 장기적인 방향성에서 가장 훼손될 가치는 내재적인 위험이 됩니다.

미래를 보고 투자할 투자자라면 훼손될 현재 가치가 아닌 미래에도 존속될 지속가능한 요인을 챙겨야 합니다. 그러니 다소 거주하는 것이 불편해도 영구적으로 유지되는 입지만으로 가격을 끌어올릴 수 있는 단지를 매수해야 한다는 것입니다. 가격 분포와 함께 자리하는 입지를 우선하십시오.

그것이 가격분포지도를 통해 전달하고자 하는 궁극적인 결론입니다. 어떤 이유로 집값이 오르든 최우선으로 고려할 것은 오로지 위치입니다. 단순한 선점의 논리가 아닙니다. 전국적으로 집값 상위 20%(5분위)와 하위 20%(1분위)의 가격 격차가 사상 최대로 가고 있습니다.

서울과 지방 같은 굵직한 차이가 아니더라도 강남과 비강남, 강남과 강북 외 수도권 핵심 권역도 모두 격차가 커지고 있습니다. 수도권과 비수도권의 구분만이 아닌 서울시 25개 구 안에서도 지역별 가격에서 격차가 커지므로 온전히 입지만 고려하기를 권장합니다. 더 이상 새로 공급할 부지가 없는 서울은 양극화가 더욱더 심화될 것이기 때문입니다.

동일 가격의 경우 위치별 선택 방법

동일 가격	입지 우위	높은 확률로 외부 환경이 열악하나 재건축 대상이라면 매수 권장
	입지 열위	높은 확률로 외부 가치가 반영되어 준신축 컨디션에서 매도 권장

- 부동산 시장이 평가한 가격분포지도를 매수의 의사결정 최상위 도구로 활용하세요.
- 입지에 큰 차이가 있는데도 가격이 비등한 것은 한쪽의 인프라가 월등하기 때문입니다.
- 앞으로 시장은 더욱더 양극화가 심화될 것이므로 반드시 상급지를 선점해야 합니다.

도시기본계획

: 미래 개발 방향 미리 읽기

앞서 설명한 입지 가치에 덧붙여 고민할 것은 비슷한 입지라면 앞으로 어디가 더욱 높은 확률로 개발될 것인가입니다. 입지에 대한 가치를 명쾌하게 분석했는데도 불구하고 비교할 것이 남았을 경우 그 고민을 해소할 도구는 도시기본계획입니다.

도시기본계획은 특별시, 광역시, 시 또는 군 관할 구역의 장기 발전 방향을 제시하는 종합계획으로서 기본적인 공간 구조에 대한 분류만이 아니라 인근에 접한 지역과의 연계 발전 미래상을 내포합니다. 향후 해당 지역의 미래상이 고스란히 담긴 개발 계획의 밑그림인 동시에 목표입니다.

통상적으로 계획을 수립하는 시점에서부터 20년 기준으로 개발

계획의 목표연도를 설정하고, 목표의 재검토 및 일부 조정이 필요한 경우 5년마다 정비하니, 약식으로 보자면 5년 주기로 확인하면서 투자 방향에 활용하면 됩니다. 현재까지는 2040년까지의 기본계획이 수립되어 있습니다.

이 자료를 토대로 현재의 입지 가치와 더불어 앞으로 개발될 확률이 높아 미래 가치도 높은 지역을 골라야 합니다. 비슷한 입지 사이의 비교를 위해 각 시와 도가 정한 구상을 보면서 상상해야 합니다. 개발은 핵심지→준핵심지→광역중심지나 지역중심지 순으로 진행될 것입니다.

이와 더불어 역세권이나 한강변처럼 사람들이 몰리는 지역은 별도로 계획을 수립해 개발되기도 합니다. 그러니 어디가 핵심지이고, 어디가 준핵심지인지, 또 어디가 광역중심이 되고, 어디가 지역중심이 되는지 확인하면서 역세권 등 작은 지역적 특징 분류를 통해 어디가 가장 미래에 흥할 것인지 분간해 볼 필요가 있습니다.

다음 그림이 2040 서울 도시기본계획입니다. 향후 2040년까지 서울 개발의 목표를 담은 발전 구상이 담긴 자료로 이 도시기본계획의 서울시 중심지 체계를 통하여 투자 원칙을 세워야 합니다. 도심지부터 광역중심지, 지역중심지까지 말입니다.

이 도시기본계획을 기준으로 해석하자면, 서울시는 종로구·중구를 필두로 도심권, 여의도·영등포로부터의 여의도권 그리고 강남권을 기반으로 중심지 체계를 정립하려 합니다. 그러니 이 3도심 체계에 곧바로 들어갈 수 없다면 그 체계의 핵심축이 되는 길목에 투자하는 것이 맞고, 그 길목이라는 표현의 준핵심지가 바로 광역중심이 됩니다.

서울시 중심지 체계

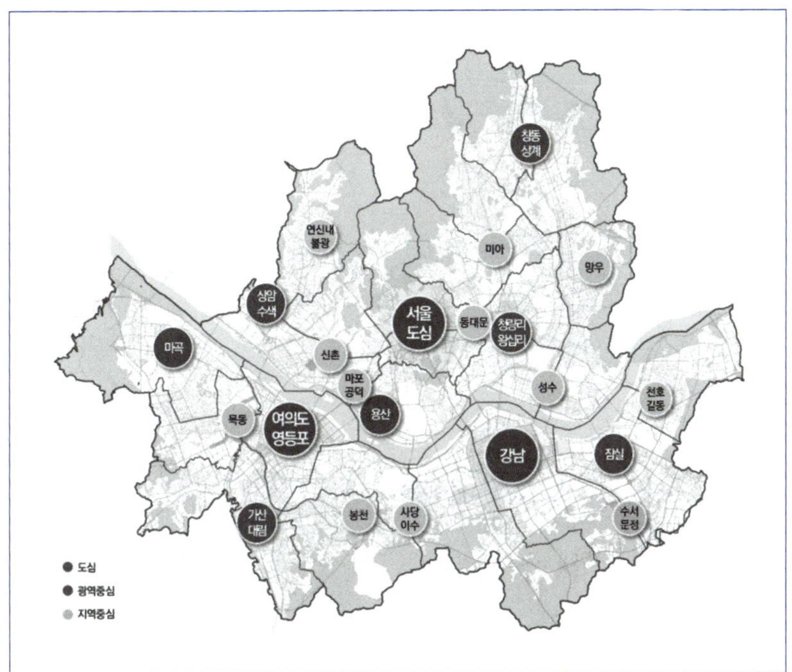

출처 : 서울플랜 2040

도시기본계획에서 표현한 광역중심은 문자 그대로 교통·업무·상업 모든 영역의 다차원적 중심이 될 것이고, 그 집적의 정도에 따라 위계를 나누어 하위 지역중심, 아래에 지구중심을 두어 구분합니다. 이러한 차등적 위계 구분에 맞춰 지역의 급지를 순차적으로 나열할 수 있습니다. 그 내용은 다음과 같습니다.

도심권 발전 구상을 보자면, 서울 도심은 국제문화교류중심지를 목표합니다. 개발축으로 나눠 보면, 청와대~시청을 묶어서 국가중심

서울시 중심지 구분

3도심	서울 도심, 여의도·영등포, 강남
7광역중심	용산, 잠실, 상암·수색, 청량리·왕십리, 가산·대림, 마곡, 창동·상계
12지역중심	마포·공덕, 신촌, 사당·이수, 봉천, 성수, 목동, 연신내·불광, 동대문, 미아, 망우, 천호·길동, 수서·문정

서울시 도심권 발전 구상

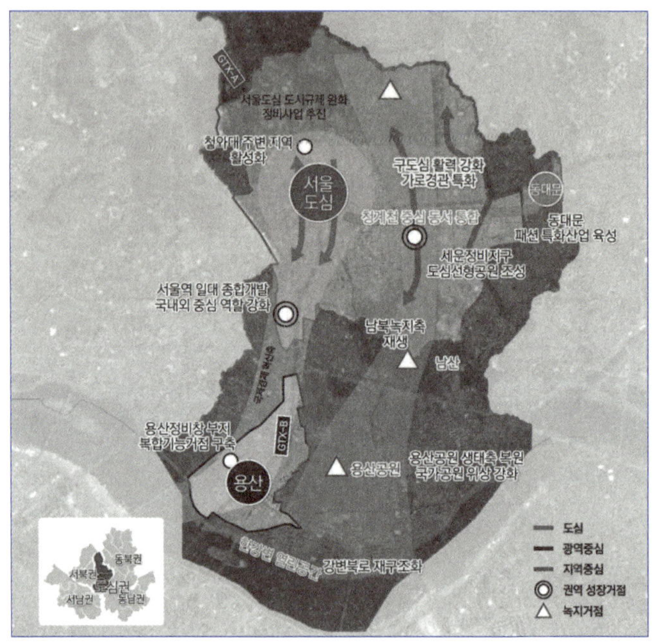

출처 : 서울플랜 2040

축, 인사동~명동을 묶어서 역사문화관광축, 종묘~퇴계로를 묶어서 남북녹지축, 대학로~장충단공원을 묶어서 복합문화축으로 분류했습니다. 이 분류에 맞춰 핵심이 되는 지역을 찾아보면 핵심은 종로와 용산이 됩니다.

종로는 강북의 중심이며 주요 기관이 밀집한 탓에 사실상 개발에서 배제되기 어려우며, 용산은 광역중심으로서 향후에 거점으로 육성될 것입니다. 또 해당 일대는 전부 노후화돼 추후 재개발 등 대수선이 진행되면서 추가적인 상승 동력을 가질 확률이 높습니다. 그러니 두 지역 사이의 개발축이 되는 국제경제혁신축을 기준하여 해당 라인에 속할 매수 단지를 고려해 봐야 합니다.

서울시 동북권 발전 구상

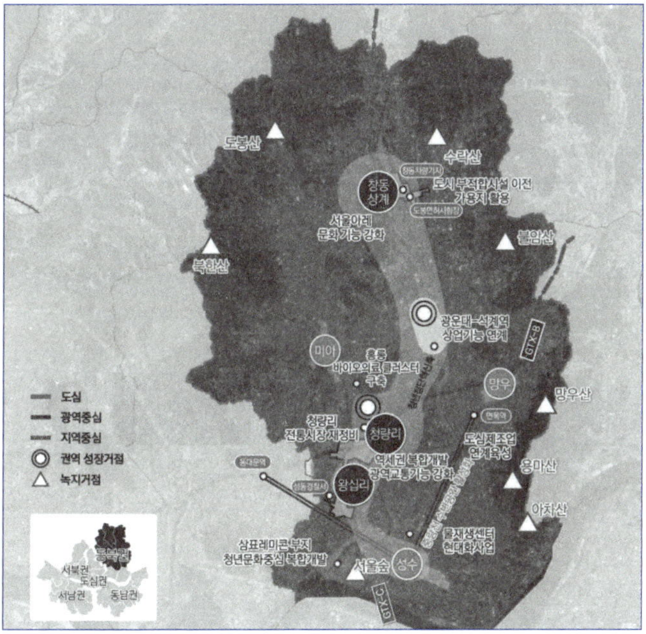

출처 : 서울플랜 2040

동북권 발전 구상을 보자면, 수도권 동북부 일자리·문화산업 중심지로 육성될 창동·상계와 동북권 혁신산업·문화 중심지로 육성될 청량리·왕십리가 모두 광역중심에 찍힙니다. 결과적으로 동북권 발전 구상의 핵심은 창동·상계와 청량리·왕십리가 될 것이고, 지역중심이기는 하지만 개발축에서 한강을 잇는 핵심이 될 성수도 포함됩니다.

그러니 해당 지역에 투자를 고민한다면 남북을 잇는 개발축부터 고려해야 합니다. 참고로 창동과 상계의 경우 수도권 동북부 개발에서 가장 핵심이 되는 개발축이기도 하니 더 관심을 가질 필요가 있습니다. 도봉산과 수락산을 너머 경기 북부까지 이어지며, 창동차량기지와 도봉면허시험장의 개발이 본격화되기 이전에 선점하기 알맞은 타점도 나오기 때문입니다.

참고로 2024년 11월 기준 창동·상계에 속하는 일부 단지, 예를 들어, 창동주공3단지 같은 경우는 2억 원대로 매수가 가능했습니다. 바꿔 말하면 해당 시점 기준 2억 원대의 현금을 가지고서 경기도, 인천 등지에서 의사결정을 고민한다면 대단히 잘못된 방향이었을 것입니다. 서울시 7광역중심이면서 동북권 중심지를 선점할 수 있었으니 말입니다.

서북권 발전 구상을 보자면, 가장 핵심으로 꼽을 지역은 글로벌 창조문화 중심지로 육성될 상암·수색입니다. 이 지역은 산업·경제거점으로도 육성될 목적이 있으며 창릉신도시를 비롯한 서북부 경기 개발에 따라 통행이 늘면서 수요도 늘어 앞으로도 꾸준하게 교통과 상업시설의 사업성이 보장되는 곳입니다.

마포의 경우는 서북권의 확장을 목적하여 인접 지역과 연계 개발

서울시 서북권 발전 구상

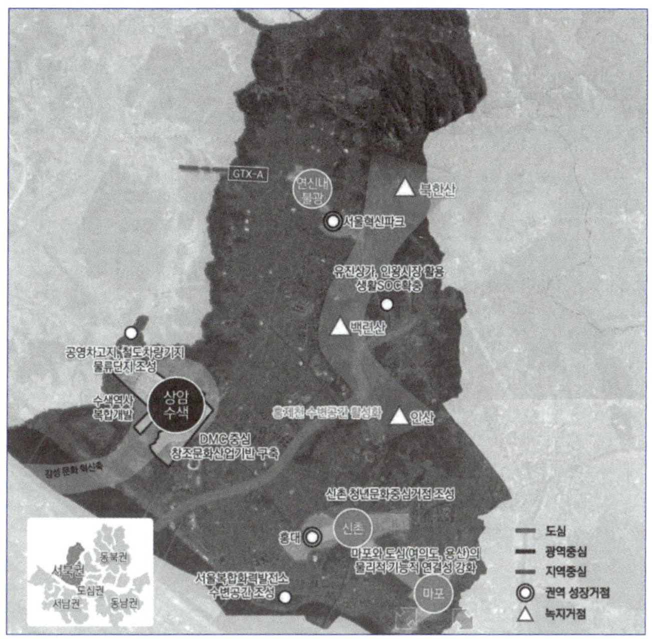

출처 : 서울플랜 2040

될 확률이 높습니다. 서북권의 개발 중심은 아니지만 여의도, 용산과 인접해서 물리적·기능적 연결 목적으로 계속 개발이 이어질 지역이며, 한강변 개발 수혜를 볼 확률도 높고, 노후된 지역 전반의 정비 사업 수혜도 가능합니다.

동남권 발전 구상을 보자면, 강남 도심과 연계되는 잠실이 개발 핵심이지만 사실상 동남권의 경우는 강남 확장에 따라 지역중심까지 묶어 관찰할 필요가 있습니다. 따라서 첨단산업·업무서비스 중심지로 육성될 수서·문정과 상업·업무복합 중심지로 육성될 천호·길동도 함

서울시 동남권 발전 구상

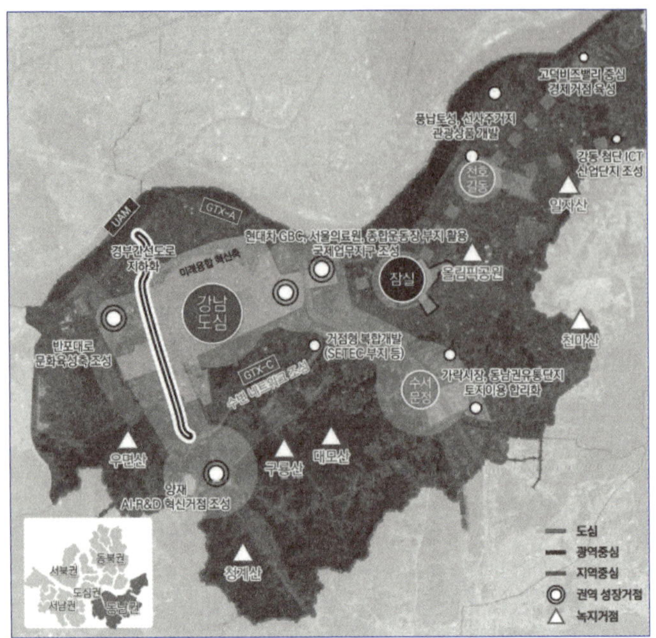

출처 : 서울플랜 2040

께 핵심지로 꼽을 수 있습니다.

그러나 아무래도 강남권 확장은 수서와 문정을 끼고 판교와 분당 등지로 이어지는 경부선 라인이 개발 방향의 주축이 되므로 추가 동력도 동부가 아닌 남부로 이어질 개연성이 높습니다. 따라서 최우선으로 수서와 문정 선점을 목적한 다음 동부로 이어지는 길목인 천호·길동으로 선회를 해야 할 것입니다.

위에 나열된 지역은 서울시에서 추진할 모든 계획의 최상위 공간계획인 도시기본계획으로서 임의가 아닌 객관적 지역 차등에 의해 분

서울시 개발 핵심 지역

발전 구상 구분	개발 핵심 지역	
	1순위	2순위
도심권	종로, 용산	동대문
동북권	청량리·왕십리, 성수, 창동·상계	미아, 망우
서북권	상암·수색, 마포	신촌, 연신내·불광
동남권	잠실, 수서·문정	천호·길동

류한 지역적인 등급 답안지와 같습니다. 그러니 최우선으로 3도심부터 12지역중심까지 순차적으로 의사결정을 시도하고 추려 둔 핵심 지역의 순위에 맞춰 조달될 자금에 따라 가감을 하며 물건을 맞추세요.

앞에서 설명했던 내용과 조합하여 설명하자면, 1차적으로 가격분포지도를 보면서 가장 최선의 상급지를 확인하고, 2차적으로 도시기본계획의 중심지 체계를 기준해 도시 위계와 핵심지 개발 방향을 확인하여 지역에 대한 우열을 가려 보면 된다는 것입니다. 가격으로 분류한 다음 추천된 핵심지를 최우선으로 공략하십시오.

- 서울과 비서울 외에도 서울 내에서의 위계 차등을 통해 객관적인 순위 작성이 가능합니다.
- 가격분포지도와 도시기본계획을 종합하면 가격 서열과 위계 서열을 정리할 수 있습니다.
- 여건이 가능하다면 도심, 광역중심, 지역중심 순으로 투자처를 고민해야 합니다.

03

수도권 개발축

: 성장축을 따라야 가치가 오른다

수도권 개발축이란 서울과 경기, 인천을 한데 묶어서 개발할 때 도시기본계획을 비롯한 개발 지침이 내포하는 핵심적인 중심축을 말합니다. 지역 간 연계 발전을 도모하기 위하여 필수적으로 지나가는 나들목과 같은 곳입니다. 예를 들어, 앞서 간단하게 말했듯이 강남권의 확장을 위해 반드시 지나가야 할 수서부터 분당까지 이어지는 라인입니다.

서울을 크게 4개로 등분하면 강남, 강북, 강서 그리고 강동이 있는데 여기서 개발이 되는 주축을 미리 고려해 투자를 해야 유리합니다. 어디서부터 개발이 파생되는지, 그 파생된 개발이 어느 지역으로 뻗어 연결될 것인지를 말입니다. 개발의 핵심지는 앞서 소개했던 2040 서울 도시기본계획을 참고하면 될 것입니다.

핵심을 훑자면, 크게 도심권의 종로, 용산, 동북권의 청량리·왕십리, 성수, 창동·상계, 서북권의 상암·수색, 마포, 동남권의 잠실, 수서·문정이 찍히게 될 것입니다. 여기서부터 경기도까지 이어질 축을 그어서 개발되는 방향성을 가늠하면 됩니다. 개발축으로부터 미래 도시의 확장 구상과 직·간접적 수혜에 따른 순환매 전망 등으로 활용할 수 있습니다.

강남의 개발축을 보자면, 강남은 물리적으로 관악산·청계산·구룡산 그리고 대모산 때문에 필연적으로 과천을 지나 안양 등지와 연결되

서울 강남 개발축

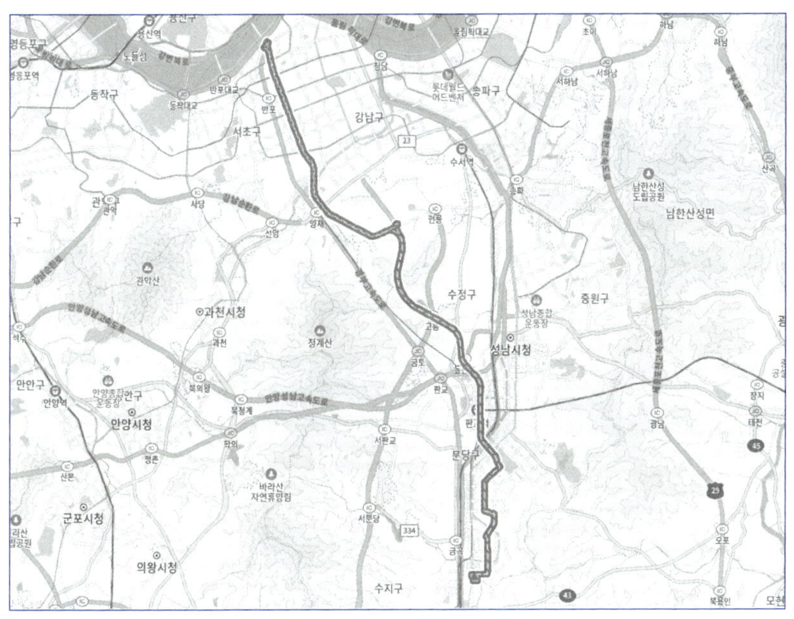

출처 : 카카오맵

거나 수서·문정과 연결된 탄천을 따라 성남과 판교로 이어져야만 합니다. 그러니 강남권에서 지역적 연계 확장을 도모한다면, 서울 바깥을 향하는 초입의 과천·성남·판교 등을 선점해야 가장 좋습니다. 그곳들을 지나칠 수밖에 없으니 말입니다.

사람이 모이는 곳에 마을이 터를 잡듯이 사람이 오가는 곳이 개발될 확률이 높습니다. 오가는 통행량이 늘면서 도로와 철도 등 교통시설에 대한 사업성을 키우고 값의 순환상 핵심지부터 오르게 될 가격 상승에 가장 우선해 대체지로 거론되면서 가격적인 탄력성을 키우기 때문입니다.

따라서 물리적인 상애물로부터 제한되는 길목에 위치한 지역들을 미리 관심 있게 지켜보고 선점해야 합니다. 참고로 강남의 개발축을 보자면, 강남부터 경기 남부까지 이어질 개발축에서 안양으로 비껴 나가는 길목보다는 경부선 라인을 타고 성남으로 들어가는 길목이 좋습니다. 판교와 분당을 지나 아래 용인과 수원 등지로 확장하기 수월하기 때문입니다.

강북의 개발축을 보자면, 북한산·도봉산 그리고 수락산이 널찍이 분포한 탓에 동쪽으로는 창동과 상계를 반드시 지나쳐야 경기 북부까지 단번에 닿을 것이며, 그 초입은 의정부가 자리하므로 강북권의 지역적 연계 확장의 선점 대상은 의정부가 됩니다. 서쪽으로는 연신내와 불광을 지나 고양과 파주 등지와 닿을 것이니 선점 대상은 고양, 그중에서도 구 단위로는 덕양구가 꼽힙니다.

참고로 서쪽의 연신내와 불광을 지나 경기 북부로 잇는 라인은 엷습니다. 차라리 아래에 있는 수색과 상암 거점을 지나 강변북로를 따

서울 강북 개발축

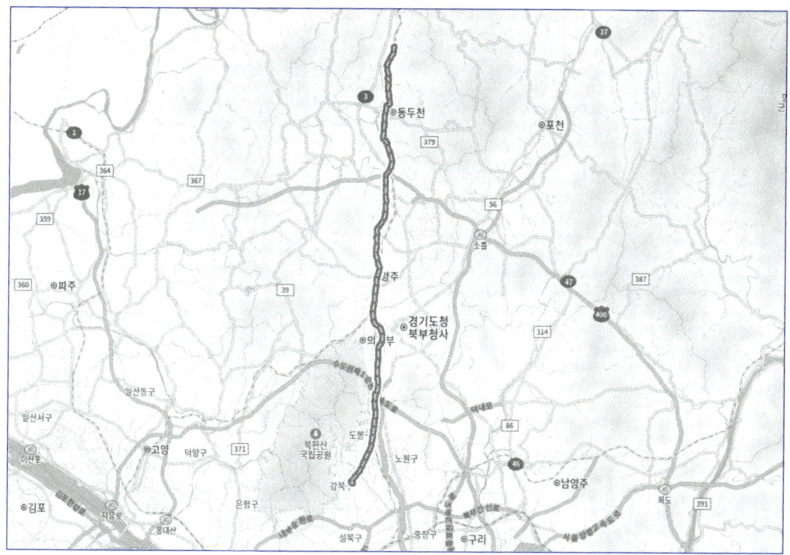

출처 : 카카오맵

라 자유로까지 잇는 길목이 통행도 많고 굵직한 개발 계획도 있어 선점의 가치가 큽니다. 따라서 강북의 개발축에서 꼽고자 하는 핵심축은 창동·상계부터 이어지는 의정부 라인이라 할 것입니다.

강서의 개발축을 보자면, 강서는 한강을 사이에 두고 2가지 개발축이 나옵니다. 하나는 앞서 잠깐 언급한 한강 이북의 상암·수색부터 고양까지 잇는 길목이며, 또 하나는 한강 이남의 가양과 마곡부터 이어질 김포와 인천 등지가 될 것입니다. 각각의 개발축에서 핵심 선점목적이 되는 곳은 수색·상암 라인에서는 덕양, 그리고 마곡 라인에서는 김포, 인천 검단 그리고 계양 정도가 나옵니다.

참고로 상암·수색부터 고양까지 이어지는 개발축은 굳이 선점할

서울 강서 개발축

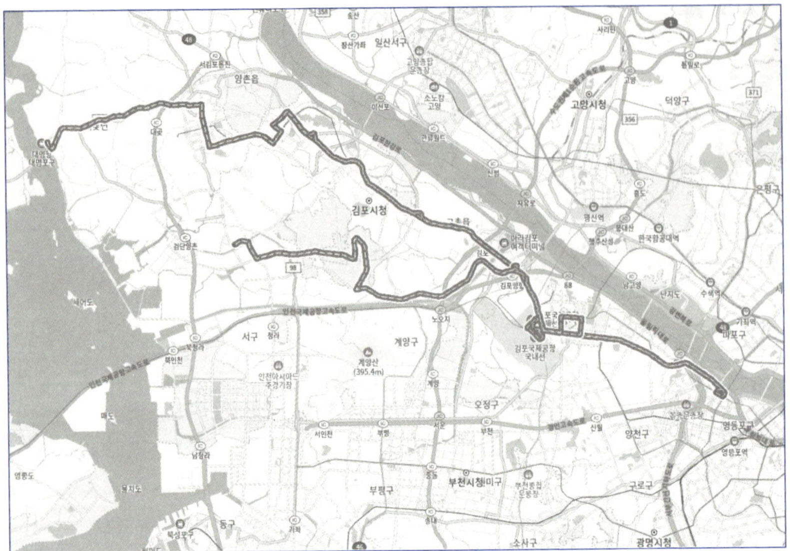

출처 : 카카오맵

필요가 작습니다. 우리나라는 휴전국가로 북부로 도시 확장이 제한된 탓에 추가 수요를 끌기 어렵고, 최근에 심화되는 양극화로 인해 경기 북부와 남부 값의 가격 격차가 더욱 커지기 때문입니다. 경기 북부라도 앞서 소개한 의정부의 경우는 대체지가 작거나 없습니다. 그러나 고양 등지는 맞은편의 김포와 인천 검단, 계양에 이어질 대규모 공급에서 자유롭기 어렵습니다. 향후 인천의 대개조 속에서 큰 공급에 일시적으로 눌리는 구간이 꽤 길어질 것으로 전망됩니다.

따라서 개발축을 일부 수정해 긋는다면, 상암·수색 라인을 파주까지 연결하지 않고 자유로 기준 아래로 연결하여 김포와 검단 그리고 계양으로 이을 것입니다. 이것이 제가 추천하는 서울 서부권의 개발축

서울 강동 개발축

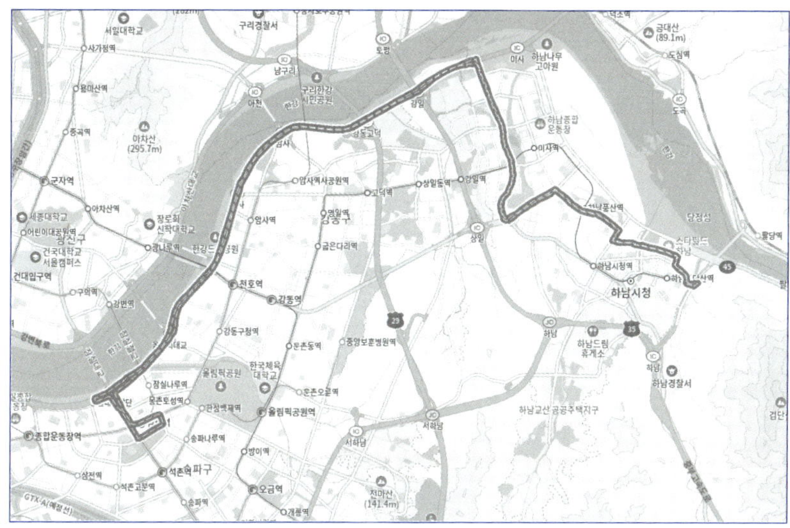

출처 : 카카오맵

인데, 아래의 마곡과 묶어서 확인하면 좋습니다.

강동의 개발축을 보자면, 크게 청량리부터 망우를 지나 구리와 남양주까지 잇는 길목과 천호와 길동을 지나 하남을 잇는 길목이 있으며, 여기서 맞닿는 면의 선점 대상은 하남과 구리가 됩니다. 단, 강동과 같은 지역은 한강이 뒤편을 싹둑 자르며 팔당리 이후는 전부 산세라 연계 개발할 공간적 장애가 커서 큰 개발 실익이 작으니 주의가 필요합니다.

추천될 개발축만 골라 정리하자면, 강남에서는 수서·문정부터 성남·판교까지, 강북에서는 창동·상계부터 의정부까지, 강서에서는 상암·수색부터 김포·계양까지, 강동에서는 잠실부터 천호·길동까지를 권

5광역축으로 구분한 서울 지도

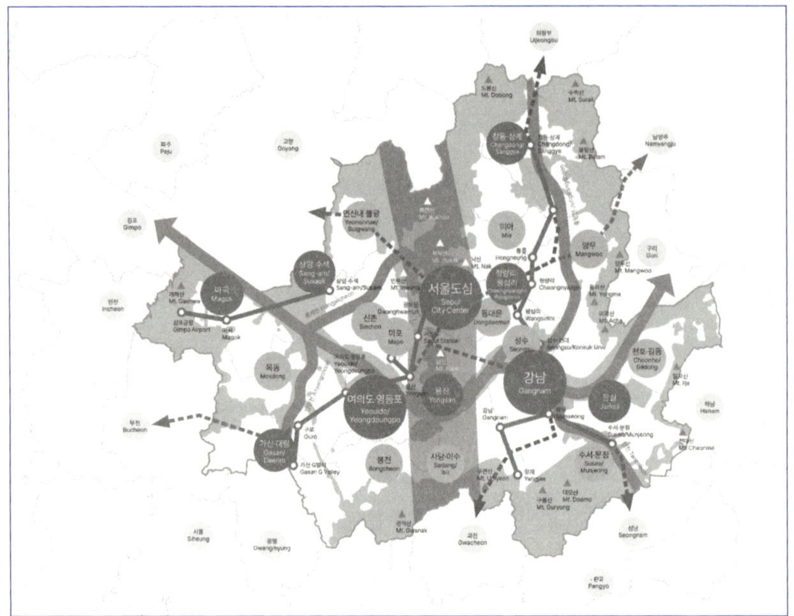

출처 : 서울도시공간포털

장합니다. 각 개발축에서 권장하는 경기도 추천 선점 길목은 강남은 분당, 강북은 의정부, 강서는 인천 검단 또는 계양, 강동은 없습니다.

위 그림은 서울도시공간포털 자료로 서울의 도심부터 지역의 연계 개발을 다섯 줄기의 광역축으로 구분한 지도입니다. 앞서 설명한 가격 분포에 따른 가격적 서열과 도시기본계획의 위계적 서열을 이해한 다음, 각 지역이 필수적으로 지나는 길목에 연계 서열을 마저 입력한다면, 부동산 시장에서의 가격 순환매와 연접 지역의 개발 효과를 이해하기 쉬울 것입니다.

서울시 5광역축

강남 개발축	강남 → 양재 → 과천 / 강남 → 수서·문정 → 성남·판교
강북 개발축	종로 → 연신내·불광 → 덕양 / 청량리·왕십리 → 창동·상계 → 의정부
강서 개발축	상암·수색 → 마곡 → 김포·계양 / 여의도·영등포 → 가산·대림 → 광명·부천·시흥
강동 개발축	망우 → 남양주 / 잠실 → 천호·길동 → 구리·하남

- 서울 확장을 목적하여 수도권 연계 개발을 도모한다면 미리 길목을 선점해야 합니다.
- 개발축은 지형에 따른 불변의 입지 가치를 포함하니 향후 개발될 가능성을 높입니다.
- 향후 신설될 노선들을 이어 보면서 새로운 연계 개발 지역을 구상하여 확보하세요.

04

입주예정물량

: 공급은 가격의 핵심 변수

가격분포지도와 도시기본계획(수도권 개발축)을 통해 의사결정을 좁힌 이후에 확인할 것은 입주 물량과 공급 물량입니다. 참고로 이것은 추후 설명할 매수, 매도, 보유 등 모든 타점의 기준점이 됩니다.

입주 물량이란 아파트가 준공된 이후 입주를 시작하는 시점에 계산되는 물량을 말합니다. 공급된 물량에 대한 매수 처리는 통상 전세를 끼고 하거나 대출로 자금을 조달해 실입주를 하기 때문에 입주 물량은 시장에 전세 물건이나 매매 물건으로 나옵니다. 이 모든 것을 통틀어 입주 물량이라 표현하며 그 영향력을 입주 효과라 말합니다.

아파트 공급 순서도

토지 매입 → 경계 측량 → 건축 설계 → 사전 승인 → 건축 심의 → 허가 신청 → 기관 협의 → 감리 계약 → 착공 신고 → 실제 착공 → 건축 시공 → 준공 완료 → 준공 검사 → 사용 승인 → 지목 변경 → 등기 수령

아파트 공급 과정에 대한 순서를 약식으로 보자면, 토지 매입, 경계 측량, 건축 설계, 사전 승인, 건축 심의, 허가 신청, 기관 협의, 감리 계약, 착공 신고, 실제 착공, 건축 시공, 준공 완료, 준공 검사, 사용 승인, 지목 변경, 등기 수령 과정을 거칩니다.

입주 물량은 개략적으로 4~5년 전의 인허가 물량이고, 2~3년 전의 착공 물량이자 분양 물량입니다. 시간대 순서로 본다면 사업계획 승인을 득한 인허가 물량이 공사에 착수한 이후 분양을 통해 흔히 말하는 입주 물량이 되는 것입니다. 따라서 이 입주 물량을 인허가 물량 때부터 지역별로 나눠서 계산해 둘 필요가 있습니다.

부동산 시장이든 아니든 시장이라는 것은 결국 수요와 공급이 만나는 접점에서 가격이 점으로 찍힙니다. 따라서 향후 지어질 아파트에 전매 제한 규제가 없는 한 실질적으로 시장에 영향을 미치는 시점은 길게 잡아도 분양부터 입주까지입니다. 대단지 기준으로 보면 착공부터 완공까지 최소 30개월 정도 걸리니까 최소 2년은 미리 전망이 가능합니다.

여기서 계산을 미리 해 두는 이유는 2가지입니다. 하나는 신규 매수를 위한 진입 타점을 잡기 위해서이고, 또 하나는 갈아타려고 시장

이 출렁이기를 기대하면서 개인사정으로 나오는 급매를 잡기 위해서입니다. 이 방법론에 의거하여 실질적으로 활용하는 대표적인 예를 들자면 인천 송도가 있습니다.

인천 송도는 2003년 당시 국내에서 처음으로 경제자유구역으로 지정되었으며, 2005년 이후 대대적으로 아파트가 공급되었습니다. 결과적으로 입주 시점 당시에는 큰 미분양 사태를 겪었습니다. 지금이야 평형별 평균 평당가가 3,000만 원이 넘는 단지도 있습니다만 당시에는 평당가 1,000만 원대로 바겐세일을 했음에도 불구하고 미분양 무덤이었습니다.

인천 연수구 공급 물량

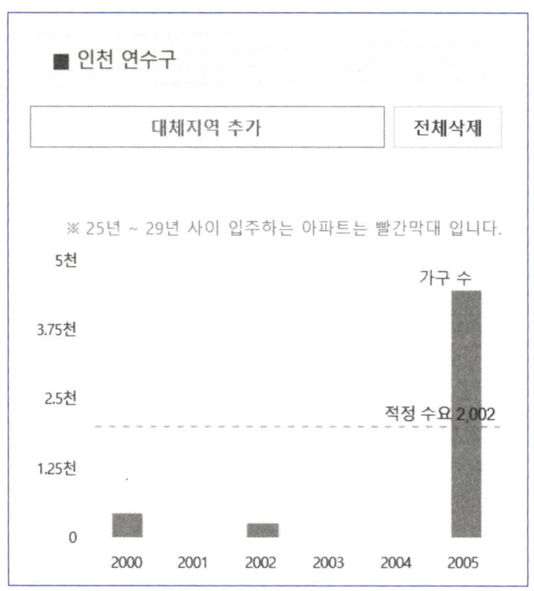

출처 : 서울도시공간포털

입주에 의한 수급 붕괴의 전형적인 예시입니다. 송도에 입주 물량이 쏟아지면서, 특히 전세를 끼고 자금 조달을 시도했던 물건은 잔금을 치르기 위해서라도 전세 계약을 맺어야만 했습니다. 그 때문에 전셋값을 헐값으로 내리며 경합하기 시작했고, 그 결과 전셋값 붕괴까지 이어져 매매값 대비 전셋값 비율인 전세가율 급락에 투자 수요가 끊겨 공멸했습니다.

물론 이후 전셋값이 회복되면서 전세가율이 오르다가 일시에 실수요도 붙으며 미분양 소진과 함께 지금의 송도가 되었지만 과잉 공급이 주는 공포는 상당했습니다. 해당 사례를 통해 전세가율이 붕괴되기 이전에 입주 물량을 보면서 미리 전략을 세워 둘 필요가 있습니다.

시간 순서대로 보면, 건설사의 분양목표가 공개되며 지역별 예정 물량이 산정되기 시작합니다. 여기서 목표한 분양시점이 계획과 달리 저마다 조금씩 늘어지거나 줄어들 수 있습니다. 분양을 목표한 시점에 산정한 시장의 적정 수요가 경기둔화 등으로 인해 시장이 소화하지 못하는 과잉 공급을 초래하게 되면 지역별 입주 과잉에 따른 급락이 생깁니다.

이 입주 과잉에 따른 매매 가격의 급락 과정에서 통상 전셋값도 같이 빠집니다. 앞서 송도의 예시로 설명했듯이 담보대출로 인한 자금 조달과 전세입자를 통한 자금 조달이 일거에 시장에 나오기 때문입니다. 전자는 매매물로, 후자는 전세물로 나옵니다.

이렇게 매매 가격과 전세 가격이 동시에 빠지면서 상대적으로 저렴해지는 과소평가 국면이 오는 시점에 해당 지역의 과잉 공급에 의한 하락 국면은 일단락되며, 이후 투자 수요를 이끌면서 반등을 준비합니다. 이 투자 수요가 전세를 낀 매수를 하게 되면서 전세물의 하락을 방지하는 것입니다.

그렇게 투자 수요가 시장의 전세물을 사들이면서 오히려 경합을 만들고 값을 키우는 시점 전후로 전세가율이 반등하면서 실수요 진입까지 도달하게 되면, 매매 가격도 반등하면서 미분양 물건이 소진됩니다. 이러한 공급 과잉에 대한 순서도를 명확하게 세운 다음에 타점을 연구해야 합니다.

공급 과잉에 대한 순서도

분양 목표 공개 → 예정 물량 산출 → 분양시점 도래 → 공급 조절 실패 → 과잉 입주 물량 → 시장 소화 불가 → 매매 가격 하락 → 전세 가격 하락 → 과소평가 국면 → 투자 수요 진입 → 전세 가격 회복 → 전세가율 반등 → 매매 가격 회복 → 미분양물 소진

공급 과잉으로 인한 시장 반응에 따라 매수와 매도 타점을 정리하자면, 공격적인 매수 타점으로 추천하는 시점은 분양 물량이 쏟아지는 때입니다. 보수적인 매수 타점은 전세 가격 급락으로 따라서 급락하던 전세가율이 점차적으로 하락하는 비율을 줄이면서 반등할 채비를 하는 구간입니다.

매도 타점은 선제적인 대응과 후행적인 대응으로 나뉩니다. 이미 해당 지역에 주택을 보유한 경우에는 분양예정 물량이 산출될 시점 전후로 미리 적정 수요를 계산해 선제적으로 탈출 준비를 해야 합니다.

매수 타점과 매도 타점

매수 타점	공격적	미계약 또는 미분양 시점
	보수적	전세가율 낙폭 축소 시점
매도 타점	선제적	분양 물량 예정·확정 시점
	후행적	미분양물 소진 진입 시점

미계약 또는 미분양 물건을 매수해 단기 투자를 목적한다면 추후 미분양물이 소진되는 시점에 차익이 있다면 매도해 단기 수익을 노릴 것입니다.

참고로 위 표에 제시한 타점을 참고해 의사결정을 하되, 매수 타점을 공격적으로 가져갈 경우에는 반드시 앞서 공유한 지역 분석이 다 들어맞아야 합니다. 미계약 또는 미분양 물량이 쏟아진다고 하더라도 지역 차원에서 전망이 좋지 않은데 시장이 외면한 물건을 사재기할 이유는 전혀 없습니다. 시장이 원하는 지역에서 발생한 일시 과잉이 기회입니다.

현재까지 수도권에서 굵직했던 공급 과잉은 총 두 차례가 있었습니다. 하나는 1991년 입주를 시작했던 1기 신도시 공급이며, 또 하나는 2008년 입주를 시작했던 2기 신도시 공급입니다. 공급 과잉을 무시하는 반론은 대개 해당 시기 전후에 있었던 경제위기와 금융위기가 장기적인 집값 하락세를 이끌었다고 말하지만 그것은 사실이 아닙니다.

다음 국토연구원의 분석 자료만 확인해도 한눈에 해당 시점의 신도시 공급이 값에 얼마나 크게 영향을 주었는지, 그 영향을 준 기간도 특정됩니다. 저 신도시 공급 때문에 경제위기와 금융위기라는 돌발변

서울 아파트 가격 추이

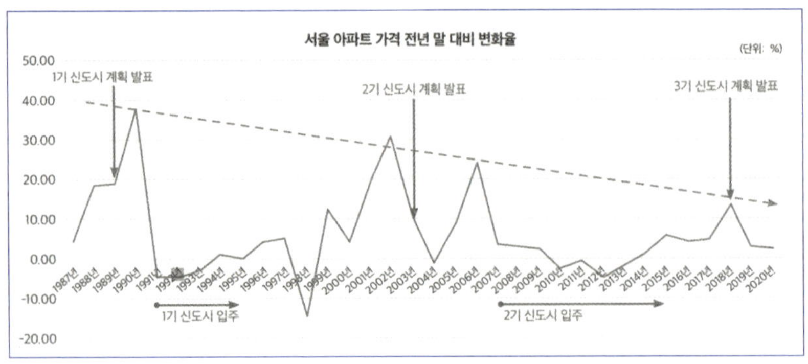

출처 : 국토연구원

수로 수급이 기하급수적으로 바닥을 기며 공급 과잉으로 나타났고 장기 하락세가 연출된 것입니다.

실제로 주가 흐름을 봐도 두 위기에서의 반등은 9개월 안에 모두 끝났고, 1기 신도시와 2기 신도시 공급이 있었던 수도권이 아닌 지방은 모두 집값 반등에 성공했습니다. 그것이 근거입니다. 리먼 사태 때 공급됐던 다음 지역들을 보십시오. 판교와 위례 같은 입지에 저런 규모의 개발이 현 시점에 상상이나 가능합니까?

그 당시 시각에서 볼 때 미래인 현 시점에서는 이미 다 알고 있듯이 저 지역 전부 분양가 대비 수익을 보았습니다. 바꿔 말하자면, 이러한 양질의 주택 공급이 있다면 해당 주택의 연도별 공급 총합이 비교적 작더라도 시장에 큰 파장을 일으킬 수 있다는 것입니다. 극단적으로 말해 제주도에 아파트 1,000억 채를 공급해도 서울 집값은 잡히지 않습니다.

리먼 사태 때 공급된 지역들

지역 구분	부지 면적	개발 기간	최초 분양	최초 입주
성남 판교	8.9km²	2003~17	2006. 3.	2008. 12.
화성 동탄	33.0km²	2001~21	2004. 6.	2007. 1.
김포 한강	11.7km²	2002~17	2008. 8.	2011. 6.
파주 운정	16.6km²	2003~23	2006. 9.	2009. 6.
수원 광교	11.3km²	2005~19	2008. 9.	2011. 7.
옥정·회천	11.2km²	2007~18	2012. 10.	2014. 11.
송파 위례	6.8km²	2008~20	2011. 11.	2013. 12.
평택 고덕	13.4km²	2008~20	2017. 상	2019. 하
인천 검단	11.2km²	2009~23	2018. 상	2020. 상

전국 아파트 입주 물량

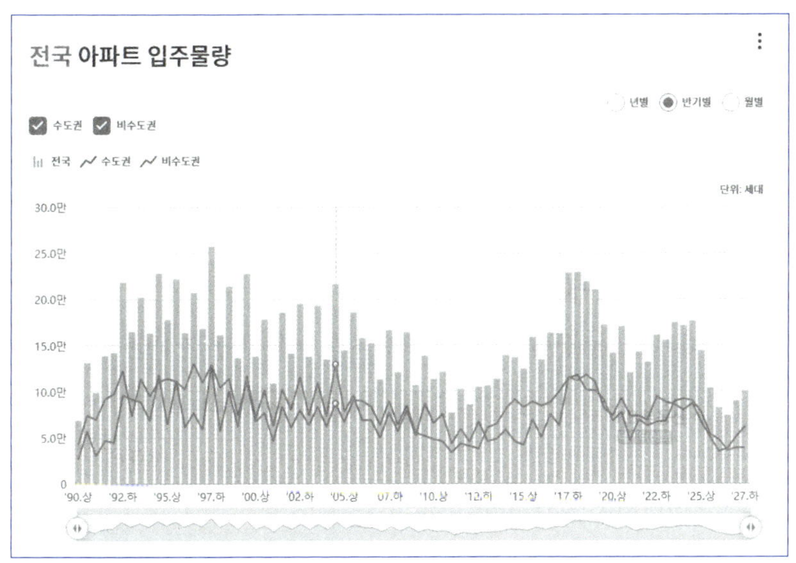

출처 : 프롭티어-KB부동산

개수로만 분석해서는 안 됩니다. 공급 물량 외에도 입지적 가치와 시장 선호를 봐야 하고, 단지 구성과 기타 정주 여건을 모두 종합적으로 고려해 판단해야 합니다. 그렇다고 입주 물량을 계산하지 않아도 된다는 것은 아닙니다. 공급은 여전히 무시해서는 안 될 지표입니다.

시장의 수요 속내를 알아챌 재간이 없다면 공급이라도 정확히 계산하여 수요를 역산해야 합니다. 시장이 평가한 시장 가격을 의심하지 않았듯이 입주 물량의 효과를 의심하지 마십시오. 입주에 대한 관념은 불감증보다 염려증이 낫습니다.

따라서 지역 분석을 할 목적에서 이 입주 물량을 지역으로 구분해 알아 둘 필요가 있습니다. 입주 물량은 앞서 설명했듯이 분양 시점 전후 약 2년 전부터 대비할 수 있으니 이때부터 매도와 매수 타점을 미리 정해 두면 됩니다. 이 계산을 잘 마쳐 둔다면 시장보다 빠르게 선점하여 큰 수익을 가져갈 수 있습니다.

참고로 입주 물량은 크게 민간과 정부 두 곳에서 발표하는 자료를 통해 확인할 수 있습니다. 저는 한국부동산원보다는 KB부동산 등 민간 기관의 자료를 참조할 것을 권장합니다. 정부 자료는 우리나라 특유의 관치(官治) 부동산으로 인해 여야를 막론하고 정권이 끝남과 동시에 통계조작 의혹이 나오니까 말입니다.

특히 2025년 6월 이재명 정부는 결국 부동산 R114 지표에 민간주택이 아닌 임대주택도 넣게끔 바꾸었습니다. 사실상 시장에서 원하는 공급은 민간에서 거래가 가능한 형태인 아파트인데 거래가 되지 않을 임대주택을 굳이 입주 물량 지표에 넣을 이유가 있나 싶지만 말입니다. 반정부적인 시각을 가져서는 안 되겠지만 자주적인 의사결정을 총

명하게 해내기 위해서는 절대적으로 질 좋은 통계의 선별이 중요합니다. 정부의 통계보다는 민간이 내놓는 통계를 우선해 판단하세요.

- 입주 물량을 지역에 따라 미리 구분하여 분양 시점부터 추적 관리하여 대비하세요.
- 입주 효과로 인한 전세 가격의 붕괴 조짐은 경우에 따라 훌륭한 매수 타점이 됩니다.
- 매수 이후에 매도 타점을 새로 잡을 경우에는 미분양 소진 전후가 매도 타점이 됩니다.

05

인구유입분석

: 사람이 몰리는 곳에 돈이 간다

부수적으로 활용 가능한 분석 기법 중에 인구 유입을 기초로 한 분석이 있습니다. 통계청에서 발표하는 지역별 세대 증감을 보며 향후 인구가 더 유입되면서 가격 형성이 유리한 지역을 선점하자는 차원의 간단한 방법론입니다. 수도권 인구 이동에 관한 대다수 연구가 말하는 인구 증가에 의한 집값 상승을 전제로 하여 고안된 기법입니다.

활용되는 자료는 매달 통계청에서 발표하는 시도별 인구 이동이 기준입니다. 큰 추세로 보자면, 수도권 인구는 계속해서 증가하지만 머지않아 지방은 소멸될 것으로 예측되는데, 이의 심각성이 더욱 대두되고 있습니다. 실제로 2024년 12월 기준 대한민국 인구 절반 이상(50.86%)이 수도권에 거주하며, 지방의 청년층 비중은 지역에 따라

2017년 기준 사업체 수

기준 순위	조사 지역	사업체 수	기준 순위	조사 지역	사업체 수
1	경기	82.8만 개	10	전남	82.8만 개
2	서울	82.1만 개	11	강원	82.1만 개
3	부산	27.9만 개	12	충북	27.9만 개
4	경남	26.3만 개	13	광주	26.3만 개
5	경북	21.9만 개	14	대전	21.9만 개
6	대구	20.0만 개	15	울산	20.0만 개
7	인천	18.6만 개	16	제주	18.6만 개
8	충남	15.8만 개	17	세종	15.8만 개
9	전북	14.7만 개			

20% 미만으로 사실상 붕괴가 코앞입니다.

2017년 기준 사업체 수를 보아도 수도권에서 압도적인 우위를 보입니다. 서울과 경기 두 지역만 합쳐도 전체 일자리의 절반 가까이를 차지하고 있습니다. 특히 서울은 사업체 수, 매출총액, 영업이익 세 부분 모두 전국 1위를 달성했습니다. 앞으로 이 기조는 인구가 감소하면서 더욱 가팔라질 것으로 예측됩니다. 기업이라는 공급자 입장에서 볼 때 양질의 인력풀이 쏠려 있으니 말입니다.

작은 추세로 봐도 지역별 시사점을 찾아낼 수 있으며, 인구 유입을 근거하여 추천 가능한 대표적인 지역으로 평택을 들 수 있습니다. 고덕 삼성을 필두로 인구 유입이 가속화됐던 평택은 이제 50만 명이 넘는 인구, 사업체 수와 종사자 수 또한 하위에 머물 지역이 아닙니다.

평택 순인구 이동

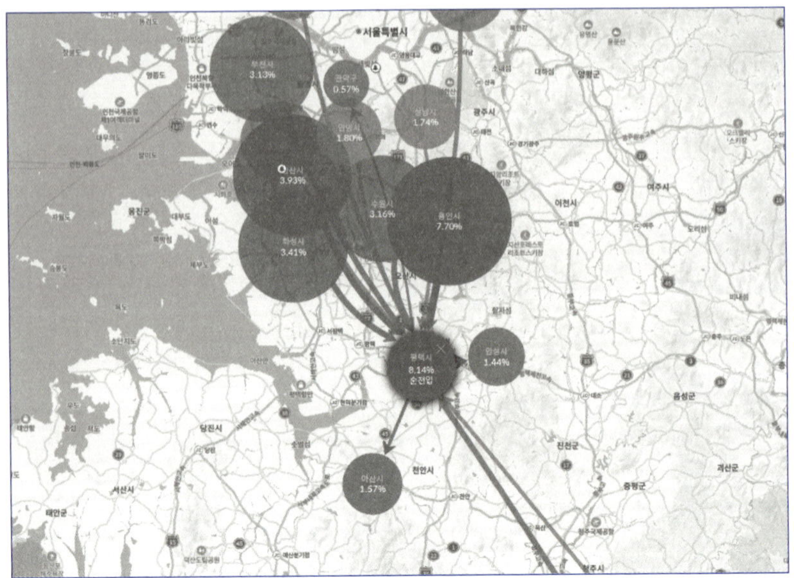

출처 : 호갱노노

대도시 진입과 동시에 아파트 기준 평당가 2,000만 원 돌파로 경부선 라인의 투자 맥점이 되는 지역 중 하나입니다. 그 시작에 인구 유입이 있습니다.

앞서 잠깐 말했듯이 수도권 인구가 비수도권 인구의 총합을 넘었습니다. 과반을 넘어 인구가 줄어드는 와중에도 수도권 인구가 느는, 가구수 분화로 인해 수도권 이내 경합은 더욱 심화될 가능성이 높습니다. 따라서 최우선으로 수도권을 목적하면서 수도권 내에서 인구 유입이 가장 가파른 곳을 선점할 필요가 있습니다.

예시로 든 평택에 이어 그다음 순서를 찾아 미리 투자해 두어야 합

수도권 인구 비중 변화

ㅇ '22년 수도권 인구는 2,605만 3천 명으로 전체 인구의 절반을 넘으며, 수도권 인구 집중 현상은 앞으로 지속될 것으로 전망됨 (12쪽) * 수도권 인구 비중 변화: ('00) 46.3% → ('10) 49.3% → ('22) 50.5% → ('50) 53.0%

출처 : 통계청 - 2022한국의사회 지표 보도자료

니다. 인구 증가는 결국 해당 지역의 성장을 말하며, 지역 성장은 각종 교통에 대한 타당성 확보와 거듭될 영향 평가에서 우위를 점하게 되니 말입니다. 여기에 고용노동부에서 발표한 시도별, 산업별, 규모별 사업체 수와 종사자 수 지표를 활용해도 좋습니다.

기업의 투자 유치가 늘어나면서 인구가 유입되며 증가한 인구 덕분에 도시 승격과 광역 개발이 기대되는 맥락을 읽어야 합니다. 현재까지 인구 증가 속도가 빨랐으면서 앞으로 인구가 늘어날 지역에 베팅해야 합니다. 단, 여기서 인구가 줄어드는 곳들은 서울처럼 경합이 극에 달해 부득이 유출되는 경우가 아니라면 배제해야 마땅합니다.

다음 표는 2021년 기준 시군구별 종사자 수 상위 10개 지역 목록입니다. 얼핏 보아도 집값 상승률이 다른 지역보다 비교적 높은 지역이 많습니다. 강남 3구가 모두 포함되었다는 것도 흥미롭습니다. 사업체 수와 종사자 수를 기준해 연도별 증감을 파악하면서 향후 집값의 흐름을 대강 파악해 보는 것도 유의미합니다.

인구유입분석의 활용은 크게 2가지로 나눌 수 있습니다. 하나는 현재 시장이 어느 지역을 선호하며 어느 지역으로 계속 이동하는지 지역별 시장성을 확인하는 방법이고, 또 하나는 신도시 개발 등으로 인

2021년 기준 시군구별 종사자 수 상위 10개 지역

기준 순위	조사 지역	종사자 수
1	서울 강남구	801,419명
2	경기 화성시	564,646명
3	경기 성남시	534,792명
4	서울 서초구	487,976명
5	경기 수원시	481,383명
6	경남 창원시	469,009명
7	서울 영등포구	435,017명
8	경기 용인시	414,867명
9	서울 송파구	400,781명
10	충북 청주시	394,442명

구 유입이 확실시되는 지역의 경우, 인근의 평당 가격과 비교해 매수 타점을 잡아 보는 용도로 활용하는 방법입니다.

예를 들어, 계양신도시 또는 검단신도시가 있습니다. 향후 조성에 따라 인구가 비약적으로 클 것이 확실시되는 국가 차원의 택지 개발이 예정된 지역이지만 여전히 평당 가격이 인근 지역과 비교할 때 과소평가 국면입니다. 물론 과소평가라는 것은 미래에 인구 유입이 늘어 불확실성이 모두 해소될 이후를 가정한 평가입니다.

당장의 시장 평가를 가늠하는 용도가 아닌 지역 전망을 아우르는 선점을 위해 인구 유입을 가정하여 상상해 볼 필요가 있습니다. 앞서 소개한 2040 서울 도시기본계획에 상암·수색부터 마곡까지 이어지는

인천 검단신도시 사업정보

□ 사업지구 정보

위치	인천광역시 서구 당하동, 원당동, 마전동, 불로동 일원		
사업비	총 : 83,868 억원		
면적	11,106,646.4 ㎡	사업기간	2009-02-06~2026-12-31
계획인구	187,097 명	건설호수	75,857호
시행자	주시행자 : 한국토지주택공사 부시행자 : 인천도시공사,인천광역시		

출처 : 택지정보시스템

개발축의 끄트머리에 인천 계양과 검단 등지가 연결되는 미래를 상상하며 말입니다.

분당과 판교의 도시 위계 상승 시작점이 강남권 확장이었듯이 수도권 서부 개발의 확장과 연계를 이 인구 유입을 통하여 가늠해 보세요. 검단과 계양이 아니더라도 창릉을 비롯한 굵직한 택지 개발지를 지도에 표시하면서 앞으로 개발과 함께 유입될 인구를 예상하며 지역별 우열을 미리 가려 볼 필요가 있습니다.

물론 개인적으로는 서울의 핵심지 재건축 투자를 중요시하지만, 기본적으로 향후 개발에서 보수 정권은 핵심지 고밀 개발을, 진보 정권은 국토의 균형 발전을 목적하므로 진보 정권의 집권 시기에 매수한다면 오히려 광역 철도망과 교차해 먼 지역이라도 개발이 되면서 인구가 유입될 것을 예측해 미리 선점할 수 있습니다.

사람이 모일 만한 유인과 그 유인으로 모일 사람을 상상하면서 과거의 사례들과 종합해 사고하세요. 제 눈에는 지금 그 정답에 가까운 답안 중 하나는 예시로 든 인천의 검단과 평택입니다.

- 기업의 투자 유치로 인한 사업체 수와 종사자 수의 증가는 집값 상승을 일으킵니다.
- 수도권 인구 비중이 절반을 넘어간 현재 시점에 향후 더욱 가속화되는 최악을 대비하세요.
- 비서울 세대는 여건이 가능하다면 서울로 진입하는 것이 좋으며, 서울에서는 정비 사업 예정지가 좋습니다.

06

수변활동권역

: 강·바다 인접 지역의 프리미엄

한강변 관리기본계획을 참조한 지역 설정도 좋습니다. 한강은 서울을 대표하는 상징적 공간으로 계속적으로 보수되며, 개발 가능성이 높고, 대표적인 국가 관광 상품이기 때문입니다. 우리는 한강을 자주 접하니 익숙해서 그렇지, 이 정도 강폭과 길이를 가진 경쟁력 있는 강은 세계적으로 보더라도 드뭅니다.

영국 런던의 템스강은 평균 강폭이 265m이며, 프랑스 파리의 센강은 평균 강폭이 200m인데, 대한민국 서울의 한강은 평균 강폭이 1km입니다. 길이로는 500km가 넘습니다. 이런 태생적 우위를 가진 한강을 방치해서는 안 되겠죠. 국가적으로 투자를 하여 미래 관광업의 전략 자산으로 활용해야 할 것입니다.

한강변관리기본계획

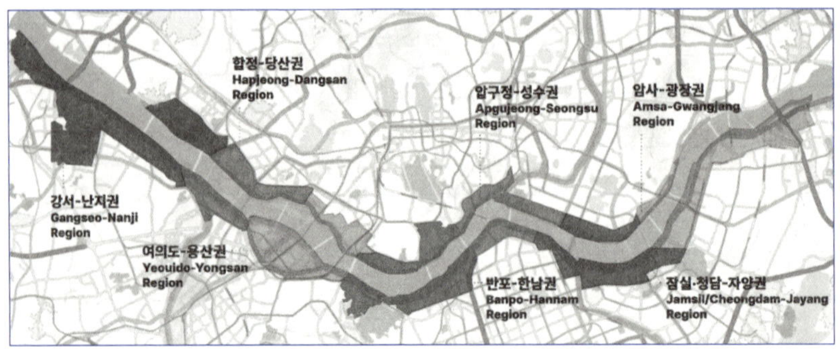

출처 : 서울시

태생적인 경쟁력 외에도 국내 이용 수요가 작지 않습니다. 서울숲만 보아도 연간 방문객이 700만 명에 이릅니다. 투자자라면 수천만 명이 오가는 한강의 향후 개발에 대해 낙관적으로 전망하며 선점을 목적해야 할 것입니다. 그러니 한강 관련 계획서 중에서 가장 상위인 한강변관리기본계획을 참조하여 의사결정을 하십시오.

한강은 크게 강서-난지권, 여의도-용산권, 합정-당산권, 압구정-성수권, 반포-한남권, 암사-광장권, 잠실·청담-자양권 해서 7개 권역으로 나누어집니다. 여기서 평당 가격에 맞춰 한강에 접한 단지를 선점한다면 그렇지 않은 곳보다 투자 수익 면에서 큰 이점을 가질 수 있습니다.

실제로 실거래가격을 기준한 최근 5개년 연평균 수익률을 집계해 보면, 여의도 아파트 매매 가격이 강남 아파트 매매 가격 상승률의 1.5배, 2024년 기준으로는 2배가 올랐습니다. 특히 한강변에 접한 단지들은 대부분 정비 사업을 앞둔 구축이 많기 때문에 재건축 진행 목적도 겸해 기간 특수를 노려 볼 수 있습니다.

권역별 한강변 관리 계획

강서-난지권	친환경 생태·휴식권역
합정-당산권	수변 창조문화권역
여의도-용산권	국제적 수변업무·활동권역
압구정-성수권	수변조망 활동권역
암사-광장권	한강 역사문화·생태권역
잠실·청담-자양권	국제 교류 및 스포츠·관광권역

한강변 아파트라 하더라도 아직 한강변 조망 프리미엄을 모두 획득하지는 못했습니다. 예를 들어, 가양동 주공은 단지 대부분이 한강 조망을 온전히 가지지 못했습니다. 즉 한강에 접해 있지만 한강을 거실에서 온전히 보지 못하는 단지, 소위 말하는 한강뷰가 가격에 아직 반영되지 못한 단지들이 있는데 제가 개인적으로 추천하는 투자입니다. 흑석동 소재 신축을 보면 재건축 이후 한강뷰 프리미엄이 가격에 180% 정도 수준으로 붙었습니다.

따라서 단순히 지도만 보고 한강변 가격일 거라고 생각하기보다 현장에 직접 가서 실제로 거실 기준으로 한강 조망이 가능한지 확인하여 현재 가격에 조망권이 붙었는지를 가늠해 보는 것이 좋습니다. 만약 한강 조망이 불가한데 가격이 조망 가능한 가격과 비슷하다면 한강 조망이 되는 곳을 매수해야 하나, 반대로 한강 조망이 불가해서 현재는 가격이 낮지만 만약 재건축 태생 단지라면 미래에 베팅해 미리 선점할 필요가 있다는 것입니다.

상경 인구 증가로 인해 한강변 아파트의 희소성은 보다 높아질 개연성이 높습니다. 한강변 수선을 통한 아파트 공급 목적과 재건축 연한을 지나 정비를 앞둔 지역적 태생 덕분에 결국 큰 상승을 앞둔 지금이 기회입니다.

서울시 개발 계획을 보아도 서울시 주요 지류 하천의 수변을 한강과 연계해 개발하는 것이 지역 역량을 제고하는 목적으로 대두되고 있으며, 나아가 하천과 수변 개발을 통해 열섬 효과를 완화하는 등 환경 문제 해소의 역할로도 주목받고 있습니다. 결국 개발의 당위성과 정비 시기가 모두 선점해야 하는 근거가 될 것입니다.

참고로 한강변 투자가 좋은 이유가 하나 더 있습니다. 2015년 전후 수립된 한강변관리기본계획을 보아도 변동 사항이 거의 없기 때문입니다. 즉 각종 계획과 사업 지침이 개별 권역에 맞춰 구체화되는데, 그 권역에 변화가 없으니 투자자 입장에서는 주의할 리스크가 상대적으로 적습니다. 아마 앞으로도 한강변은 한강변일 테니 말입니다.

- 한강은 세계 강들과 비교해도 태생적으로 우위이며, 계속적으로 개발 동력이 있을 곳입니다.
- 한강변 아파트의 가격 상승은 그렇지 않은 곳에 비해 월등한 편입니다.
- 상경 인구 증가로 인해 현재 한강변 아파트는 더욱더 희소해질 개연성이 높습니다.

광역급행철도

: 교통 호재는 곧 가격 상승

수도권 광역급행철도(GTX)도 중요한 지역 설정 바탕이 됩니다. 세계적으로 보더라도 일본의 JR, 영국의 크로스레일 등 수도권 인구 분산과 교통량 조절을 위해 광역 교통망을 구축한 사례가 많으며, 이것은 도시 확장에서 선택이 아닌 필수입니다. 서울 확장에 따른 교통 혼잡을 해결하기 위해서, 또 서울권 주거 보장을 위한 시간 거리 단축을 위해서도 말입니다.

실제로 수도권 인구는 계속해서 증가하고 있으며 비수도권 인구를 넘어선 지 오래입니다. 그러니 서울에 거주하려는 수요도 계속해서 경합이 커지겠죠. 주류적인 전망에서도 서울 인구는 향후 집값 부담과 개발지 부재로 인한 장기적인 공급 절벽 때문에 앞으로 더욱더 경기와 인천으로 유출될 가능성이 높아진다고 합니다.

이 말인즉슨, 앞으로 직주 분리 현상이 더욱 광역화될 확률이 커진다는 것입니다. 결국 수도권 집약 현상에 직주 근접이 계속해서 어려워질 이 확정적인 도시 구조 장애 속에서 서울 진입을 최우선 목표로 두되 그것이 여의치 않은 경우라면 광역 교통망을 차선으로 고민해야 합니다.

참고로 정치권에서 GTX를 구축해서 더욱 수도권 집약 현상이 가속화되는 것이 아니냐고도 하는데 이것은 잘못된 사실입니다. GTX를 구축하기 전부터 이미 수도권 과밀 현상은 가속화되고 있었고, 그 와중에 직주 분리로 탈락되는 소외계층이 크게 늘어나면서 이들의 거주 안정을 목적하여 고안한 방안이기 때문입니다.

계속되는 수도권 거주 포기와 탈락 속에서 GTX는 벌어지는 계층 간의 격차 해소와 효율적인 공간 안배를 이루어 도시 공간 구조를 보다 효율적으로 재정립할 수 있습니다. 수도권 외곽에 살아도 수도권 핵심 지역에서 업무를 가능하게 해 주는 GTX를 오히려 집약이라고 비난해 막아선다면 탈락된 인구들에게 박탈된 주거 사다리는 어찌 보상해야 할 것인지 되물어야 합니다.

다음 그림은 경기도청에서 제공하는 GTX 노선도입니다. 무주택자라면 수도권 외곽부터 확인해 서울시 핵심지까지 그 위계에 따라 매수할 자료로서 활용할 수 있으며, 유주택자라면 갈아타기 자료로 확인해 볼 수 있습니다. 이 GTX 노선도를 토대로 현재 정거장이 있는 지역 거점은 더욱 커지며 개발이 덧대질 확률이 높아집니다.

A노선은 경기 북부부터 운정, 킨텍스, 대곡, 창릉, 연신내, 서울역,

GTX 노선도

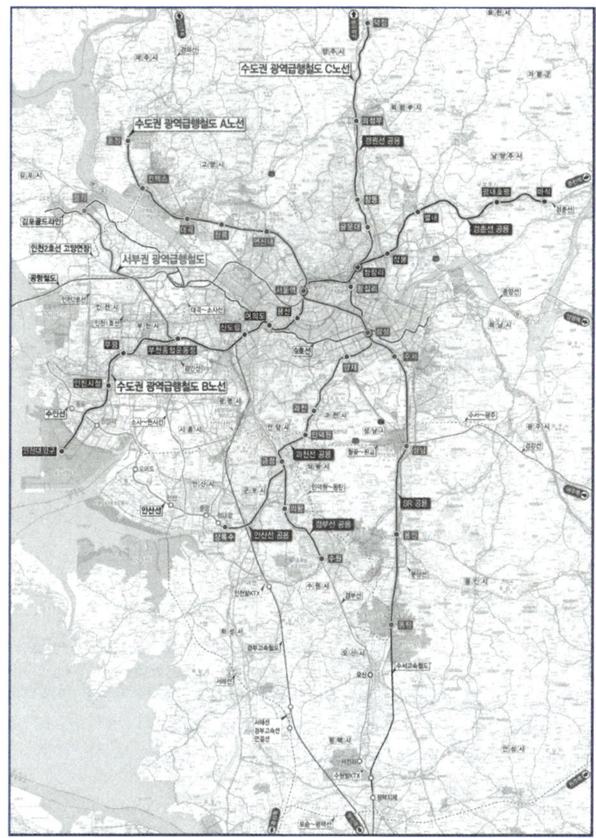

출처 : 경기도

삼성, 수서, 성남, 용인, 동탄 순으로 이어지며 진입 순서는 경기 남부를 우선해야 합니다. 이유는 분단국가로 인하여 전쟁 특수가 존재해 서울 기준 남향 투자가 유리하기 때문입니다. 실제 집값 상승 순으로 봐도 남부가 북부보다 3개월 안팎으로 선행합니다.

B노선은 인천부터 인천대입구, 인천시청, 부평, 부천종합운동장,

신도림, 여의도, 용산, 서울역, 청량리, 상봉, 별내, 평내호평, 마석 순으로 이어지며 진입 순서는 서쪽부터 진입해야 합니다. 이유는 동고서저로 동쪽은 개발이 불리한 편이며, 실제 거래량도 서쪽이 압도하고, 향후 인천 재개발 등의 대수선도 기대되기 때문입니다.

C노선은 경기 북부부터 의정부, 창동, 광운대, 왕십리, 삼성, 양재, 과천, 인덕원, 금정, 의왕, 상록수, 수원 순으로 이어지며 진입 순서는 경기 남부를 우선해야 합니다. 물론 창동과 같은 동북권 거점 역할을 하는 지역은 앞서 설명한 도시기본계획의 도시 공간 구조를 통하여 가감해야 합니다만 원칙으로는 그렇습니다.

다음 시간 거리는 경기도청 철도정책과에서 제공하는 자료입니다. 이 시간 거리를 통해 향후의 서울 직주 분리에 따른 지역 선호와 미래 위상을 미리 점검해 볼 수 있습니다. 운정에서 서울역까지 18분, 동탄에서 삼성까지 19분, 덕정에서 삼성까지 27분 등 상당한 시간 거리 단축을 확인하며 미리 지역을 구분하여 선점하세요.

GTX-A부터 C노선까지 노선별 투자 지역을 추천하면 A노선에서는 향후 경기 북부 개발의 핵심이 될 대곡과 창릉 그리고 서울 도심의 핵심지인 서울역, 계속되는 강남 확장에 삼성, 수서 정도를 추천합니

GTX 노선도

A노선	운정 ↔ 서울역 18분, 삼성 ↔ 동탄 19분, 운정 ↔ 동탄 43분
B노선	인천대입구 ↔ 서울역 27분, 여의도 ↔ 청량리 10분, 인천대입구 ↔ 마석 50분
C노선	덕정 ↔ 삼성 27분, 삼성 ↔ 수원 26분
서부권	장기 ↔ 부천종합운동장 15분

다. 통상적으로 수도권 외곽 지역의 시간 거리 단축 효과가 크기 때문에 운정과 동탄을 추천하는 의견도 있지만 저는 공감하지 않습니다.

파주 운정부터 보면, 뒤에 언급할 C노선의 서울 창동이 대안이 되어서 그렇습니다. 평당가를 기준으로 봐도 파주 운정의 평당가가 1,782만 원인데 서울 도봉의 평당가가 1,537만 원이면 서울 도봉을 매수하는 것이 좋습니다. 당장은 지역 간 평가에 대한 호불호라 절하될지 모르지만 차후 동북권 중심지가 될 창동에서 기회가 많다는 생각을 지울 수 없습니다.

또한 경기 북부는 북에 가까우면 가까울수록 상공업이 발달하기 불리하며 전쟁 특수로 인한 여러 행위에 대한 제한도 커져 개발하기가 용이하지 않습니다. 그런데 파주 운정에서 북과의 거리는 운정중앙역을 기준해 10km 정도로 그 사이에 있는 모든 토지의 미래성은 사실상 죽어 있다고 해석해야 합니다.

차후 통일이 된다는 가정하에 지금 투자를 하는 것은 아니라고 생각합니다. 투자는 현재 상상이 가능한 발전성을 기준으로 해야지, 아무런 근거 없이 베팅을 할 수는 없으니 말입니다. 이 외에 동탄은 현재 형성된 집값 자체가 웬만한 서울 진입이 가능한 탓에 가격만으로는 추천하지 않으며, 신축이 밀집한 탓에 현재 가치가 가장 최상인 상태여서 그렇습니다.

B노선 추천 지역을 보자면, 당연히 서울 도심이면서 개발의 핵심이 될 여의도와 용산, 동북권 개발 거점의 초입이 되는 청량리를 꼽을 수 있습니다. 또한 외곽의 인천대입구도 추천할 수 있습니다. 인천대입구가 추천이 가능한 이유는 경기 북부와 달리 송도가 이미 자족성을

띠는 도시이기 때문입니다.

서해를 낀 영구적 관광 특수와 서울로 출퇴근할 필요 없이 해당 지역에서 공급되는 양질의 일자리로 자족이 가능하고, GTX 노선 확장에 의한 출퇴근 수요까지 이끌어 내면 가격적으로 큰 상승이 가능할 지역 중 하나입니다. 물론 심화될 수도권 지역의 양극화로 서울부터 매수처를 고민해야 하지만, 유일하게 외곽 지역에서 미래 존속이 보장되는 몇 안 되는 지역인 것은 분명합니다.

C노선에서는 우선적으로 강남 확장에 의한 양재와 삼성을 추천합니다. 그다음으로 동북권 개발축의 초입인 왕십리와 청량리, 동북권의 거점이 될 예정인 창동이 가장 유력합니다.

서울 이남에서는 길목인 과천과 분당 다음에 평촌 정도를 권장합니다. 그 아래쪽에 위치한 용인과 수원, 동탄 등지는 사실상 투자 지역으로 추천하지 않습니다. 한때 수·용·성(수원·용인·성남)이라고 불리며 투자 지역으로 각광받던 시절도 있었지만 2025년 들어서 수익률 차이가 극명하게 나면서 신규 매수로 볼 가치가 작아지고 있습니다.

누군가는 집값이 따라 오를 것이라 말하지만 양극화 중입 단계로 넘어간 일본 사례를 참고했을 때 우리나라도 만약 핵심지 집값만 오르

GTX 노선별 추천 지역

광역 노선 구분	매수 권장 역사
GTX-A노선	대곡, 창릉, 서울역, 삼성, 수서, 성남
GTX-B노선	여의도, 용산, 청량리, 인천대입구
GTX-C노선	창동, 청량리, 왕십리, 삼성, 양재, 과천

며 격차를 키운다면 틀린 투자가 되는 것이니 모험할 이유가 작습니다. 이제는 돈에 맞춰서 멀더라도 사야지가 아니라 차라리 개발축에 투자하지 못할 것이면 사지 않는 것이 낫습니다.

옆 페이지의 매수 권장 역사부터 확인하세요. 노선별 외곽 정거장을 우선적으로 검토해 수익률을 높이는 전략도 물론 존중하지만 수도권 전반에 퍼진 양극화 심화 문제로 인해 위험을 줄여야 하기 때문입니다. 선정된 모든 지역은 향후 개발의 거점이거나 개발이 되는 축에 속하는 곳이니까 미래에 큰 변화만 없다면 안전한 방향입니다.

- GTX는 수도권 인구 밀집에 따른 주거 박탈과 시간 거리 해소 효과가 있습니다.
- 시간 거리의 획기적인 단축은 해당 지역의 거점 역할을 이루어 미래 위상을 높일 것입니다.
- 도시기본계획과 함께 광역 교통망을 묶어 분석해 새로운 도시 우위를 상상해 보세요.

제7장

분석 기법 : 단지 설정

- 좋은 단지를 고르는 눈을 키워라

이 장에서는 지역 분석을 마친 다음에 구체적인 단지를 고르는 방법을 제시합니다. 지역 설정을 하며 결정된 지역 안에서 세부적으로 단지별 우열 구분을 하여 비교 구분을 보다 명료히 할 수 있게끔 돕습니다. 대지지분을 포함한 산술적 개념도 설명합니다. 앞서 설명한 지역 분석과 더불어 본 단지 분석도 체득한다면 앞으로 단지 우위 구분은 모두 쉽게 할 수 있을 것입니다.

01

토지이용계획

: 단지 주변 개발 가능성 파악하기

단지를 분석할 때 맨 처음에 볼 자료는 토지이용계획입니다. 해당 단지가 지어질 때부터 이미 정해진 부동(不動)의 토지에 대한 분석, 말 그대로 지어진 그때로부터 얻었거나 잃은 근원적 가치를 말합니다. 우리가 태어날 때부터 어쩔 도리가 없는 천륜과도 같습니다.

아파트 단지도 지어지면서부터 뿌리를 내린 토지의 형질과 용도가 있습니다. 물론 여기서 아파트라는 상품은 모두 대(垈)라는 지목에 지어진 바 특별히 형질에 대한 분석을 덧대 학습할 필요까지 없습니다. 다만 최소한 관심이 있는 단지가 자리 잡은 토지의 용적률 상한 정도는 확인해야 합니다. 거기서 건물을 부수고 짓고를 반복할 것이기 때문입니다.

이는 토지의 용도가 제2종 일반주거지역인지, 제3종 일반주거지역인지, 준주거지역인지, 준공업지역인지 등 범례에 대한 분석을 말합니다. 이 용도 지역에 따라서 그 아파트의 미래가 유망할지 혹은 불리할지 가늠이 되니까요. 각종 기부채납을 하고 허용 용적률 기준 250%를 가득 채워서 지은 단지의 토지가 제3종 일반주거지역이라면 미래가 없습니다.

그러나 준공업지역이라면 아직 모르는 일입니다. 준공업지역 용적률 상한은 서울시 조례상 400%까지 높아졌기에, 여기에 공공기여

토지이용계획

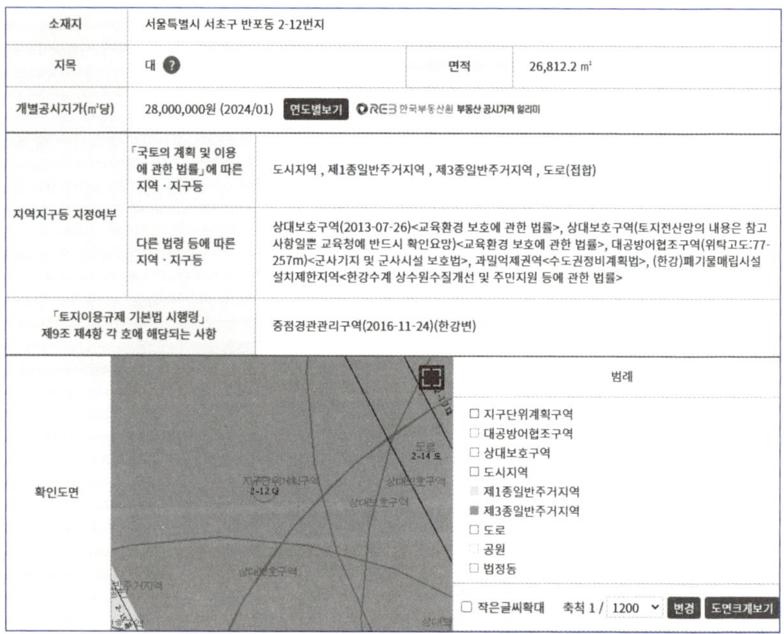

소재지	서울특별시 서초구 반포동 2-12번지		
지목	대 ?	면적	26,812.2 m²
개별공시지가(m²당)	28,000,000원 (2024/01) 연도별보기 REB 한국부동산원 부동산 공시가격 알리미		
지역지구등 지정여부	「국토의 계획 및 이용에 관한 법률」에 따른 지역 · 지구등	도시지역 , 제1종일반주거지역 , 제3종일반주거지역 , 도로(접합)	
	다른 법령 등에 따른 지역 · 지구등	상대보호구역(2013-07-26)<교육환경 보호에 관한 법률>, 상대보호구역(토지전산망의 내용은 참고사항일뿐 교육청에 반드시 확인요망)<교육환경 보호에 관한 법률>, 대공방어협조구역(위탁고도:77-257m)<군사기지 및 군사시설 보호법>, 과밀억제권역<수도권정비계획법>, (한강)폐기물매립시설 설치제한지역<한강수계 상수원수질개선 및 주민지원 등에 관한 법률>	
「토지이용규제 기본법 시행령」 제9조 제4항 각 호에 해당되는 사항		중점경관관리구역(2016-11-24)(한강변)	
확인도면		범례	

출처 : 토지이음

를 비롯한 각종 의무를 지고 인센티브를 더 받으면 사업성이 더욱 개선될 수도 있습니다.

참고로 재건축 투자 목적이 아니더라도 토지의 종(種)과 용적률 확인을 통해 투자 기간을 미리 가늠해 둘 필요가 있습니다. 당장 신축에 입주했다 하더라도 투자의 완료 지점은 매수부터 매도까지라 매도할 시점을 20년 뒤로 잡으면 리모델링 연한(준공 후 15년 이상)이 지나기 때문입니다. 그러니 매수를 하기 전에 매도 시점을 미리 가늠해 보아야 합니다. 여기서 매도 시점이 준신축을 지나서 구축 단지로 넘어가는 구간의 초입 정도가 된다면 사업성 분석이 필요합니다.

토지의 종과 용적률은 이미 자료 수집 단계에서 공유했듯이, 토지이용계획확인원 열람을 위하여 국토교통부에서 운영하는 토지이음 사이트에 들어가 단지 주소를 넣고 건폐율·용적률 탭에서 확인할 수 있습니다. 그러면 다음 그림과 같이 건폐율 및 용적률 상한 그리고 단지의 용도지역지구와 행위제한을 검토할 수 있습니다.

제3종 일반주거지역을 기준해 기축 상품의 용적률은 최대 용적률 기준 200%를 넘지 않아야 사업성이 나옵니다. 이것은 서울시에서 발간한 2030 주거환경정비기본계획 고시에 예시로 나온 현황 용적률 인정, 사업성 보정계수 완화를 감안하여 세운 기초적인 기준으로, 현재 서울에서 재건축 진행 및 예정인 총 175개 단지에 대해 전수조사를 마친 결과입니다.

물론 원칙적으로는 사업성 보정계수를 보면서 단지의 세부 환경에 따라 단지 규모나 밀도 등을 감안하여 허용 용적률에 보정계수를 적용해서 사업성을 계산해야 합니다. 예를 들어, 기준용적률 210%, 허

건폐율과 용적율

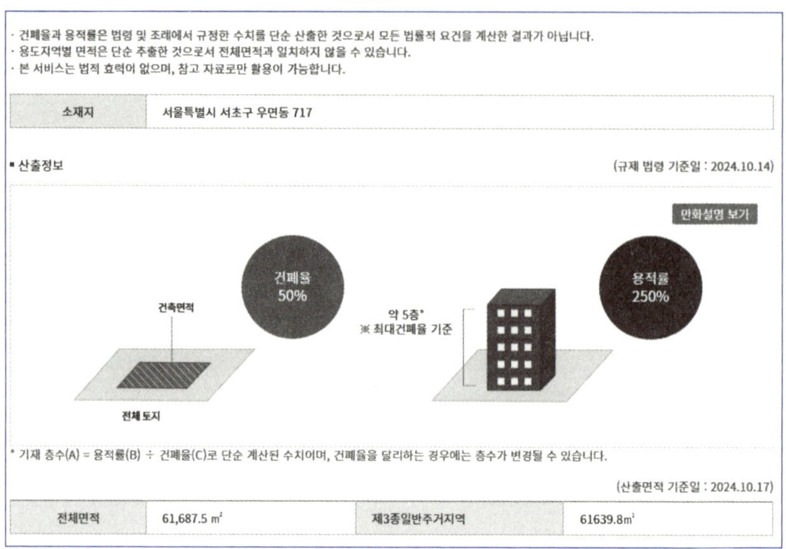

출처 : 토지이음

용 용적률 20%에 인센티브를 40%로 올리면 285%라는 사업성 계산이 나오고 여기서 공공기여 10%를 감하여 일반분양분을 추정해 비교해 봅니다.

역세권 준주거의 경우는 종 상향이 가능한 요건이 별도로 있어서 확인이 필요합니다. 또한 기준 용적률, 허용 용적률, 상한 용적률, 추가 용적률 모두 상황에 따라 다르게 대입해서 계산해야 합니다.

그러나 이러한 복잡한 산식을 무시하고 간단하게 용적률로만 단지를 필터링하여 세운 단지 구분 최소 단위로 용적률 250% 상한에 200% 정도로 맞추십시오. 공유한 기준 용적률 간격만으로 재건축 사업성이 나오는 단지를 모두 골라낼 수 있습니다.

약식으로 정리하자면, 조례를 상수로 적은 다음에 일괄 20% 정도 계산적 여유를 두어야 소형으로 쪼개서라도 분양할 물량을 짜기가 수월합니다. 따라서 다음에 공유한 표에 각 용도지역별 권장 용적률을 기입해 두었으니 용도지역별 의사결정에 활용하면 됩니다.

다음 표는 각 용도지역별 권장 용적률로 아파트를 지을 수 있는 용도지역 전부에 대한 보정값을 곱한 권장값입니다. 아파트를 지을 수 없는 제1종전용주거지역, 제1종일반주거지역, 유통상업지역, 전용공업지역, 일반공업지역, 녹지지역을 배제하여 모두 8개만 기억하면 됩니다.

용적률 외에 추가로 살펴보면 좋은 것은 인접 토지의 이용계획입니다. 아파트 투자를 다루면서 토지에 대해서까지 알아야 하냐고 생

용도지역별 권장 용적률

제2종전용주거지역	96%
제2종일반주거지역	160%
제3종일반주거지역	200%
준주거지역	320%
중심상업지역	800%(단, 서울 도심 640%)
일반상업지역	640%(단, 서울 도심 480%)
근린상업지역	480%(단, 서울 도심 400%)
준공업지역	320%

출처 : 서울시 도시계획조례 제55조(개정 2008. 7. 30., 2016. 7. 14., 2024. 3. 26.)

각할 수 있으나 결국은 해당 단지의 주변 환경에 따라 미래에 가격 분포가 달라지기 때문입니다. 도로 하나를 끼고 택지를 달리 구분한 주거지 밀집 지역의 경우, 실제로 통합 재건축 등의 논의로 한 단지가 되기도 하며 상업지 토지까지 합산해 면적을 넓혀 개발 규모를 키우기도 합니다.

따라서 미래에 정비 사업이 진행되면서 산입 가능한 형태인 부수 토지가 있는지를 알아봐야 합니다. 당장은 감이 잘 안 잡히고 파악이 어렵더라도 반복해서 과거 사례와 통합 재건축된 것을 나열해 보다 보면 명확히 그려지는 신호가 있습니다. 그 정도 수준이 되면 분양권이 나오는 상가 투자도 판단해 볼 수 있습니다.

- 재건축 투자를 목적하지 않더라도 매도 시점에 구축이 된다면 종 분석은 필수입니다.
- 약식이지만 서울 기준으로 상한 용적률 8할 정도의 기축 상품은 대체로 사업성이 나옵니다.
- 1차적으로 위 방법을 통해 거르되 최종 결정은 단지태생분석을 통해 마치십시오.

02

단지태생분석

: 태생이 좋은 단지는 가격이 다르다

1차적으로 관심 있는 아파트 단지가 자리 잡은 토지의 용적률 상한을 확인했으니 그다음은 토지가 아닌 아파트 건물 자체의 태생에 대해 분석해야 합니다. 이미 토지에 자리 잡은 이상 상한 용적률을 통해 1차적인 필터링이 가능하긴 하나 세부적으로 들여다볼 비등한 조건인 경우에는 단지 태생을 마저 분석할 필요가 있습니다.

아파트의 불변적 태생이라 한다면 해당 아파트의 연식, 세대수, 대지지분 등 여러 가지가 있는데, 여기서는 간단하게 수학적 계산이 가능한 정량적인 부분만 분석할 것입니다. 지금부터 기술할 연산 개념만 알고 있으면 더 이상 2개 단지 사이에서 크게 고민할 일은 없을 것입니다.

부동산 필터

출처 : 호갱노노

가장 간편한 속성 분석을 공유하자면, 호갱노노를 비롯한 부동산 정보 사이트 기준으로 필터를 위와 같이 설정해 솎아 내는 작업입니다. 종목은 오피스텔 등 유사물건 투자는 추천하지 않으니 아파트로만 설정하고 매매, 전세, 월세 중 매매로 선택합니다. 평수를 40평 이하로 설정한 이유는 30평대까지가 미래에 존속 가능한 평형 구성의 상한이라고 생각하기 때문입니다.

앞으로 가구는 더욱더 세분화될 것이며 1인 가구를 비롯한 소형 세대 중심의 분양 재편이 있을 것입니다. 더구나 큰 집보다 작은 집을 목적할 경우 투자 자본을 줄일 수 있으니, 소위 말하는 똘똘한 한 채 매입을 위해서라도 평형을 줄이십시오. 상한은 40평까지입니다. 세대수는 크면 클수록 좋습니다. 최소 기준은 300세대 정도입니다.

간혹 세대수가 적은 경우에 외려 정비 사업 진행 속도가 빠르다고 하지만 연도별 가격 증감을 보면 추천할 만한 물건이 아닌 경우가 많습니다. 정비 사업을 할 때까지 오를 가격 상승도 무시할 수가 없으니, 파급 효과가 큰 대단지를 선점하는 방향성을 훼손할 이유가 없습니다. 300세대 정도는 되어야 그것 미만의 주상복합과 비등한 태생의 아파트를 모두 걸러낼 수 있습니다.

입주는 15년이 넘어야 좋습니다. 현행법상 리모델링 연한은 15년, 재건축 연한은 30년이므로 리모델링 연한은 채운 단지여야 향후 재건축과 리모델링이 논의되며, 정비 사업 가능성에 대한 논의만으로도 값이 오르고, 정비 사업의 규제 완화 호재가 있다면 거래량도 늘면서 환금성도 높일 수 있습니다.

참고로 리모델링은 증축을 하더라도 기존 전용면적에 대한 증축 상한이 있어 산술적으로만 봐도 재건축 대비 실익이 작은 편입니다. 따라서 가능하다면 리모델링을 추진하는 단지가 아닌 재건축 추진 단지를 우선하기를 권장합니다. 해당 입주에 대한 필터는 30년으로 올려도 무방합니다.

용적률의 경우는 제3종일반주거지역 기준으로 토지이용계획에서 다룬 권장 용적률 200%에서 매수희망 단지에 따라 가감하여 기입하면 됩니다. 건폐율은 30% 이하로 잡아 다닥다닥 붙어 조망권을 해치는 단지를 솎아 냅니다. 사실상 30%를 초과해 바닥 면적 대비 건물 면적을 키운 곳들은 높은 확률로 사업성이 없습니다. 마지막으로 전세가율 100% 이하 필터는 간혹 수년간 거래가 없어 오류로 잡힐 단지를 사전에 방지하는 목적입니다.

앞의 필터를 토대로 서울, 수도권 전체 지도를 훑어보면 아래 그림과 같은 결과를 얻을 수 있습니다.

서울 강남을 기준으로 볼 때도 단지가 몇 개 나오지 않습니다. 어떤 단지를 사야 할지 고민될 경우 해당 필터를 통해 걸러진 단지부터 고민하면 좋습니다. 건폐율이 40% 안팎이라 단지 쾌적성이 현격하게 떨어지는 경우나 1동짜리 나홀로 아파트여서 거래가 몇 년에 한 번 있을 경우에는 시간을 뺏기지 않을 수 있습니다.

필터링한 지도

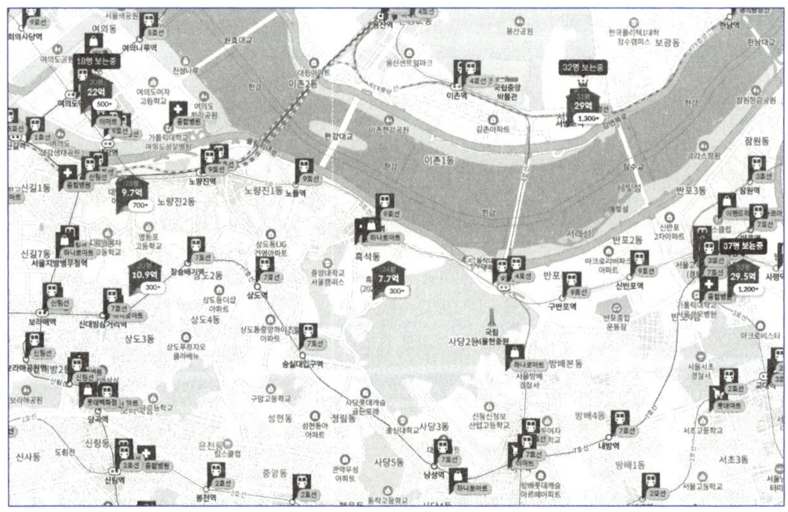

출처 : 호갱노노

그다음으로 간단한 단지태생분석 방법을 공유하자면, 매수하고자 하는 단지의 대지지분 평균을 구한 다음에 세대당 평균 대지지분을 현재 시세로 나누어서 계산하는 방법이 있습니다. 현재 아파트 시세에 맞춰 대지지분을 실제로 얼마에 사는 것인지 계산해서 서로 비교하는 방법입니다.

아파트의 평당 가격을 구할 때는 평형을 시세로 나누는데 통상 평균적인 거래 시세를 사용합니다. 예를 들어, 갑 아파트의 30평형 시세가 10억 원, 을 아파트의 시세가 9억 원이라면 전자는 10억 원 나누기 30평(평당 3,333만 원), 후자는 9억 원 나누기 30평(평당 3,000만 원)이 평당 가격이 됩니다. 이때 모든 조건이 동등하다면 후자를 선택해야 합니다.

그런데 단지태생분석 방법은 평균 시세가 아닌 평균 대지지분을 근거해서 비교하는 방법입니다. 아파트에서 말하는 대지지분은 아파트 전체 토지를 특정 세대가 단독으로 가지는 것이 아니라 아파트 단지 내 구분소유자 전원이 지분으로 나눠서 가지는 것입니다. 따라서 이것에 대한 권리를 대지권이라 하고, 이를 기준해 아파트를 비교하는 것입니다.

이렇게 비교한다면, 토지에 대한 평당 가격을 통해 내가 실제로 매수하는 토지가 몇 평이고 평당 얼마에 가져오는 것인지 확인할 수 있습니다. 특히 재건축 등의 정비 사업에 투자를 목적하는 경우라면 더욱 중요한 지표가 됩니다. 어차피 부수고 새로 지을 것이니 말입니다. 참고로 대지지분 평당 가격으로 단지를 비교할 경우, 단순 대지지분 비교 방법의 맹점을 보완할 수 있습니다.

예를 들어, 분당에 있는 서현동 시범우성과 서현동 시범현대를 비교한다면, 서현동 시범우성의 세대당 평균 대지지분은 17.6평이고 서현동 시범현대의 세대당 평균 대지지분은 20.3평입니다. 대지지분만 가지고 비교한다면 서현동 시범현대의 세대당 평균 대지지분이 3평 가까이 크니 비슷한 입지일 경우 서현동 시범현대가 더 좋습니다.

그러나 매수를 고려하는 시점에 서현동 시범우성 11억 원, 서현동 시범현대 13억 원의 급매물이 나왔다면 어떨까요? 물론 평형에 따라

세대당 평균 대지지분

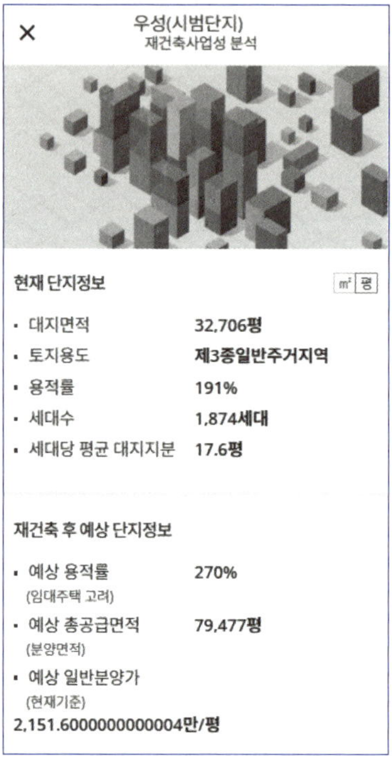

×
우성(시범단지)
재건축사업성 분석

현재 단지정보

㎡ 평

- 대지면적 **32,706평**
- 토지용도 **제3종일반주거지역**
- 용적률 **191%**
- 세대수 **1,874세대**
- 세대당 평균 대지지분 **17.6평**

재건축 후 예상 단지정보

- 예상 용적률 (임대주택 고려) **270%**
- 예상 총공급면적 (분양면적) **79,477평**
- 예상 일반분양가 (현재기준)

2,151.6000000000004만/평

출처 : 다윈중개

분석해야 하지만 전체로 놓고 본다면 서현동 시범우성은 11억 원으로 대지지분 17.6평을 사는 것이고, 서현동 시범현대는 13억 원으로 대지 지분 20.3평을 사는 것입니다. 이것을 평당가로 계산해 보면, 서현동 시범우성의 매수단가는 6,250만 원, 서현동 시범현대의 매수단가는 6,403만 원이 됩니다.

단순히 대지지분만 놓고 비교한다면 서현동 시범현대가 낫지만, 매수할 시점의 매도 호가를 기입하여 대지지분의 평당 가격까지 더해 감안한다면 서현동 시범우성을 매입하는 것도 생각해 볼 시사점이 됩니다. 이 방법은 특히 시장에 급매가 귀한 구간과 호가가 크게 오르는 구간 초입에 유용합니다.

비교 방법의 자료도 세대당 평균 대지지분과 시세 2가지만 있으면 돼서 간편합니다. 이것이 단지 비교에 사용하는 산술적 방법론들 중 평이한 대지지분 매수단가 비교이며, 대체적으로 비등한 입지로 입지

대지권등록부

대지권등록부

201	1	101	조회
집합건물명	집합건물 일련번호	대지권지분내용	관련지번
동편마을2단지	1014	25.35/37975.3	1657-0000

출처 : K-GeoP

우열을 나눌 필요가 없을 때 활용합니다. 비슷한 입지라서 시세만 비교하면 될 때, 하필 시세조차도 비등할 경우에 유용합니다.

참고로 이 대지지분의 세대당 평균을 구하는 방법은 원칙대로 하면 각 평형과 타입별 건물대장의 공부상 대지지분을 다 합하여 일괄 평균을 내야 하지만 그렇게 할 필요가 없습니다. 다윈중개를 비롯한 많은 부동산 정보제공 사이트에서 대지지분을 비롯한 약식 사업성 분석 자료를 공유하니 해당 사이트를 통해 평당 가격을 빠르게 구해 시세와 실시간으로 대조하면서 비교하면 됩니다.

이 외에도 K-GeoP같이 토지에 대한 정보를 공유하는 사이트에서 개별 호실마다의 대지지분도 상세하게 분류해 공유하니 해당 자료를 통해 전유부마다의 심화 비교도 쉽게 해 볼 수 있습니다. 참고로 당연하게도 대지지분은 크면 클수록 좋으며, 시세호가는 작으면 작을수록 좋습니다.

이어서 소개할 단지태생분석은 대지지분에 현재 거론되는 개발 수혜를 보태서 일반분양을 뽑아 보는 방법입니다. 서울시 역세권 활성화 사업을 기준으로 보면, 지하철역으로부터 350m에 속하는 곳은 별도로 용적률 인센티브를 얻으니 그 비율을 산입하여 보다 정교하게 계산해 다른 입지 단지와 비교할 때 시황을 반영해 내는 효과가 있습니다.

대지지분의 매수단가는 오로지 대지지분을 저렴하게 매수했는지에 대해서만 집중합니다. 반면에 일반분양분 계산법은 현재의 규제 완화 등 호재들을 빠르게 반영하여 재건축 진행에 따라 실제로 얻을 평형과 층수를 고려해 가상의 재건축을 진행해 보면서 그 과정에 일반분양 물량이 얼마나 나올지를 계산해 실제 수익을 가늠하는 것입니다.

일반분양분 계산 시 필요한 자료

현 세대수	현재 아파트 단지에 사는 세대의 합계
현 용적률	현재 기축된 아파트에 적용된 용적률
대지면적	아파트가 자리 잡은 토지면적 합계
용적률 상한	조례가 정한 법적 상한 용적률

이것은 앞서 다룬 방법들과 달리 실제로 얼마의 수익을 볼 수 있는지를 약식으로 계산해 볼 수 있습니다. 현재 공개된 단지 조건을 넣어 분양 평형을 나눠 가며 얻어 낼 일반분양분을 계산하고 시세에 맞춰 사업수익을 얻어 구분소유자가 가질 개략적인 수익 일체를 미리 알아 볼 수 있다는 것입니다.

필요한 자료부터 설명하자면, 현 세대수, 현 용적률, 대지면적, 용도지역 용적률 상한이 있습니다. 대부분은 다음 페이지 위 그림과 같이 부동산 사이트에서 일괄 정리하여 편하게 볼 수 있게끔 정리해 주니 등기나 대장 원본이 아닌 크롤링(Crawling) 사이트를 참조하여 산입해도 무방합니다.

각 재료에 대한 이해를 돕기 위해서 순서대로 설명하자면, 먼저 현재의 세대수는 한 단지에 사는 세대수 전원의 합을 말합니다. 굳이 현재의 세대수라 표현하는 이유는 차후 가상의 세대수를 계산할 때 헷갈리지 않으려는 목적이며, 층수와 평형을 고려할 필요 없이 오로지 한 단지에 사는 세대의 총합을 산입하면 됩니다. 매수희망 단지의 세대수를 가져오면 됩니다.

현재의 용적률이란 현재 건물의 연면적을 토지 면적으로 나눈 값

재건축 사업성 분석

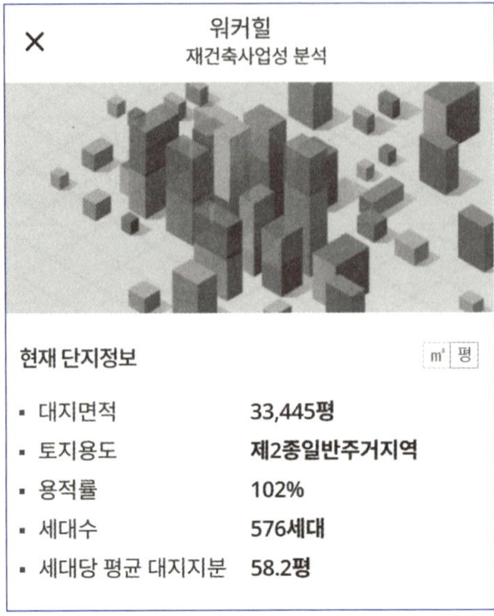

출처 : 다원중개

건폐율과 용적률

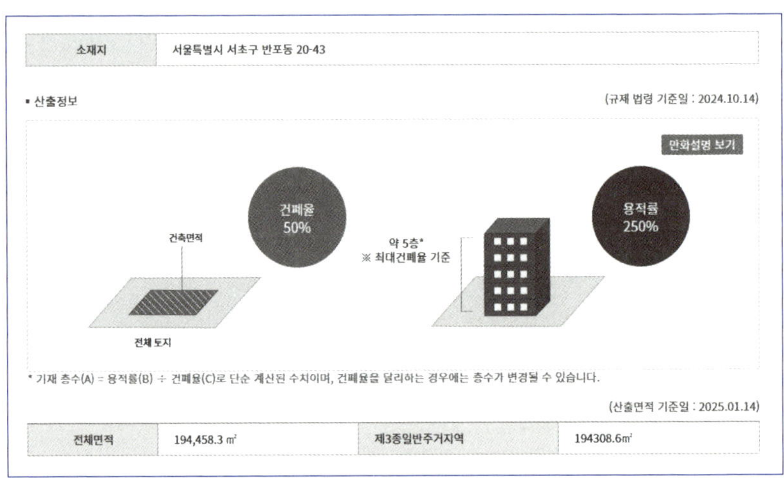

출처 : 토지이음

입니다. 굳이 현재의 용적률이라고 표현하는 이유는 차후 일반분양을 계산할 때 가상의 연면적과 혼동하지 말라는 차원에서 그렇습니다. 대부분의 부동산 사이트가 말하는 단지의 용적률을 가져오면 됩니다.

대지면적은 말 그대로 아파트 단지가 자리 잡은 토지의 면적을 말합니다. 대지면적을 확인하기 위해서는 토지대장, 건축물대장, 등기사항증명 중 편한 것으로 확인하면 됩니다. 그중 건축물대장의 경우는 건축물을 지을 수 있는 건축선을 반영한 면적이 등재돼 있어, 혹시 제외된 면적이 있을 경우 유용합니다. 대개는 토지대장과 등기사항증명 중에서 확인하는 것이 편리합니다.

용적률 상한은 조례가 정하는 법적 용적률 상한으로 토지이음에서 확인하면 됩니다.

이 4가지만 있으면 각 아파트 단지마다 분양 사업성을 약식으로 계산해 낼 수 있습니다. 물론 아파트 단지 사업성은 실제 적용될 보정계수와 기부채납에 따른 인센티브로 가감될 것입니다만 위 4가지 자료만 가지고 뽑은 간편식 정도로도 우열을 가리기에 충분합니다.

대지지분 = 대지면적/현 세대수

우선 대지면적을 현재 세대수로 나눠 세대당 평균 대지지분을 구합니다. 하나의 필지가 아니라 여러 개의 필지로 나누어진 경우는 모든 필지의 합을 구하여 전 세대로 나누어야 합니다. 물론 앞서 공유했던 부동산 사이트에서 그대로 산입해도 무방하지만 차후에 응용할 것까지 감안하면 개별 단지의 세대수와 대지면적을 구분해 산식을 꾸려야 좋습니다. 통합 재건축 등의 이슈가 있는 1기 신도시 단지에 대한 연계 분석은 개별 자료가 아닌 산출된 값만 있으면 응용하기 어렵기 때문입니다. 또 인근 상가를 비롯한 기타 물건과 통합 개발되는 경우도 잦아, 단순히 한 단지의 세대당 평균 대지지분만 떼어 기입해 두는 경우에는 연계 분석이 불가합니다.

그러니 수고를 들여서라도 단지의 대지면적과 세대수를 별도로 구하는 것이 좋고, 대지면적을 세대수로 나눠서 해당 단지의 대지지분 평균을 구해 두는 것이 좋습니다. 이렇게 구한 세대당 평균 대지지분은 차후 일반분양할 분양 물건의 평형에서 감하여 차후 지불할 분담금을 계산할 때 활용하면 됩니다.

앞서 설명한 대지지분 평당 가격을 계산하는 자료로 활용해도 좋습니다. 공유 목적은 계산 방식의 정석을 알고자 현재의 분양 물량을 계산해 내는 산식과 하등 관계가 없으니 대지지분은 여기까지만 알아도 무방합니다.

이어서 일반분양분 물량을 뽑아내는 데 참고할 산식은 아래와 같습니다.

가연면적 = 대지면적×가용적률/100

본격적으로 가상의 아파트를 지어 보겠습니다. 먼저 대지면적에 용적률을 곱해 봅니다. 별다른 호재가 없는 경우는 대지면적에 현재의 용도지역 상한 용적률을 곱하면 되며, 용적률 완화 등 규제 완화가 있다면 현재 거론되는 최대 용적률(가상 용적률)을 곱해 가(假)연면적을 구할 수 있습니다.

참고로 여기서 말하는 가연면적이란 가상으로 지어 볼 아파트의 총 건축 면적을 말합니다. 그러면 이 가상의 연면적은 한 세대마다 나누어 줄 일반분양 물량의 기초 면적이 되는 것입니다. 이 면적을 20평형 단일 형태로 나누어 분양할 수도 있고 20평부터 50평까지 구성해 나누어 분양할 수도 있습니다.

가세대수 = 가연면적/임의면적

위 산식을 통해 가상의 세대수를 구할 수 있습니다. 가상의 용적률을 대지에 곱해 가상의 연면적을 구하고 그 가상의 연면적을 임의로 정한 면적에 맞춰 나누면 가상의 세대수를 파악할 수 있습니다. 예를 들어, 전체 연면적이 1만 평이라면 25평형 단일 구성인 아파트를 지을 경우 400세대가 나옵니다.

참고로 이 가상의 세대수에서 현재의 세대수를 제하면 추후에 정비 사업을 진행한 이후 얻게 되는 세대수 특정이 가능합니다. 그러면 이것을 기준하여 옆 단지와의 비교도 쉽게 할 수 있습니다. 향후 얻게 되는 일반분양분 개수로 비교하는 것은 결국 차후의 수익성과 직접적으로 연결되는데 단순 연산에서 차등을 확실히 알 수 있는 것입니다.

일반분양 = 가세대수-현 세대수

당연히 일반분양 물량이 많으면 많을수록 사업성이 좋을 것입니다. 따라서 두 단지를 비교할 때에는 임의로 분양 평형을 정하되, 둘 다 동일 평형을 적용하여 어느 단지가 일반분양 물량을 많이 뽑을 수 있는지 산출하여 비교할 수 있습니다. 이것이 일반분양 물량의 계산을 통한 비교의 기본 방법이며, 응용하여 대지지분을 제한 뒤 분담금도 얼추 계산할 수 있습니다.

예를 들어, 갑 아파트의 가연면적이 5만 평이고, 을 아파트의 가연면적이 10만 평이라면 당연히 을 아파트의 가연면적이 높아서 더 좋다고 여길 수 있습니다. 하지만 임의로 정한 25평 세대수로 산정했을 때 각각 2,000세대와 4,000세대가 나올 경우, 갑 아파트는 종전의 세대수가 500세대이고, 을 아파트는 종전의 세대수가 3,000세대라면 갑이 더 좋은 조건입니다.

물론 실제로는 여기에 각종 근거가 더 붙습니다. 전체 토지 면적에 대한 평당 공사비와 기타 사업비도 산입해야 하며, 총 사업비를 기준으로 얻게 될 인근 지역의 시세도 매수 단가에서 주요한 요소이기 때문입니다. 그러나 이것도 비등한 지역 내의 단지를 비교할 경우 결국은 일반분양분 개수로 수렴합니다. 그래서 위에서 제시한 일반분양 물량만 계산해도 충분합니다.

위 과정을 통하여 가상의 연면적을 새롭게 구해 낼 수 있습니다. 이를 토대로 이미 지어진 아파트의 평균 평형에 맞춰 지을 수도 있고,

기존 용적률이 아니라 새롭게 적용한 용적률을 적용해 가상의 연면적을 뽑아 가상의 세대수를 계산해 가상의 일반분양분 개수를 찾을 수도 있습니다. 아래의 예시를 보겠습니다.

극단적인 예시입니다만 을 아파트처럼 일반분양 물량이 음수로 나올 수도 있습니다. 10평대 소형 평형으로 구성된 단지의 경우는 25평으로 분양 물량을 구성할 경우 계속 연면적이 깎여 나가며 세대수를 줄여야 하니 그렇습니다. 이 사례를 토대로 보자면, 두 단지가 인접한 경우 어느 단지를 매입해야 할까요? 당연히 전자가 낫겠죠.

현재의 부동산 시장참여자 대부분 세대당 평균 대지지분이라는 값만 유의하는데 새롭게 고려해야 할 요소가 될 것이라 생각합니다. 임의 면적을 통한 가상의 세대수를 뽑아서 비교해 보세요. 명명하자면 가분양 물량, 가분양 비교법이라 할 것입니다. 계산된 일반분양 물량

갑 아파트와 을 아파트 비교

대상 구분	갑 아파트	을 아파트
현 세대수	2,830	1,971
현 용적률	207%	257%
대지면적	29,809평	49,529평
용적률 상한	270%	270%
가연면적	80,484평	14,983평
임의 면적	25평	25평
가세대수	3,692	1,618
일반분양	862	-353

의 경우는 수익과 직결되는 지표로서 차후에 얻을 수 있는 이득을 미리 확인하는 근거로도 활용이 가능합니다.

간단한 만큼 오류도 분명 보입니다. 하지만 위에서 설명했듯이 단지 간의 우열 정도는 충분히 가려낼 수 있습니다. 태생적으로 차이가 큰 단지는 더욱 그렇습니다. 참고로 위 산식은 현장 지도나 임장, 계약서 작성 등으로 출장을 오갈 때 실제로 제가 차 안에서 뽑아 보는 것으로, 몇 분이면 간단하게 계산할 수 있으니 숙달하여 활용하기를 권장합니다.

- 토지이용계획과 단지태생분석을 합하여 전반적인 단지 사업성을 유추할 수 있습니다.
- 제시한 산식은 정석이 아닙니다만 단지 간의 우열 정도는 간단하게 비교할 수 있습니다.
- 가상의 연면적으로 일반분양 물량을 유추할 때 평형은 임의로 바꿔도 무방합니다.

가격증감비교
: 변동률로 상승 가능성 읽기

가격증감비교는 가격분포지도를 보아도 지역 간 위계가 비등한 경우, 또 단지가 자리 잡은 토지이용계획에서도 우열을 가리기 힘들다거나 약식으로 계산한 사업성 분석에서도 엇비슷한 경우면 해당 물건의 가격 증감을 연도나 월별 퍼센티지로 나눠 계산해 볼 필요가 있습니다. 지금까지의 수익률과 앞으로의 수익률이 달라지지 않는다면 말입니다.

특별히 한 단지에 큰 개발 호재가 있어 기울기가 급변하지 않는 이상은 현재까지 시장이 내린 평가를 따르자는 논리입니다. 실제로 지역별 아파트 평균 매매 가격을 근거로 한 아파트 평균 수익은 서울 11.2%, 수도권 9.0%, 광역시 6.8%, 지방 2.2%로 명확한 차등을 보여

강남 아파트와 강북 아파트 가격 변화

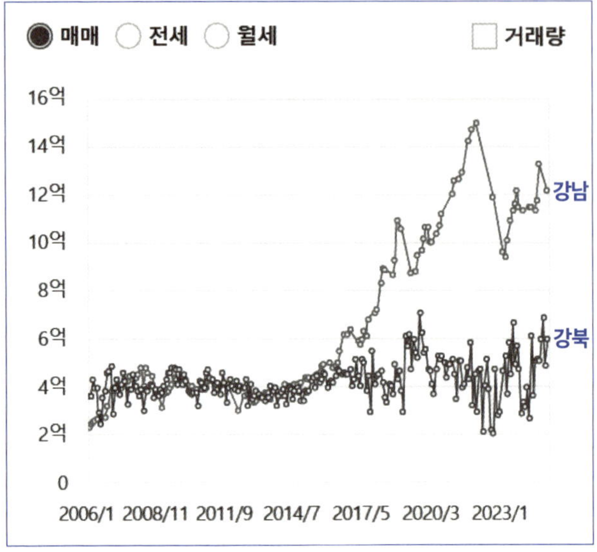

출처 : 호갱노노

왔으며 작은 단위의 지역 편차도 강남부터 순차적으로 서열이 정해집니다.

참고로 이것은 집값이 내릴 때에도 작동합니다. 2022년 서울 아파트의 가격 하락률은 평균 7.7%였지만, 올랐던 값을 기준해 내린 낙폭을 지역별로 나눠 보면, 강남 3구가 현저하게 내린 값의 크기가 작습니다. 결국 오르든 내리든 매수 목적에서 상급지를 선점해야 하는 이유입니다.

지역을 더 작게 소분해도 결과는 마찬가지입니다. 예를 들어, 강북 지역의 1년간 평균 수익률 순위를 봐도 용산구부터 도봉구까지 순위 변동이 거의 없습니다. 그러니 분양부터 지금까지 가격이 오른 선의 기울기가 더욱 가파른 쪽이 낫습니다. 현재까지의 가격 상승을 보인 동력이 대체로 단지의 태생적인 우위와 결함을 모두 내포하기 때문입니다.

통계를 통해 위 예시를 보면, 결국 특별한 예외가 아니면 굳이 아래 선에 있는 단지를 매수할 이유가 없습니다. 동일한 가격대로 시작했던 과거와 달리 현재 이미 격차가 크게 벌어져 고착화되는 전형적 위계 서열을 보이기 때문입니다. 각 단지마다의 절대적 가치 분석도 중요하지만 비교 분석의 경우 이 방법론처럼 상승률도 우열을 가리는 데 활용하세요.

이는 아파트를 포함해 모든 투자의 기본입니다. 미국의 나스닥 지수와 한국의 코스피 지수를 비교할 때에도 현재까지 수익률에서 미국이 압도했으니 미국에 투자해야 합리적이라는 것이고, 아파트 단지의 비교도 자리 잡은 토지나 단지의 태생에 큰 무리가 없다면 이 가격 증감을 토대로 단지 간 우위를 비교하면 됩니다.

가격 증감을 확인하기에 가장 간편한 것은 호갱노노의 지역 평당가 비교입니다. 최근에 실거래가가 발생한 달의 평균을 기준하여 실시간으로 반영되는 값으로 평형별 비교를 할 수 있습니다. 이것을 통해 현재까지 형성된 값을 비교하고 우열을 나누어 가격분포지도와 함께 교차해 분석하는 방법이 가능합니다.

그다음에는 변동률 비교 탭으로 옮겨 기간별 가격 증감을 명확하게 비교할 수 있습니다. 자료를 보면, 예시 단지는 경기도 하락 평균인 -9.62%를 하회하여 더 하락한 단지입니다. 그러니 굳이 시장 평균을

지역 평당가 비교(30평대)

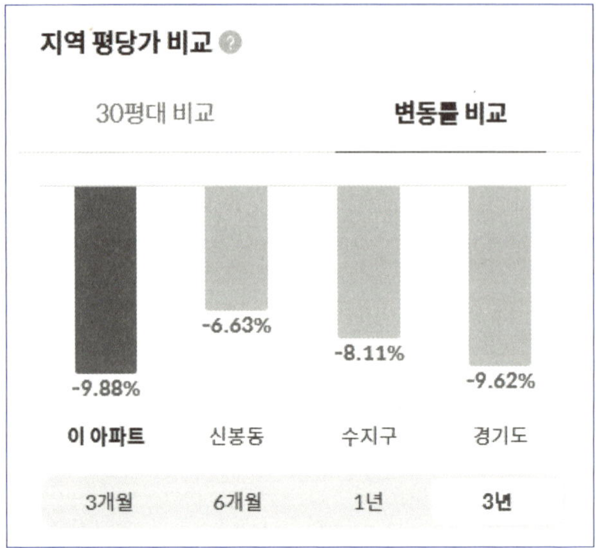

출처 : 호갱노노

하회하는 단지를 매수할 필요가 없습니다. 더 오르고 덜 내리는 것을 골라야 시장을 이기기 때문입니다.

따라서 시나 구 단위, 더 큰 단위의 평균을 상회하는지를 우선적으로 확인하세요. 그다음에 단지 간 비교를 할 때에는 단지별 상승(하락) 변동을 보며 더 오른 단지를 선점해야 합니다. 참고로 해당 자료의 분석은 최소한 반기(6개월) 이상은 되어야 최소한의 신뢰도를 가집니다.

간혹 3개월 미만의 가격 증감을 기준하여 지역별 우열을 가리기도 합니다만 3개월이란 시차는 때에 따라서 거래가 없기도 합니다. 그러니 최소한 6개월, 가능하다면 1년 이상의 자료를 기준으로 해당 분석을 활용하기를 권장합니다. 더 오르는 단지가 결국은 더 오르고, 덜 내리는 단지가 결국은 덜 내리기 때문입니다.

- 태생적으로 특별한 차이를 보이지 않는 경우는 현재까지의 가격 증감률 비교가 탁월합니다.
- 서울, 수도권, 광역시, 지방과 같은 큰 분류가 아닌 동 단위 편차도 극명하게 갈립니다.
- 꼭 가격 증감이 아니더라도 절대 지표가 아닌 지표 전부를 유연하게 비교하여 활용하세요.

04

시간거리계산

: 출퇴근 시간은 가치의 핵심

통상적으로 거리를 재는 단위로는 미터와 킬로미터를 비롯한 표준 단위를 사용합니다. 그러나 부동산 시장에서는 거리를 잴 때 시간 단위를 사용해야 합니다. 개별 단지의 위치에 따라 정류장까지 도달 가능한 도보 이용 거리가 다르고, 결국 목적지까지 도달 가능한 시간에 차이가 있기 때문입니다.

실제로 수도권 지역의 도보 10분 이내 역세권 반경 아파트의 가격 증감은 비역세권 아파트 전체 평균의 20% 정도를 상회하며, 초역세권으로 분류될 만한 곳들은 크게 30% 정도 높은 시세 형성도 보입니다. 언론에 노출된 대표적인 사례로 보자면, 수내동 양지마을5단지한양과 수내동 푸른마을신성은 평당 가격이 1,000만 원 정도로 큰 차이가 납니다.

단지가 같은 지역에 속해도 역세권 여부에 따라서 차이를 보입니다. 그러니 고작 몇 분 차이 때문에 발생하는 가격적 차등에서 우위를 차지하기 위해 시간 거리를 반복적으로 탐구, 비교해 볼 필요가 있습니다. 특히 노선이 신설될 경우 중요합니다.

대표적으로 시간 거리를 단축시키는 사례로는 수도권 광역급행철도(GTX)가 있습니다. 앞서 지역 설정을 하며 시간 거리에 따라 지역에 대한 투자를 판별했다면, 이어서 출입구 진입 거리에 대한 세부적인 분석을 더해 우열을 나누어 볼 수 있습니다. 단지 입구와 정거장 입구 거리를 통해 실질적인 활용 편의에 대한 분석도 더해 보자는 말입니다.

크게 보면, 동탄역 인근 단지는 기존 버스나 지하철로 이동할 경우 75분 전후의 소요 시간이 무려 20분으로 단축되어 55분의 시간 거리가 줄어들었습니다. 결국 경쟁을 하던 인근 지역과 크게 격차를 벌리면서 평당 가격 4,000만 원을 돌파했습니다. 하지만 인근 단지를 비교할 때에는 세부적으로 정거장과의 거리도 따져 볼 필요가 있습니다.

지역에 대한 비교도 물론이지만 단지의 세부적인 위계를 정할 때 단지에서부터 역이나 대중교통을 이용할 수 있는 플랫폼까지 도달 거리를 시간으로 정립할 필요가 있다는 것입니다. 덧붙여 과거부터 현재까지 가격증감률이 비등했어도 새롭게 신설되거나 예정된 노선이 있다면 그 노선으로부터의 시간 거리를 입구와의 거리로 나누어 비교해 보세요.

시간 거리를 재는 방식에서 가장 추천할 앱은 카카오맵입니다. 제가 실제로 오가며 활용할 때 카카오맵이 오차가 가장 적었습니다. 네

시간 거리 계산

출처 : 카카오맵

이버 등 다른 플랫폼이 제공하는 별도 산식도 있지만 실제로 이동하며 소요 시간을 활용하기에는 카카오맵이 가장 적합합니다. 참고로 자가용과 대중교통 중 하나만 정해 비교 분석해야 알맞습니다. 추천으로 보자면 대중교통이 더 적합합니다. 그 이유는 자가용의 경우 건설된 도로의 직선거리를 모두 반영하므로 결국은 물리적 거리를 표현하기 때문입니다. 시간 거리를 계산하는 이유는 물리적 거리만이 아니라 현재 실제로 개발돼서 시간 거리를 앞당긴 것을 확인함으로써 향후 미래를 점치자는 것이니 말입니다.

개발된 곳은 앞으로 더 개발될 확률이 높습니다. 지하철 역사가 없었던 지역에 새롭게 역사를 짓는 행위와 달리 역사가 있는 지역에 복선(複線)을 덧대는 것이 개발하는 입장에서 수월하기 때문입니다. 단순 시공에 대한 얘기가 아니라 수요를 끄는 노선이 있는 곳에 새로 노선을 대면 사업성 평가 통과도 유리합니다.

지역 간 연계 개발을 모두 내포하는 곳은 지하철, 버스와 같은 대중교통의 편리함이 핵심입니다. 절대적 직선거리를 무너뜨릴 만큼 노선이 확충된 곳, 그만큼 지역 간 협력이 가능할 정도로 광역 교통망 구축에 거점이 되는 곳, 그 핵심에 대한 실반증이 되는 셈이니 추가 개발이 될 확률도 높은 것입니다.

따라서 대중교통의 시간 거리를 통해 지역 간의 우열을 나누어 보는 것을 권장합니다. 개발된 곳은 앞으로 더욱 개발될 개연성이 높습니다. 모두 새롭게 개발될 제2의 강남을 기대하지만 실상은 모두의 선호도가 높은 곳에 계속 수요가 생기므로 그곳을 부수고 새로 지어서라도 다시 거점이 되기 때문입니다. 천 년 이상의 수명을 가진 경우가 아니라면, 백 년도 안 될 인생을 허비하지 마십시오. 현재 수요가 있는 지역이 계속해서 인기를 끌 것입니다.

- 부동산은 지도상 표현된 물리적 거리가 아닌 도달 가능한 시간 거리를 보십시오.
- 역세권과 비역세권의 가격 증감 차이는 과거부터 현재까지 꾸준하게 나타나고 있습니다.
- 가능하다면 인근 단지에서 역세권 선점 내지는 한 정거장 앞 지역을 선점하는 것이 좋습니다.

05

월간선도단지

: 시장을 이끄는 단지 살피기

각 플랫폼마다 지수화하여 월간선도단지를 정립하는데 대표적으로 KB에서 제공하는 단지목록인 월간 선도아파트가 있습니다. 매월 업데이트되니 매수 여부를 판단할 때 참조하면 좋습니다. 전통적으로 시장을 선도해 온 지표로서 KB선도아파트50지수를 만드는 단지의 합이라 매수에 최우선으로 고려할 만합니다.

현재는 KB부동산 데이터허브에서 제공하며, 가격지수는 2022년 1월을 100으로 잡고 기준일 전후 등락에 변동 폭이 잡히는 구조입니다. 월마다 시세 파악을 하는 용도로 활용합니다. KB에서 뽑은 상위 랭킹 아파트는 시장의 방향성을 가장 빠르게 내포하는 단지의 합으로서 소위 말하는 리딩 단지로 봐도 무방합니다.

아파트 가격지수

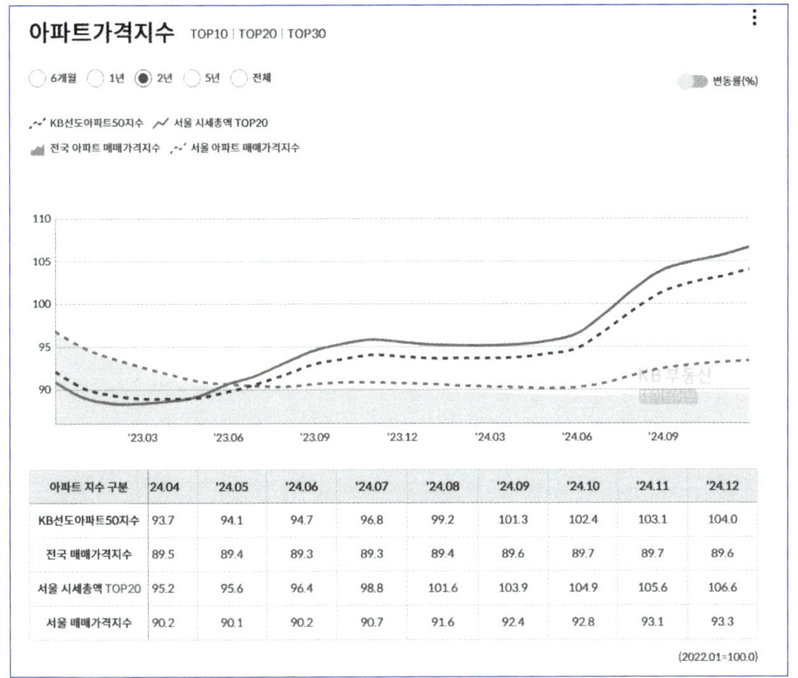

아파트 지수 구분	24.04	'24.05	'24.06	'24.07	'24.08	'24.09	'24.10	'24.11	'24.12
KB선도아파트50지수	93.7	94.1	94.7	96.8	99.2	101.3	102.4	103.1	104.0
전국 매매가격지수	89.5	89.4	89.3	89.3	89.4	89.6	89.7	89.7	89.6
서울 시세총액 TOP20	95.2	95.6	96.4	98.8	101.6	103.9	104.9	105.6	106.6
서울 매매가격지수	90.2	90.1	90.2	90.7	91.6	92.4	92.8	93.1	93.3

(2022.01=100.0)

출처 : KB부동산

앞서 설명한 가격증감비교 방법과 유사하지만 그것은 단지 간 비교가 목적이며, 월간선도단지 분석은 시장 전반에 대한 이해를 키울 수 있고 시장성에 대한 전망도 가능합니다. 선도단지로 꼽힌 단지의 상승률을 보면서 목적하는 단지의 연평균 수익을 가늠할 수도 있습니다.

참고로 해당 자료에 뽑힌 선도단지와 태생적으로 비슷한 일부 단지는 지역적인 열위에 있더라도 추후 순환매를 노려 볼 수 있습니다. 대표적인 예로 대치동 은마를 들 수 있는데, 지금은 현행 재건축 규제로부터 정비 사업 진행이 녹록지 않습니다만 만약 해당 단지가 사업성을 키우며 정비 사업의 본 궤도 안착에 성공한다면 이곳이 기준이 된다는 것입니다.

그러면 향후 대치동 은마와 비슷한 태생의 모든 재건축 예정 단지는 평당 가격의 차이가 있어 당장은 어렵더라도 진행상 지정 요건을 비롯한 큰 단서를 미리 확인해 추진 배경에서 선점할 학습 자료가 되는 것입니다. 정비 사업이 아니더라도 가격적으로 움직이는 모양을 본 따 인근 단지 가격의 방향성을 확인하면서 단기적 저평가 여부도 확인할 수 있습니다.

다음 표는 그간 KB에서 뽑은 선도 아파트 중에서 일부 가감해 정리한 목록입니다. 시장을 읽는 도구로서 매수와 시장 전망이 모두 가능한 자료입니다. 단지의 열거 순위는 우열이 아닌 세대수 크기에 따른 분류일 뿐이니 개의치 말고 단지 간 비교를 할 때 기준점으로 활용하기 바랍니다.

KB에서 뽑은 선도 아파트

헬리오시티	송파구 가락동	파크리오	송파구 신천동
잠실엘스	송파구 잠실동	반포자이	서초구 반포동
리센츠	송파구 잠실동	올림픽선수기자촌	송파구 방이동
은마	강남구 대치동	현대(신현대)	강남구 압구정동
잠실주공(5단지)	송파구 잠실동	래미안퍼스티지	서초구 반포동
도곡렉슬	강남구 도곡동	올림픽훼밀리타운	송파구 문정동
한보미도맨션	강남구 대치동	트리지움	송파구 잠실동

현대(6, 7차)	강남구 압구정동	고덕그라시움	강동구 고덕동
삼풍	서초구 서초동	래미안원베일리	서초구 반포동
아크로리버파크	서초구 반포동	레이크팰리스	송파구 잠실동
현대(1, 2차)	강남구 압구정동	고덕아르테온	강동구 상일동
마포래미안푸르지오	마포구 아현동	신반포(한신2차)	서초구 잠원동
타워팰리스(1차)	강남구 도곡동	래미안블레스티지	강남구 개포동
디에이치자이개포	강남구 일원동	래미안힐스테이트고덕	강동구 고덕동
아시아선수촌	송파구 잠실동	목동신시가지(14단지)	양천구 신정동
래미안대치팰리스1단지	강남구 대치동	장미(1차)	송파구 신천동
목동신시가지(7단지)	양천구 목동	신동아	용산구 서빙고동
개포래미안포레스트	강남구 개포동	강동롯데캐슬퍼스트	강동구 암사동
신반포(한신4차)	서초구 잠원동	DMC파크뷰자이	서대문구 남가좌동
우성(1, 2, 3차)	송파구 잠실동	목동신시가지(5단지)	양천구 목동
한가람	용산구 이촌동	목동신시가지(13단지)	양천구 신천동
서초그랑자이	서초구 서초동	시범	영등포구 여의도동
목동신시가지(9단지)	양천구 신정동	동부센트레빌	강남구 대치동
선경(1, 2차)	강남구 대치동	남산타운	중구 신당동
목동신시가지(1단지)	양천구 목동	한남더힐	용산구 한남동

- 월간선도단지 목록 중에서 단연 으뜸은 KB에서 제공하는 시세총액 TOP 단지 모음입니다.
- 공유한 단지 목록을 토대로 매수 단지의 태생 비교와 함께 전망 근거로 활용하세요.
- 재건축 대상 단지가 아니더라도 가격 증감을 통하여 인근 단지 순환매 예측도 가능합니다.

06

가격형성원인

: 왜 비싼지 이유를 찾아라

가격형성원인에 대한 분석도 단지 설정의 중요한 근거가 됩니다. 앞서 간접적으로 표현했듯이 가격을 이루는 것에 토지 가액만 산입해야 미래에 절대적 우위가 될 확률이 높습니다. 현재의 거주 여건은 좋지 않지만 입지가 좋아 가격이 10억 원인 단지와 신축이어서 입지가 열위임에도 10억 원인 단지를 비교하면 전자가 낫다는 것입니다.

지역 간의 열위 판별을 목적하는 가격분포지도, 단지 간의 열위 판별을 목적하는 가격증감지도 전부에서 반복적으로 말하듯이 가격형성원인은 상당히 중요한 척도입니다. 따라서 현재 단지의 가격을 형성하는 요인에 대해 명확한 구분부터 행하십시오. 단지 가격을 이루는 요소의 주요 4순위는 다음 표와 같습니다.

단지 가격을 이루는 4요소

우선순위	형성 원인	상세 설명
1	입지 조건	가격분포지도 및 가격증감비교 방법론을 기준하여 구분
2	대중교통	수도권 개발축 및 광역급행철도 방법론을 기준하여 구분
3	인구 유입	입주예정물량 및 인구유입분석 방법론을 기준하여 구분
4	생활 편의	시간거리계산 및 월간선도단지 방법론을 기준하여 구분

단지 가격을 형성하는 기준의 순위를 주요 근거로 구분해야 추후 추가적인 상승 동력을 쉽게 얻습니다. 단지가 구축이어도 입지 조건이 뛰어나 추후 신축이 된다면 재건축 진행에 따라 수익이 커지는 기간 특수를 누릴 수 있습니다. 또 당장 인구가 유입되지 않더라도 대중교통 여건이 뛰어나서 거점 역할을 하면 해당 지역에 수요가 늘며 결국은 개발되기 때문입니다.

예를 들어, 과천의 중앙동 과천푸르지오써밋의 32평 실거래가격이 2024년 10월 기준 21억 2,000만 원입니다. 해당 단지를 보면, 신축이면서 과천역 진입이 동간 평균으로 봐도 3분 미만으로 탁월하고, 인근의 대중교통과 인구 유입 전망도 훌륭한 편입니다. 그러나 위 표에서 입지 조건을 최우선하여 분석한다면 비슷한 가격대의 여의도동 시범이 걸립니다.

해당 시점에 여의도동 시범의 24평 매입 단가는 20억 3,000만 원, 평수를 물론 8평씩 줄이기는 합니다만 '4'의 생활 편의 형성 원인보다는 '1'의 입지 조건 형성 원인으로서 서울특별시 여의도동을 매입하는 것이 좋습니다. 이것은 앞서 설명한 지역 우위에 따라 커지는 미래 가치를 선점하자는 전략에도 맞닿습니다.

역과의 거리가 더 멀어도, 인근 대형마트 도보 거리가 다소 멀어서 생활 편의가 떨어지더라도 과천보다는 가격분포지도와 가격증감비교를 기준 근거로 우위를 점할 여의도 소재 물건이 향후 가격 상승에 더욱 보탬이 될 것이라는 해석입니다. 그러니 이 분석 기법을 활용하여 인근 단지 간의 우열을 나누어 보세요.

앞서 과천과 여의도 예시로 본 지역 간 해설과 같이 동일 지역의 단지 간 구분에서도 위 표를 기준하여 분석하면 됩니다. 같은 중계동이라 해도 중계동 중계그린이 중계동 중앙하이츠아쿠아보다 미래 가치가 상대적으로 클 것입니다. 입지 조건, 대중교통, 인구 유입, 생활 편의 전부에서 말입니다.

참고로 위 인구 유입의 경우 지역이 아닌 단지 간 비교를 할 때에는 입주 물량이 아니라 거래량을 기준하세요. 거래의 빈도가 높으면 높을수록 새롭게 투자 진입한 신규 수요로 인해 가격 탄력도 높아집니다. 재건축 단지는 경우에 따라 큰 거래량으로 기존 원주민을 새로 진입할 투자자로 치환해 사업 속도를 높이기도 합니다.

- 단지의 가격을 형성하는 주요 원인은 입지 조건이 최우선이며, 이것은 불변의 진리입니다.
- 강남구와 비강남구 집값 상승 추이를 보면 연간 2배 이상 차이를 보이기도 했습니다.
- 세부적으로 단지를 구분할 때는 단지의 진출입로를 따라서 모든 우열을 나누어 보세요.

물건선정필터

: 조건에 맞는 단지 추리기

단지 분석을 마치며 최종적으로 물건선정필터를 공유합니다. 호갱노노를 비롯한 단지 검색 엔진을 가진 플랫폼 전부에서 활용할 수 있습니다. 이 기준을 통해 향후 매입할 단지 특정과 갈아타기를 시도할 목적 단지를 선정하세요. 이 필터를 통하여 수도권의 주요 투자처를 약 90%의 확률로 골라낼 수 있습니다.

단지태생분석에서 이미 공유했듯이 다음 필터를 기준해 분석하면 됩니다. 목적하는 대상은 당연히 아파트가 될 것입니다. 정권에 따라 유사 아파트 규제를 풀어 아파트와 비등한 조건을 만든다 하더라도 무조건 아파트를 선점하세요. 규제의 정도가 계속해 바뀔뿐더러 거래총량, 가격 증감, 시장 크기 등 통계를 보더라도 시장은 아파트를 선호합

부동산 필터

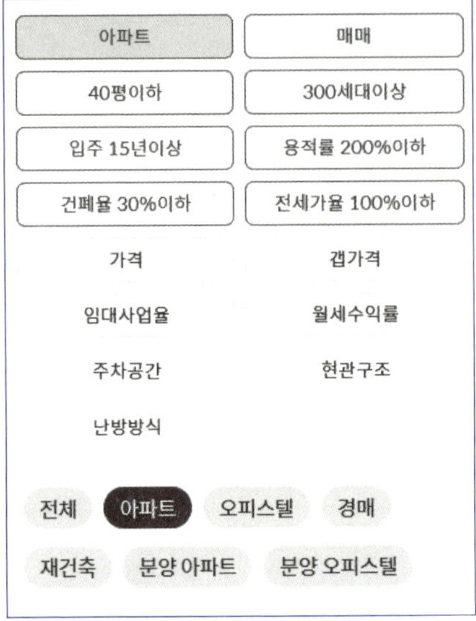

출처 : 호갱노노

니다. 따라서 매매 대상은 아파트로 한정하세요.

매매를 기준으로 세대수는 300세대 이상이어야 합니다. 간혹 전문가에 따라, 소위 말하는 나홀로 아파트 매수를 권장하기도 하는데 해당 단지는 추후 거래가 더뎌 매도 타점을 잡기 곤란할 수 있습니다. 가격적으로 대단한 할인이 있지 않는 한 단지를 이룬 아파트 선점을 목적하십시오.

입주 연차는 15년 이상 돼야 좋습니다. 준공된 이후 15년 기준 리모델링 연한이 차고, 해당 시점을 전후하여 재건축 등 정비 사업이 논의되며 새롭게 상승 동력을 가질 수 있기 때문입니다. 신축에서 준신축으로 넘어가는 식의 애매한 연한보다 오히려 구축 진입이 확연하여 신축에 대한 기대를 높이는 지점을 선점하는 것이 좋습니다.

3종일반주거지역이라면 용적률은 200%로 두십시오. 대현동 신촌럭키를 비롯해 용적률이 200%를 초과하더라도 용적률 산정 기준을 바꿔 사업성 개선 방안을 적용해 정비 사업을 추진할 수는 있지만 전수 조사를 통해 확인한 일반적인 단지는 해당 상한이 꼭 필요합니다. 참고로 단계별 추진 속도를 보더라도 200% 미만의 단지가 그렇지 않은 단지보다 평균 20% 정도 빠릅니다.

건폐율은 30% 미만이어야 합니다. 30%를 초과하는 사업장은 주상복합이거나 그에 준하는 단지이며, 특히 1세대부터 2세대 주상복합 구축의 경우는 높은 관리비 등 태생적 결함을 지녀 열등재가 되기 때문입니다. 건축 밀도가 높으면 정주 환경을 쾌적하게 유지하기 어렵습니다.

평형을 줄여야 상급지의 똘똘한 한 채 매입이 가능합니다. 전세가율을 100% 이하로 둔 이유는 거래가 적어 오류로 잡힐까 봐서입니다. 차이는 지금부터입니다. 가격을 다음 표와 같은 기준에 맞춰 구분해 검색하고 단지를 특정하십시오.

2025년 12월 기준으로 현재 매입이 가능한 지역을 매수 단가에 따

금액별 매수 권장 지역(2025년 2월 기준)

금액 구간	권장 지역
현금 2억 원	노원구
현금 4억 원	강서구
현금 9억 원	강남구

라 구 단위로 나누어서 같이 봅시다. 이것은 시간이 지나 가격이 오르든 내리든 간에 위계가 변하지 않는다면 유효합니다. 매수 단가만 일부 변하는 것뿐입니다.

현금이 2억 원 있다면 노원구를 추천할 수 있으며, 동 단위로 보자면 상계동 정도에서 의사결정을 해야 합니다. 대표적으로 상계주공6단지가 있습니다. 해당 단지는 소형 평형이 있어 서울 진입의 최하단이 되며 향후 서울의 공급 부족에 따라 붕괴될 수급에서 대안이 될 것입니다. 지금은 토지거래허가구역 규제로 갭 매수가 불가하지만, 차후에 풀린다면 절반을 대출받거나 전세를 끼워서 2억 원대의 현금만 있으면 됩니다.

현금이 4억 원 있다면 강서구 가양동 가양6단지 정도가 가능합니다. 절반을 대출받아서 매입을 고려할 수 있는 최상급지 물건입니다. 해당 단지는 서울 개발의 주축이 되는 한강변 소재, 역세권 복합 개발이 가능하여 향후 매입 단가가 오르더라도 해당 금액이 최하단이므로 언제든지 매수로 권장됩니다.

현금이 9억 원 있다면 절반을 대출받아서 강남 소재의 일원동 수서1단지 정도를 시도해 볼 수 있습니다. 여유가 된다면 수서동 신동아 정도에서 의사결정을 하면 좋습니다. 앞서 말했듯이 가격 증감상, 순환매상 강남의 가격 상승에 우선 반응할 지역이면서 강남권 이남 확장의 거점 역할을 하기 때문입니다.

그다음의 가격 구간도 모두 위의 맥락과 같이 보유 금액에서 가장 최선이 되는 상급지 선점을 목적해야 합니다. 다음 금액 구간의 지역과 단지 추천을 하지 않는 이유는 이미 현금 9억 원으로 강남 진입이 가능하기 때문입니다. 초과되는 금액의 경우는 토지나 건물, 혹은 주식이나 코인을 해도 무방한 선택의 영역입니다.

향후 위에 제시한 금액이 올랐다거나, 표시된 구간 이외의 금액에서 매수를 고민하는 경우에는 앞서 제시한 기준으로 필터링을 해 보세요. 서울시 전체 단지의 약 7%가 해당 필터에 걸려 1차적으로 고를 단지의 선별을 탁월하게 도와줄 것입니다. 간단하지만 강력한 기준이 됩니다.

가격 구분에 따른 예시로 매수 권장된 단지가 매수를 앞두고 참조할 하나의 근거가 되기를 희망합니다. 이 책이 나온 이후에 혹시 가격이 바뀌더라도 개의치 마십시오. 여기에 제시한 단지들은 모두 매수단가 기준으로 가장 저렴한 단지이며, 차후에 대안도 없어서 수급 붕괴로 인한 수요 급증에 가격이 올라도 서울의 구간별 하단이 될 곳들이라 반영구적인 최선의 선택입니다.

- 지역과 단지 분석의 모든 단계를 이해한 다음 물건선정필터를 기준으로 단지를 고르십시오.
- 필터링을 통해 서울시 기준 약 7%의 희소 단지를 골라낼 수 있습니다.
- 준공업지역의 경우 일관적인 필터 설정이 불가하며, 일반주거지역 분별에만 적합합니다.

분석 기법 : 타점 설정

- 언제 사야 할지 타이밍을 잡아라

이 장에서는 타점에 대해 설명합니다. 언제 매수를 해야 하는지, 언제까지 보유하고 매도를 해야 하는지 그 결정을 고민할 근거 마련의 단계, 개통될 철도 호재와 인근 택지 개발 등 수많은 변화로부터 시점을 쉽게 특정할 수 있도록 도울 도구가 될 것입니다. 매수, 보유 그리고 매도 타점에 대해 지금부터 자세히 알아봅니다.

01

철도 개통 호재

: 교통 개선은 곧 상승 신호

지역과 단지에 대한 분석을 마친 이후에는 해당 단지를 언제 살 것인지 시점에 대해 특정해야 합니다. 매수하려는 단지에서 조금이나마 가격이 저렴한 구간을 잡으면 좋겠죠. 앞으로 단기간 가격이 더 오를 가능성이 큰 대형 호재가 끼면 매도 타점도 절로 나옵니다.

참고로 최근 5년 내의 전철역 개통 실적을 보더라도 수도권에서 개통된 이후 역세권 아파트의 수익률은 비역세권 아파트보다 7% 정도씩 크게 상승해 결국 절대적 가격 상승과 상대적 수익률 우위로 매도 타점을 잡기에 유리합니다. 따라서 역이 생긴다는 발표 전후로 미리 선점할 목적을 가질 필요가 있습니다.

이것이 이 장에서 소개할 철도 개통 호재입니다. 통상적으로 철도 개통 호재는 착공 발표가 됨과 동시에 한 번, 실착공 시점에 한 번 그리고 개통 때에 마저 오른다고 합니다. 하지만 이것은 대단히 오래된 이야기이고, 현재는 착공 발표와 동시에 절반 가까이 값이 오르고, 오히려 개통 직전까지 거품을 쌓다가 이후에 값이 떨어지는 경우도 빈번합니다.

실제로 GTX 노선은 A노선부터 D노선까지 모두 고점 돌파 이후 피크 아웃 현상이 나타났습니다. 물론 이후에 금방 회복해 바닥을 다졌습니다만 결론은 착공 발표와 거의 동시에 의사결정을 마쳐야 유리하다는 것입니다. 그러니 철도 관련 호재로 인한 단기 수익을 극대화하기 위해서는 발표가 나기 전부터 미리 판단 근거를 세워 두어야 합니다. 노선의 특성에 따라 어떤 노선에 투자해야 하는지, 어떤 노선에 투자하면 안 되는지 말입니다.

호흡이 빨라진 시장에 맞추어 착공과 동시에 바로 선점할 수 있도록 신속한 의사결정을 미리 학습해 두어야 하는 이유는 미리 기준을 세워 두어야만 바로 매입할 수 있기 때문입니다. 모든 노선을 착공 발표와 동시에 막무가내로 매입할 수는 없으니까요.

먼저 매수를 해도 좋을 노선의 특징부터 말하자면 강남과 같은 핵심지에 바로 인입(引入)이 되는 경우가 있습니다. 대표적인 예가 신분당선인데, 인근의 아파트 가격을 개통연도 기준으로 최대 20%까지 상승시켰습니다. 노선만 보더라도 신사, 논현, 신논현, 강남 그리고 양재까지 굵직한 핵심지가 단번에 이어집니다. 단순히 핵심지로 연결되는 부분만 중요한 것이 아니라 2호선, 3호선, 7호선, 9호선, 경강선, 수인·분당선이 모두 환승 가능해 사실상 경기 남부의 주요 길목은 모두 지

신분당선 노선도

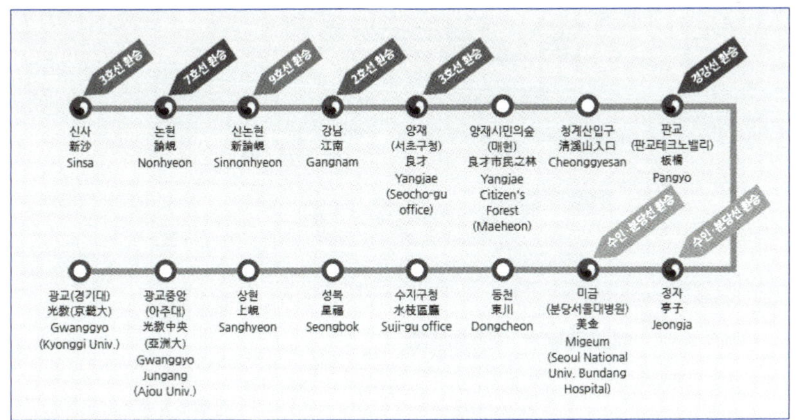

출처 : 경기철도주식회사

나는 노선입니다.

참고로 환승의 경우, 구간의 길이와는 관계없이 오로지 환승역이 최소한 3개 이상은 있는 노선이 좋습니다. 이해를 도울 예시 노선은 바로 다음 페이지에 제시한 신림선입니다. 노선 자체가 대단히 짧아 파급 효과가 그다지 없게 느껴질 수 있지만 자세히 들여다보면 그렇지 않습니다. 그 짧은 노선에 2호선 신림역, 7호선 보라매역, 1호선 대방역, 9호선 샛강역을 모두 연결하고 있습니다.

가로로 그어진 수많은 기존 노선을 신림선이 세로로 단번에 잇는 모양새입니다. 이런 노선이 신설되는 경우는 발표와 동시에 수혜 지역의 매입을 고려해도 무방합니다. 3개 이상의 노선이 연결되는 경우는 단지의 태생과 상관없이 역세권 반경 이내의 모든 단지 가격이 평균적으로 9%씩은 상승했습니다.

신림선 노선도

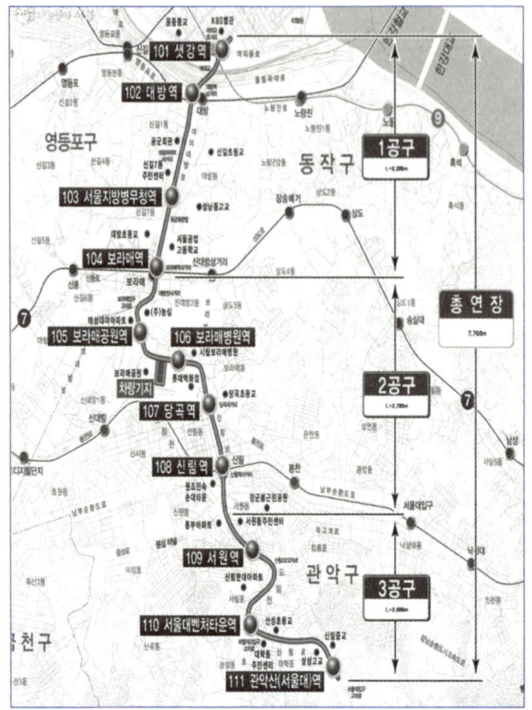

출처 : 국토교통부 발표 자료

수많은 판단 근거 중 특히 2가지가 중요한데, 신규 철도의 경우 핵심 지역을 지나는지와 환승역을 가지는지를 확인해야 합니다. 환승역사의 경우 권장하는 최소 환승역 개수는 3개이며, 구간 길이나 기타 여건은 고려하지 않아도 무방합니다. 위 요건에 따라 추천이 가능한 노선으로는 동북선, 신안산선, 위례과천선 등이 있습니다.

여기서 심화 분석을 하자면, 지하철 이용객 순위 통계를 활용하여 노선을 비교할 수 있습니다. 2024년 기준으로 이용객 순위는 잠실

신규 철도 지역 매수 판단 근거

매수 진입 대상	매수 판단 근거
신규 철도 역사	핵심 지역 도달
	환승 역사 확보

역·강남역·홍대입구역이 순서대로 1~3위를 차지했고, 노선별로는 2호선·1호선·4호선·7호선·3호선·5호선 순으로 이어졌는데, 공교롭게도 2호선이 환승으로라도 연결되는 역의 가격 상승률이 높았습니다.

지하철 이용객이 많으면 많을수록 가격이 상승할 확률이 높아집니다. 이는 전철 내 쾌적성과는 무관하며, 환승역까지 전부 포함한 한 노선의 전체 이용객 수를 기준으로 판단한 것입니다. 철도 노선에 투자를 목적할 경우 노선의 이용객 수도 고려한 의사결정을 권장합니다.

앞서 예로 든 신림선도 2호선과 연결될 뿐만 아니라 1호선, 7호선까지 지나니 파급 효과가 커서 인근 재개발 구역 프리미엄이 단기간에 7% 가까이 올랐습니다.

매수 타점을 잘 잡아내기 위해서는 크게 3가지를 기억하십시오.

첫째, 앞서 언급했듯이 개통 호재의 발표와 동시에 의사결정을 해야 유리합니다. 둘째, 환승으로라도 연결될 역의 개수가 많은 노선이 유리하며, 개수가 같은 경우는 이용객 수 기준으로 수요가 많은 쪽으로 선점하는 것이 좋습니다. 셋째, 위 기준에 맞춰 노선 서열을 정리하되 웬만하면 흐르는 역에 투자를 하지 말아야 합니다.

역에는 맺히는 역과 흐르는 역이 있는데, 맺히는 역은 그 역 주변에서 소비가 일어 상권이 형성되며 계속해 커 나가지만, 흐르는 역은 오로지 이동 목적일 뿐 소비 진작과 상권 형성에 전혀 도움이 안 됩니다. 대표적인 예로 사당역(맺히는 역)과 선바위역(흐르는 역)을 들 수 있습니다.

따라서 노선에 대한 위계를 환승 가능한 역사 개수와 이용객 수를 기준해 정리하되, 단순히 지나치는 역사가 아닌 상권이 활발하게 형성됐거나 형성되는 역사에 투자해야 선점 효과가 극대화된다는 점을 기억하세요. 하차 목적 없이 그저 흐르는 역사는 가격 증감에서 크게 효과가 없는 경우가 많습니다.

정리하자면, 신규 철도 역사 발표가 있으면 앞서 설명한 매수 판단 근거에 맞춰 핵심 지역을 지나며 환승역이 3개 이상 있는 노선인지를 확인하세요. 요건에 해당한다면 노선이 발표되는 즉시 매수를 해도 무방합니다. 노선 비교가 필요한 경우에는 수요가 우위인 쪽에 대한 타점이 인정되며, 끝으로 지역 우위를 확인해 미래 전망에 대한 타점만 선점하면 됩니다.

노선을 통해 단기 수익을 볼 요량이라면 앞서 설명한 시점과 대상

신규 철도 지역 매수 타점

매수 진입 대상	매수 타점 설정
신규 철도 역사	노선 발표 즉시(시점)
	수요 우위 선점(대상)
	지역 우위 선점(전망)

특정에 대한 타점만 고려해도 괜찮습니다. 하지만 결국은 지역으로 수렴하니까 장기적인 관점에서 투자를 목적하는 경우라면 지역 전망을 가장 우선해 따라야 합니다.

대부분 역이 없는 곳에 역사가 생기는 경우 수익률이 가장 클 것이라 생각하겠지만 사실 그것은 반만 맞고 반은 틀린 분석입니다. 대표적으로 청량리를 보십시오. 역이 기존에 있었지만 최종적으로 지하철 1호선, 수인·분당선, 경원선, 경춘선, 경의·중앙선 등 노선이 계속 이어지며 인근 전농동 등의 단지 수익률이 평균 15% 가까이 올랐고 분양가 평균으로는 40%가 올랐습니다.

역이 없는 곳에 대뜸 새로 생기는 것보다 기간이 지나면서 개발의 축이 되고 연계 개발이 될 수 있는 지역 전망을 가진 곳이 더욱 좋습니다. 도시기본계획의 도시 위계를 보며 새롭게 생길 역사의 위치와 겹쳐 분석을 하면 됩니다. 노선 분석과 지역 전망을 종합적으로 분석하십시오.

- 과거와 달리 개통 호재가 발표되는 즉시 개통 효과의 절반 이상이 가격에 반영됩니다.
- 철도 개통에 따른 의사결정은 발표와 동시에, 위계는 환승 노선의 개수로 파악하세요.
- 지하철 이용객 수의 순위가 개통 효과에 간접적으로 영향을 주기도 합니다.
- 역사에 하차 목적이 있어 소비가 진작되고 상권이 형성되는지를 확인할 필요가 있습니다.
- 신설되는 역사의 개통 효과도 중요하지만 지역 전망도 함께 고려해 투자하세요.

02

신규 택지 개발

: 개발지 인근 선점 전략

신규 택지 개발도 중요한 타점 기준입니다. 아파트 투자 면에서 보자면, 본래는 주거가 불가한 구획이었으나 새롭게 주거 목적의 택지 공급을 위해 개발을 하는 곳, 쉽게 말하면 주거 단지의 조성 일체를 말합니다. 이 택지 개발은 택지정보시스템에서 지역별로 손쉽게 찾아볼 수 있으며, 고시공고 시점을 기준으로 지역별로 나누어서 미리 알아볼 필요가 있습니다.

다음 그림은 택지정보시스템에서 제공하는 사업지구 열람자료 중 지도서 일부로, 경기도 고양창릉 공공주택지구 등 개발 계획 발표 이후에 실시계획으로 넘어간 택지들의 경계를 확인할 수 있습니다. 이곳들은 곧 준공될 것이고, 추후 예정된 입주 물량을 만들어 낼 공급처이

경기도 고양창릉 공공주택지구

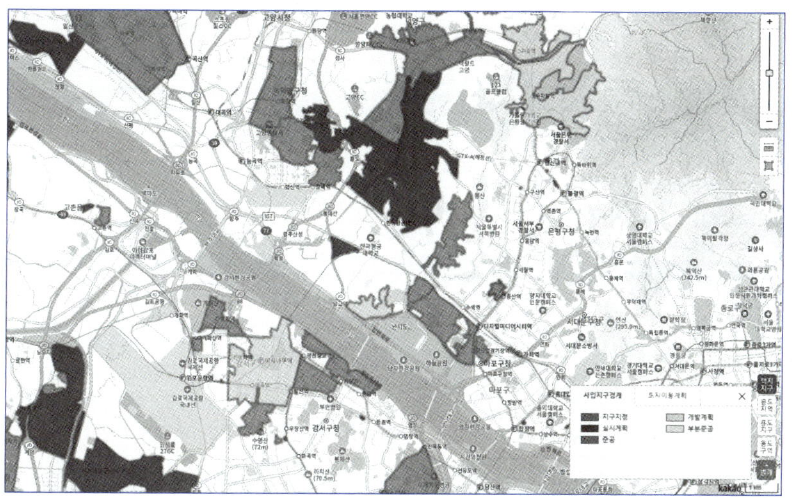

출처 : 택지정보시스템

므로 미리 파악해 타점 계산을 마쳐야 합니다.

앞서 다루었던 입주예정물량 확인보다 비교적 정확하게 관리할 수 있습니다. 특히 개발되는 택지를 지도로 보면서 확인할 수 있어 간편합니다. 지역별 총 입주 물량에서 개략적인 지역 구분이 아니라 지도를 통해 정확한 구획 구분과 시점 특정이 가능하므로 투자 시점에 대한 고민과 투자처를 고르는 작업에서 더 유리합니다.

구체적으로 택지 정보를 들여다보면, 사업지구정보부터 사업지구지도, 고시(공고)정보, 토지이용계획, 주택건설계획까지 자세히 확인할 수 있습니다. 특히 위치와 면적, 계획인구에 대해 명확한 안내가 있기 때문에 이것을 기초하여 인근에 미칠 입주 효과를 미리 예측, 대응할 수 있습니다.

참고로 입주 물량은 상급지보다 하급지에 영향을 크게 줍니다. 대표적인 예로 판교가 공급되던 시점을 들 수 있습니다. 2기 신도시 공급의 일환으로 분당보다 강남에 가까운 판교의 공급은 분당 전반의 단지 가격을 7년 가까이 평균 20% 정도를 하회하게 만들었습니다. 동등한 급지 이상의 우위 공급이었던 판교 공급으로 인해 분당의 연평균 거래량도 저조했습니다.

따라서 집중적으로 공급될 공급 지역의 상급지를 미리 선점하여 대응하거나 공급의 영향을 크게 받을 하급지 탈출을 계획해야 하며, 이것이 결국 매도와 매수 타점이 됩니다. 예를 들어, 앞으로 개발될 고양창릉 공공주택지구의 경우 경기도 고양시 덕양구 소재 토지보다 우위라면 보유를, 열위라면 매도를 하는 것이 좋습니다.

보유자 입장에서도 이 부분을 인지할 필요가 있습니다. 비교적 상급지에 택지 개발이 예정된 경우라면 가급적 빠른 시일에 매도하여 거처를 옮기는 것이 좋으며, 비교적 하급지에 택지 개발이 예정된 경우라면 보유를 해도 될 것입니다. 이유는 통상 하급지 공급이 덧붙는 경우는 신규 공급 물량이 추후 해당 지역에 수요로서 긍정적으로 작동하기 때문입니다.

공급 지역에 따른 대응 방안

공급 대상 구분	선제 대응 방안
상급지 공급	매도
하급지 공급	보유

경기도 고양창릉 공공주택지구 사업정보

□ 사업지구 정보

위치	경기도 고양시 덕양구 원흥동, 동산동, 용두동, 향동동, 화전동, 도내동, 행신동, 화정동, 성사동 일원		
사업비	총 : 111,689 억원		
면적	7,890,019.0 ㎡	사업기간	2020-03-06~2029-12-31
계획인구	91,372 명	건설호수	38,073호
시행자	주시행자 : 한국토지주택공사 부시행자 : 경기주택도시공사,고양도시관리공사,경기도		

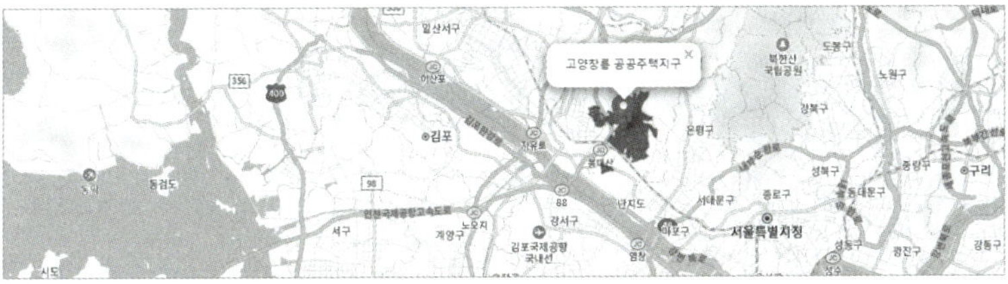

출처 : 택지정보시스템

매수자 영역에서는 신규 공급이 되는 지역에서 청약을 노리거나 상급지나 하급지의 가격 하락을 기대하며 급매물을 노려도 좋습니다. 더 큰 시세 하락을 보이는 쪽에 기회가 있다면 잡아 보라는 것이며, 매수 시점은 당연히 입주가 시작되는 지점입니다. 규모가 큰 공급이라면 통상적으로 3개월 안으로 괜찮은 매수 타점이 나옵니다.

앞서 설명한 대로 택지정보시스템에서 제공하는 택지정보 지도서비스를 확인하면 이렇게 각 지구별 사업비와 계획인구 그리고 사업기간 등을 확인할 수 있습니다. 다음 그림처럼 인천검단지구 개발은 서울과 거리를 그어 서쪽이 아닌 동쪽 지역에 선점해 두어야 추후에 입주 리스크를 상쇄하기가 쉬울 것입니다.

이유는 바로 아래에 인천 계양테크노밸리 공공주택지구 개발이 예정되어 있어서 향후 일자리와 가깝고 서울과의 거리도 유리하기 때

인천 검단신도시 사업정보

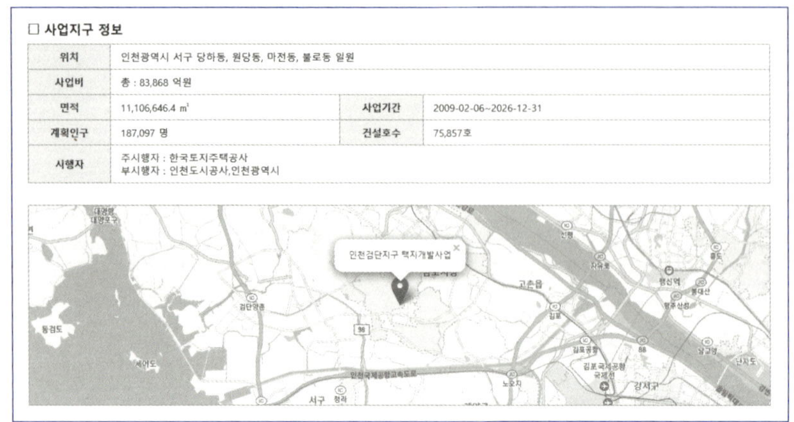

□ 사업지구 정보

위치	인천광역시 서구 당하동, 원당동, 마전동, 불로동 일원		
사업비	총 : 83,868 억원		
면적	11,106,646.4 ㎡	사업기간	2009-02-06~2026-12-31
계획인구	187,097 명	건설호수	75,857호
시행자	주시행자 : 한국토지주택공사 부시행자 : 인천도시공사,인천광역시		

출처 : 택지정보시스템

인천 검단신도시 택지개발정보

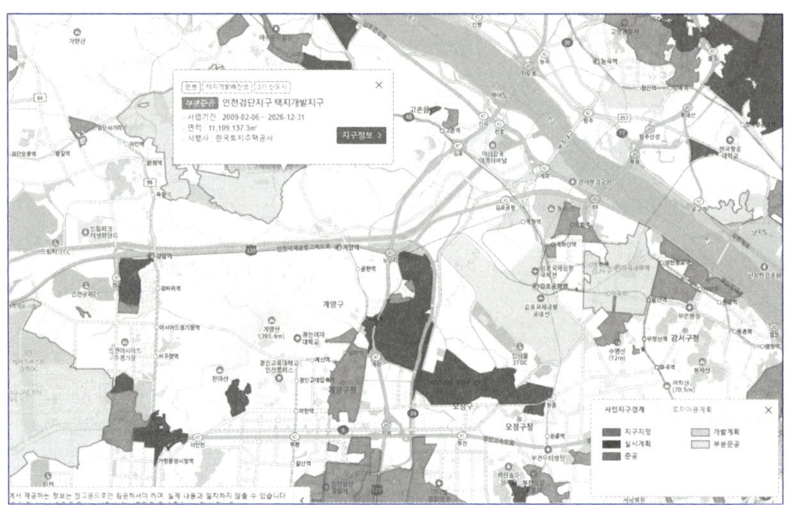

출처 : 택지정보시스템

인천 계양테크노밸리 공공주택지구 개발사업

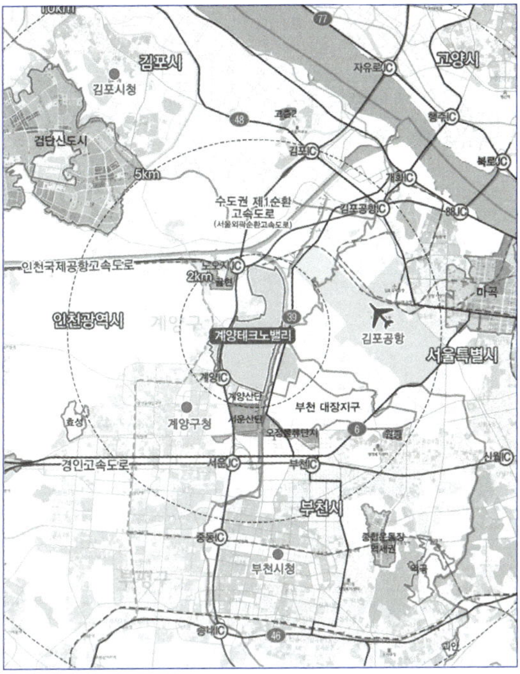

출처 : 인천도시공사

문입니다. 참고로 서울과 거리가 가까우면 가까울수록 좋다고 하는 이유는 서울로 출퇴근하는 인구가 많기 때문입니다.

경기도에서 서울로 출퇴근하는 인구는 거의 100만 명으로 투자를 목적한다면 서울과 거리가 가까울수록 유리합니다. 그래서 새롭게 주거 단지로 조성되는 공급이 있을 때 상급지와 하급지의 구분을 서울과 직선거리로 비교하면 대체로 맞습니다.

간략하게 말하면, 매수를 희망하는 단지를 서울과 직선으로 그어서 그 사이에 신규로 개발되는 택지가 있다면 가능한 한 서울과 이은 직선에 가장 가깝게 선점할 계획을 세우라는 것입니다. 저는 부동산 투자 수익에서 평균 이상의 성적을 내고 싶다면, 수도권에서 서울로 출근하는 평균 소요 시간이 70분 내외이니 1시간을 기준으로 반경을 긋고 초과되는 지역은 전부 탈락시켜야 한다고 생각합니다. 현재까지의 지역별 가격 증감을 보아도 서울이 아닌 경기도의 경우 성남시, 광명시, 과천시, 안양시, 하남시 정도가 크게 올랐기 때문입니다. 강남과 강북 등 지역별 선호도 물론 영향을 미쳤겠지만 결국은 서울과의 접근성에 따라서 서열이 나열되는 것입니다. 따라서 서울로부터의 거리를 최우선으로 잡고, 그 사이에 입주를 신경 써야 합니다.

정리하자면, 택지정보시스템을 통하여 모든 신규 택지 개발을 미리 파악해 매수, 보유, 매도 대응 방안을 미리 세워 두기를 권장합니다. 특히 앞서 말했듯이 보유 물건과 비교하여 하급지의 공급은 공급되면 될수록 그 배후 수요가 상급지의 소비 여력이 되어 상권 발달을 촉진하지만 비교적 상급지에 공급될 때는 경우에 따라 매도밖에는 방도가 없으니 유념하세요.

이 메커니즘의 대표적인 예로 강동 동쪽에 붙은 하남을 들 수 있습니다. 입주 당시에 미분양 등의 우려가 있었습니다만 결국은 해갈되면서 수많은 공급 물량을 소화했고, 그 인구의 절반 정도가 강동의 배후 수요가 되었습니다. 하남보다 상급지인 강동에서 하남의 공급은 오히려 배후 수요의 증가와 함께 동남권 확장 개발을 포함하여 긍정적인 효과가 컸습니다.

2040년 목표 인구가 42만 명인 하남 덕분에 접한 상일동 인근의 집값은 하남의 가격 형성과 키를 맞추거나 오히려 더 빠른 속도로 상승하고 있습니다. 이는 하남신도시 동쪽의 남양주 진접 등지와는 전혀 다른 상황이며, 결국 상급지의 선점 목적을 가질 근거가 됩니다. 서울특별시 강동구 상일동을 선점할 것인가, 경기도 남양주시 진접읍을 선점할 것인가? 가능하다면 전자겠지요.

그러니 택지정보시스템에서 공급될 입주 물량을 지도에 표시한 뒤 서울과의 거리를 따져 보고 가능한 한 가장 가까운 지역을 선별하세요. 간편하게 직선거리로 선별해도 좋지만, 더욱 정확한 것은 시간거리분석 편에서 소개한 교통편, 철도와 고속도로를 기준한 시간 거리를 계산하는 것입니다. 따라서 가능하다면 지도를 시간 거리로 구분하여 새롭게 조성될 택지의 상급지를 목적하라고 강조합니다.

- 택지정보시스템을 통하여 예정될 물량의 실공급 위치와 시점을 특정하여 대비하세요.
- 공급될 지역보다 서울에 가까울수록 대체적으로 상급지로 구분하니 직선거리로 판별하세요.
- 입지에 따라 대규모 공급이 있더라도 공급이 배후 수요로 전환하여 집값을 올리기도 합니다.

03

적정 매수 간격

: 무리하지 않는 타이밍 잡기

적정 매수 간격이란 말 그대로 적합한 매수 간격을 말합니다. 부동산 투자는 중간 비용이 제법 크니까 취득세 외에도 중개보수, 이사 비용 등이 지출되니 막무가내로 매수해서는 안 됩니다. 매수하고 나면 그다음 매수 때까지 일정한 간격을 벌려 두어야 하며, 이것을 적정 매수 간격이라고 합니다.

유주택자의 경우는 매수 타점을 잡거나 매도 타점을 잡을 때 적정 매수 간격을 활용할 수 있습니다. 현재 보유하고 있는 주택과 새롭게 매수할 주택의 가격 차이를 계산하여 갈아타기를 시도할 때 활용할 수 있는 방법입니다. 갈아타기 시도의 최소 기준은 바로 평당 가격으로 계산하여 갈아탈 적정 간격을 확인하는 것입니다.

극단적인 예를 들자면 평당 1,000만 원의 갑 아파트를 보유한 경우, 값이 동일한 평당 1,000만 원의 을 아파트를 매수하는 것보다는 평당 2,000만 원의 병 아파트를 매수하는 것이 낫습니다. 정확한 비교 평가를 했다면 값이 같다는 것은 우위가 아닌 동급 물건이기 때문입니다. 동급 물건으로 옮기면서 중간비용을 지불해서는 안 될 것입니다.

그런데 정말 많은 사람이 여전히 경기도 분당에서 경기도 분당으로, 경기도 평촌에서 경기도 평촌으로 매수를 고민합니다. 자라나는 아이를 위해 큰 평수로 옮기려는 경우도 있고, 살다 보니 제법 살기가 좋아 그렇다는 경우도 있습니다. 그 모든 이유를 존중하지만, 그 의사 결정에 투자 목적이 일말이라도 있다면 하지 말아야 할 시도입니다.

지역별 평당 가격은 KB에서 제공하는 수도권 아파트 평당 매매가 자료를 통해 확인할 수 있습니다. 대세 상승장 후반 시점을 기준으로 확인하는 것을 추천합니다. 그 이유는 가격이 다 같이 오를 때 도달할 수 있는 가장 높은 지점을 기준으로 해야지, 가격이 하락하거나 주춤하는 구간의 작은 거래를 기준으로 하면 오차가 커지기 때문입니다.

다음 표는 2021년 2월 서울시 25개 구 평균 매매가 순위입니다. 현재와 평당 가격 순위가 바뀐 곳들도 더러 보이며 구간상 평당 가격이 크게 변화한 지역도 있습니다. 하지만 갈아타기를 시도할 최소 평당 가격의 간격을 500만 원 정도로 설정한다면 활용에 큰 무리가 없습니다.

이 외에도 고려할 것이 있지만 최소한 가격적으로 이 정도는 지켜줘야 합니다. 앞서 말했듯이, 부동산 거래는 취득세 외에 중개보수 등 중간 비용이 비교적 많이 들기 때문입니다. 한 번의 거래로 회수 불가

2021년 2월 서울시 25개 구 평균 매매가 순위

단위 : 만 원

지역 순위	조사 대상	평당 가격	지역 순위	조사 대상	평당 가격
1	강남구	7,492	14	동대문구	3,399
2	서초구	6,470	15	성북구	3,337
3	송파구	5,348	16	서대문구	3,320
4	용산구	5,062	17	종로구	3,303
5	성동구	4,700	18	노원구	3,166
6	광진구	4,528	19	관악구	3,127
7	마포구	4,482	20	구로구	3,072
8	양천구	4,400	21	은평구	2,855
9	영등포구	4,297	22	강북구	2,744
10	동작구	4,209	23	도봉구	2,671
11	중구	4,173	24	중랑구	2,634
12	강동구	4,129	25	금천구	2,513
13	강서구	3,413			

한 비용 소모를 고려해서라도 최소한의 간격 설정은 필요합니다. 미래의 가격 증감을 생각하더라도 상급지 선점이 결국 미래 가격의 더 큰 상승을 기대할 수 있으니 옮기려면 더 좋은 곳으로 옮기세요.

다음 표는 2017~21년 서울시 구별 평당 가격 상승률로 평균 매매가격의 변화 순위와 크게 다르지 않습니다. 시장이 내린 지역적 위계 평가와 실제 가격 증감의 작용을 봐도 상급지 이동이 정답입니다. 현재의 시장 평가와 향후 미래 가치가 높은 확률로 비례합니다.

2017~21년 서울시 구별 평당 가격 상승률

단위 : 만 원

지역 순위	조사 대상	평당 가격	지역 순위	조사 대상	평당 가격
1	강남구	3,095	14	성북구	1,564
2	서초구	2,640	15	노원구	1,525
3	송파구	2,478	16	서대문구	1,505
4	성동구	2,394	17	강서구	1,435
5	광진구	2,165	18	관악구	1,381
6	마포구	2,094	19	구로구	1,369
7	용산구	2,062	20	도봉구	1,200
8	동작구	2,043	21	강북구	1,177
9	영등포구	2,008	22	은평구	1,168
10	양천구	1,965	23	중랑구	1,105
11	강동구	1,842	24	종로구	1,084
12	중구	1,774	25	금천구	1,072
13	동대문구	1,640			

갈아타기의 올바른 사례로, 금천구에서 갈아타기를 시도한다면 최소한 구로구 이상의 지역을 시도할 필요가 있고, 구로구에서 갈아타기를 시도한다면 최소한 강동구 이상의 지역을 시도할 필요가 있습니다. 물론 매수를 목적하는 아파트와 그것이 속한 지역의 평당 가격에서 차이가 많이 나는 경우는 개별 단지의 평당 가격을 기준으로 간격을 설정해야 합니다.

강서구의 평당 가격은 3,413만 원이지만 강서구 가양동 가양6단지의 평당 가격은 4,282만 원입니다. 가양동 가양6단지는 한강변에 맞닿은 데다 가양역과의 거리가 가까워서 지역의 평균을 압도할 것이므로 이런 경우는 개별 단지를 기준으로 갈아타기를 시도할 간격을 고려하면 됩니다.

정리하자면, 갈아타기를 시도할 최소한의 간격에 대한 고민이 타점 설정에 있어야 한다는 것이며, 평당 가격이 최소 500만 원 정도는 차이가 있어야 지역 이동에서 실익이 있으니 간격 설정에서 하한선으로 활용해 의사결정을 하길 권장합니다. 이러한 내용을 이해했다면 가양동 가양6단지에서 가양동 가양9단지로 갈아타는 참사는 막을 수 있겠죠.

- 적정 매수 간격을 통하여 유주택자의 갈아타기 간격에 대한 타점을 계산할 수 있습니다.
- 상급지 이동을 목적해야 하는 이유는 가격 증감을 보아도 상급지가 유리하기 때문입니다.
- 간격을 설정할 때는 1차적으로 지역 간 간격, 2차적으로 단지 간 간격을 비교하세요.

04

미분양·미계약

: 기회가 숨은 곳 찾기

미분양 물량과 미계약 물량은 매수와 매도 타점을 잡는 고전적 방법입니다. 한 지역에 큰 공급이 나오거나 경기가 부진할 때 미분양·미계약 물량이 쏟아지는 경우가 있으니까요. 도곡동 타워팰리스조차도 외환위기 이후에 침체된 부동산 경기를 이기지 못하고 초기에 미분양 물량이 나왔습니다. 초기 분양률이 절반에도 미치지 못한 것을 보면 해당 시점에 시장에서 느꼈을 부동산 시장 붕괴에 대한 공포가 얼마나 컸을지 짐작이 됩니다.

결과론적으로 보자면, 그때 매입했어야 합니다. 해당 시점에 용기 내서 매수했다면 시세 차익만으로도 50억 원을 가지게 되었을 것입니다. 결국 지나서 후회하지 않으려면 지역 전망과 상품성을 미리 분석

무순위 청약 신청

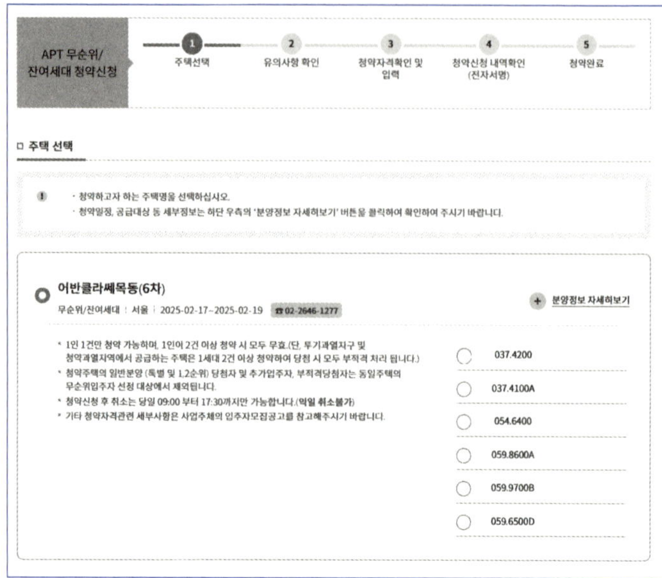

출처 : 청약홈

아파트 미분양 정보

출처 : 네이버페이 부동산

해 놓고 용기를 낼 타이밍을 기다려야 합니다.

앞서 설명한 지역과 단지에 대한 분석을 제대로 마쳤다면 과감하게 그 지역에서 미분양이나 미계약 물량이 나올 때 매수해야 합니다. 이러한 물량은 청약홈이나 주택도시보증공사 홈페이지에서 조회할 수 있습니다. 네이버에서 미분양 아파트로 검색해도 쉽게 찾아볼 수 있습니다.

참고로 경우에 따라서는 위 전략을 시도하기 위해 거주지 이동을 미리 해 두어야 할 수도 있습니다. 소위 말하는 무순위 줍줍(미분양이나 계약 포기 등의 사유로 남은 주택에 대한 무작위 추첨) 시 거주지 제한 등 규제 조치가 있기 때문입니다. 대규모 공급을 앞둔 곳이라면 지역 주민만 청약이 가능한 경우를 대비해 과잉 공급이 예상되는 지역으로 미리 전입을 마쳐 두세요.

당장은 과잉 공급이 될 만한 지역이 없습니다만 추후 재개발 관련 규제가 풀릴 경우 인천과 같이 사업장 수가 많은 지역은 좋은 매수 기회를 잡을 수 있습니다. 이것은 지어질 단지 태생과 지역 전망에 대한 분석을 마친 다음에 고민할 이야기이지만 2026년 전후의 입주 절벽을 지나 결국은 재건축, 재개발 시대가 올 것이기 때문입니다.

반대로 미분양·미계약 물량을 예상해 매도 타점을 잡을 수도 있습니다. 앞서 설명한 입주 물량을 토대로 매도 타점을 잡는 것이 공급될 입주 물량을 기준으로 시장 충격을 예측하는 방식이라면 미분양·미계약 물량을 기준한 타점은 물량이 소진되기 시작하는 시점을 잡아 매도를 목적하는 것이니 일종의 후행 조치가 됩니다.

예상과 달리 거시경제위기 등의 문제로 시장에 충격이 있어서 분양 물량이 소진되지 못하고 쌓여 간다면, 매도 시점을 미분양·미계약 물량이 본격적으로 소진되는 때부터 고민해야 합니다. 물량이 소진되는 시점에 보유 물건의 매도를 걸고 상급지 갈아타기를 고려해야지, 신축도 쌓인 마당에 바겐세일을 하면서 계속 가격을 낮추지는 말아야 합니다.

- 미분양·미계약 물량은 때때로 좋은 매수처가 되니 미리 지역과 단지 분석을 마쳐 두세요.
- 과잉 공급이 예상되는 지역은 거주지역 제한에 대비하여 미리 전입하는 것도 고려해야 합니다.
- 미분양·미계약 물량이 쌓인 지역의 매도 타점은 해당 물량이 소진된 후여야 합니다.

05

부동산 규제책

: 정책 변화에 흔들리지 않기

우리나라는 시점에 따라 관치(官治)를 선호하는 구간이 있습니다. 자유방임적 시장경제보다는 큰 정부로 시장 개입을 자처하기도 한다는 것입니다. 대부분은 진보 성향의 정치 집단이 시장 개입을 선호한다고 생각하지만 사실은 그렇지 않습니다. 1기 신도시 등 대규모 부동산 공급을 했던 정권 중에는 보수도 있었습니다.

입주 물량을 늘리는 공급은 경우에 따라 수급에 대한 간접적 규제입니다. 이러한 직간접적인 규제에 대한 시도와 결과를 명쾌하게 인지하고 있어야 결이 비슷한 규제에 미리 대응하여 알맞게 처신할 수 있습니다. 정권이 바뀌더라도 각 정당이 추구하는 당론과 규제는 대동소이하니 사례를 통하여 예방 접종을 해 두어야 합니다.

보수 정권의 경우 앞서 말했듯이 통상적으로 작은 정부를 지향하며 민간의 역할을 강조하는 편입니다. 각종 규제 철폐로 인한 민간 시장의 활성화를 이끌어 민간의 자발적인 공급 물량 증가를 이끌기도 하고, 1기 신도시처럼 국가 주도로 대규모 신도시를 조성하여 시장에서 수급만을 조절하는 역할을 합니다.

반대로 진보 정권의 경우 비교적 큰 정부를 지향하는 편입니다. 보수 정권과 달리 공급에 대한 계획과 그 집행에서 공공(公共)이 모든 역할을 수행하기를 바라며, 그 소유와 권한도 일체 공공에 귀속되기를 바랍니다. 실제로 문재인 정권 당시 프랑스 등 유럽의 임대주택 사례를 근거로 들면서 공공임대주택 비중을 30%까지 올리겠다고 발표했습니다.

이들은 자유방임주의적인 시장의 역할을 신뢰하지 못하는 편이며, 특히 민간에 투기적인 집단이 있어서 토건 세력과 결탁하여 시세를 조작한다는 극단적인 주장을 펼치기도 합니다. 실제로 자전 거래로 집값을 띄운다는 것을 빌미로 전수 조사를 시행했는데, 조사 결과 아무런 소득이 없었습니다.

규제는 크게 나누어 수요에 대한 규제와 공급에 대한 규제가 있습니다. 여기서 공급은 이미 충분하다는 입장이니 별도로 규제하지는 않습니다. 다만 수요는 직접적으로 수요를 줄일 목적의 대출 규제와 간접적으로 수요를 줄일 규제 지역의 지정, 세 부담 강화를 즐겨합니다. 이러한 규제의 결과는 다음과 같습니다.

수요를 감소시킬 목적인 대출 규제는 언제나 규제 대상이 아닌 상품의 급등을 야기해 왔습니다. 문재인 정권이 추진한 12.16 대책이 그

부동산 규제에 따른 효과 및 문제점

규제 구분	규제 목적	규제 효과 및 문제점
대출 규제 강화	수요 감소	평균 3.5개월, 최장 6개월 정도 수요 감소 효과가 있으나, 궁극적으로는 규제 이외의 대상으로 풍선 효과를 발생시켜 향후 시장 혼란을 야기함.
규제 지역 지정	수요 감소	지정과 함께 규제 지역에 대한 수요 감소 효과가 있으나, 규제를 비껴 간 지역에 대한 과수요가 발생하며, 부동산 가격 왜곡과 거품 등으로 인한 시장성 훼손이 있음.
대출 금리 상승	수요 감소	인위적으로 가산 금리를 높여 대출 금리를 올리는 경우 강력한 수요 감소를 기대할 수 있으나, 현금 부자에게는 무용(無用)하며, 주거사다리 붕괴와 초양극화 부작용을 야기함.
임대주택 공급	공급 증가	시장이 원하는 공급이 아닌 국가 소유의 임대주택 공급은 여러 연구 결과 집값 안정의 효과가 미미한 편이며, 민간 공급처로 활용 가능한 토지도 낭비되는 문제점이 대두함.
임차 권리 강조	시장 안정	전세 가격의 급격한 상승 등 문제의 발생을 해결하고자 임차인의 권리를 대폭 상향하는 신임대차법 등의 발의를 했으나, 최종적으로 임대인 급감 및 임차료 급등을 야기함.

예이며, 해당 시점에 15억 원 초과 주택에 대한 대출을 아예 막아서 추가 상승을 저지하려 했으나 15억 원 미만 주택이 일제히 급등하는 큰 부작용을 낳았습니다.

그러니 해당 시점에 규제를 피한 15억 원 미만 주택에 대해 매수 타점이 하나 나오며, 해당 규제로 인해 15억 원이 넘는 주택에 대해서 일시적으로 나온 실망 매물에 또 하나 매수 타점이 나옵니다. 9억 원 초과 주택에 대한 대출 비중을 40% 이내로 줄인 때에도 9억 원 미만에 매수 타점이 하나 나오며, 9억 원을 초과하는 실망 매물에도 또 하나 매수 타점이 나옵니다.

규제 지역을 설정하는 경우도 수요를 감소시킬 목적이지만 시장에서는 규제를 피한 지역의 수혜로 인식하면서 규제 지역이 아닌 지역에 괜한 수요를 부추기며 가격적 왜곡을 만들었습니다. 실제로 경기 남부의 집값 상승을 막겠다고 수원, 용인, 성남 지역을 규제했을 때 평택 등지의 집값이 평년 상승률의 2배 이상씩 올랐습니다.

여기에서도 규제 지역의 바로 다음 타깃이 되는 하급지에 매수 타점이 하나 나오며, 규제로 인한 실망 매물에 다시 하나 매수 타점이 나옵니다. 실제로 2022년 전후로 토지거래허가구역에서 규제를 피한 반포의 가격 상승률이 역사상 세 번째로 높았습니다. 규제를 피한 지역의 선점과 규제를 받은 지역의 급매 모두가 타점이 되는 것입니다.

인위적으로 가산 금리를 조정하여 대출 금리를 높이거나 유지하는 방안도 결국 수요의 감소 목적을 떠나 현금 부자만 계속해서 자산을 축적하는 부작용을 야기했습니다. 부동산 규제가 만연하던 2020년 전후로 소득 불평등 상승 속도가 OECD에서 2위를 차지했던 역사를 보면 마냥 규제를 선호해서는 안 될 것입니다.

이런 때는 심지어 일반적인 경우에도 매수 타점이 없습니다. 그저 박탈되는 기회 전후로 수습이 가능하게끔 시장의 실수만 기다려야 합니다. 그것이 규제만능주의의 위험한 지점입니다. 규제를 해도 가격이 오르면 그로 인해 본인의 기회도 박탈된다는 것을 뒤늦게 자각하지만 훼손된 시장 상황에서는 나아갈 그 어떤 방도도 없습니다.

임대주택의 공급 증가도 집값 안정에는 그리 영향력이 크지 않습니다. 실제로 공공임대주택 재고의 집값 안정 효과에 관한 연구 결과를 봐도 집값이 아닌 전셋값 정도에만 안정 효과를 주었습니다. 당장의 주거비 부담을 줄여 주는 주거 안정에 대한 효과는 있겠지만 시장의 수요를 만족시키지 못한다는 것입니다. 이외에 임차인들의 대항력을 증진시켜서 전세 시장의 안정을 꾀하려 했던 임대차법의 수선도 결국 일시적으로 전셋값을 급등시킨 역사가 있습니다.

이러한 작용과 부작용을 통하여 매수와 매도 타점을 고안할 필요가 있습니다. 부작용이 나타나기 이전에 관심 지역의 움직임을 예측할 수 있다면, 미리 선점할 지표로서 역할을 할 것이니 말입니다. 문재인 정권 초기에 전셋값 상승으로 인한 집값 상승이 시작되던 당시만 해도 규제와 증세에 환호하며 대다수가 집값이 내리기를 바랐고, 실제로 강한 규제책 이후 거래가 멎고 일시적 가격 하락에 더욱 강력한 대책들이 뒤를 이었습니다. 그때 그런 규제의 작용이 아니라 부작용을 인지했다면 매수 타점으로 활용할 기회도 있었을 것입니다.

우리나라는 정치적 성향에 따라 다르기는 하나 정부가 부동산 시장에 깊숙이 개입하는 경우가 자주 있습니다. 따라서 강력한 규제가 나와 시장이 위축되는 시점에 맞춰 용기를 내는 전략도 방법입니다.

- 우리나라는 큰 정부와 작은 정부가 주기적으로 보이는 큰 변동성을 가지고 있습니다.
- 현재까지의 부동산 규제는 모두 작용과 부작용이 공존하면서 시장에 영향을 끼쳤습니다.
- 통상적인 규제의 경우 규제 대상의 급매와 비규제 대상의 선점에 매수 타점이 나옵니다.

06

매물 증감 분석

: 시장의 움직임 읽기

매물의 증감을 기준해 매수 타점과 매도 타점을 잡는 방법도 있습니다. 앞서 자료 수집 단계의 매물 증감 편에서 전달했듯이 아래와 같은 시황 전개를 유추할 수 있습니다. 매물이 증가하면서 가격이 오르면 대세 상승의 신호, 가격이 내리면 대세 하락의 신호, 매물이 감소하

매물 증감에 따른 시세 동향

매물 증가	가격 상승	대세 상승
	가격 하락	대세 하락
매물 감소	가격 상승	고점 신호
	가격 하락	저점 신호

면서 가격이 오르면 고점 신호, 반대는 저점 신호로 말입니다.

여기서 간혹 매물이 줄며 가격이 상승하는 구간을 대세 상승의 초입으로 해석하는 경우가 있는데 그것은 사실과 다릅니다. 대세 상승은 그 직전에 통상적인 눌림목을 겪으므로 매물이 쌓이다가 줄어드는 저점 신호가 우선이며, 그 저점 신호 이후 반등을 하며 대세 상승을 하게 되므로 다소 매물이 증가하는 구간을 잡아내야 대세 상승의 초입을 잡을 수 있습니다. 저점을 잡은 이후에 시장성이 회복되면서 매물이 다소 증가해 대세 상승을 유추해야 순서가 알맞습니다.

위 기준을 본 따 매수 타점을 고려한다면, 매물이 감소하면서 가격이 하락하는 저점에 나올 반등 지점이 하나의 매수 타점이 되며, 그 이후에 시장이 회복되면서 매물이 증가하며 가격도 오르는 대세 상승 초입이 또 하나의 타점이 됩니다.

매물이 감소하면서 가격이 하락하는 구간이 매수 타점인 이유는 매물이 늘면서 가격이 하락하는 대세 하락을 지나면서 차츰 매도자가 헐값에 매도하기를 포기하기 때문입니다. 시간이 지남에 따라 보유 물건을 떨이로 던지는 매도자가 줄면서 점차 매수 우위에서 매도 우위로의 전환이 나타나며 매물도 줄어 가격적 반등을 키우는 것입니다.

그리고 그렇게 급하게 매도하려는 매도자의 감소로 인하여 결국 매수 우위로 전환되며 단기적으로 매물이 급격하게 줄어들면서 거래량이 늘어납니다. 참고로 위 과정 중간에 간혹 지수가 더 크게 하락하곤 합니다. 시장에서 급매물부터 거래량이 늘어나니까 급매물이 급격하게 소진되고, 이로 인해 일시적으로 지수 평균이 확 내려가기 때문입니다.

이 과정에서 현장 경험이 없는 부동산 비관론자는 추가적인 할인을 기대하지만 실상은 급매물이 급격하게 소진된 이후에는 엄청나게 빠른 속도로 반등하는 시장이 뒤를 잇게 됩니다. 이 점을 헤아려 일시적 지수 하락에도 흔들림 없이 매수로 대응해야 합니다.

또 매물이 늘면서 가격이 상승하는 지점이 매수 타점인 이유는 가격 하락을 이어 가던 시장에 저점이 잡히면서 시장이 방향 전환을 인지하고, 매수세가 회복되면서 결국 거래를 원하는 매물이 증가하기 때문입니다. 동시에 거래량도 반등하여 전형적인 대세 상승의 초입 구간을 만들게 됩니다.

참고로 대세 상승은 통상 5년 주기를 보이므로 초입부터 1년까지의 기간에서 매수 타점을 잡으면 됩니다. 부동산 시장의 흐름을 확장, 과열, 수축, 회복 단계로 정의할 때 수축과 회복 사이 지점인 '매물이 감소하면서 가격이 하락하는 구간'에 타점을 잡는 것이 수익률 측면에서 가장 좋습니다. 하지만 회복 이후 확장하는 지점에 대충 잡아도 과열까지의 시간이 상당하고, 상승부터 1년이 지난 시점에 매수를 해도 여전히 남은 기간이 많아 괜찮습니다.

반대로 매도 타점을 고민한다면, 매물이 줄어들면서 가격이 상승하는 고점 신호가 하나의 매도 타점이 되며, 매물이 급격하게 쌓이면서 가격이 내리는 대세 하락의 초입 구간이 또 하나의 매도 타점이 될 것입니다. 참고로 매도 타점의 경우 시간이 지남에 따라 거래가 더욱 어렵기 때문에 매도를 하려면 고점 신호가 보이는 즉시 매물로 걸어두기를 권장합니다.

매물이 줄어들면서 가격이 상승하는 지점이 매도 타점인 이유는 대세 상승을 하던 시장이 가격적인 부담을 느낄 때 점차 거래가 줄고 매물도 줄어들기 때문입니다. 거래가 줄어드는 와중에도 여전히 가격 상승이 유지될 것을 기대한 매도자 측이 매물을 더욱 공격적으로 거두지만 가격 상승률이 점차 줄어들며 결국 거래가 멎으면서 상승 동력이 떨어집니다.

매물이 늘면서 가격이 내리는 시점이 매도 타점인 이유는 전형적인 대세 하락의 모습이기 때문입니다. 매수 우위로 전환되며 거래가 줄고 매물이 쌓이기 시작하면서 시장에 나온 매물대가 서로 경합하며 급매물로 전락하고, 결국 과잉 하락을 거듭하며 바닥을 확인하게 되므로 매도를 원한다면 빠르게 매도 타점을 잡아야 합니다.

지금까지는 매수와 매도 타점에 대한 이론적 설명이며, 저는 매수가 아닌 매도는 등락 주기에 따라 타점을 잡는 것보다 옮겨 갈 거처를 미리 선정하는 것이 보다 중요하다고 생각합니다. 집을 팔고 무주택자가 되려는 것이 아니라면, 결국은 상급지 갈아타기를 해야 매도로 인한 실익이 발생하기 때문입니다.

따라서 본인이 보유한 매물의 매도를 걸되 상급지 갈아타기를 시도할 지역의 단지 매물에서 사정이 있는 급매를 보며 가격 할인을 고

매물 증감에 따른 매수·매도 타점

매물 증가	가격 상승	대세 상승	매물이 늘지만 시장성 회복을 의미. 매수 타점
	가격 하락	대세 하락	전형적인 대세 하락 징조. 급한 매도 타점
매물 감소	가격 상승	고점 신호	매도 우위가 영원할 것이란 착각. 매도 타점
	가격 하락	저점 신호	가격이 내리며 오히려 매도세가 급감. 매수 타점

려해야 합니다. 단순히 내 물건의 매도만이 아니라 옮겨 갈 단지의 급매물을 기준으로 내 물건의 할인을 결정하고 옮길 경우에 들어갈 자본에 대한 계산을 미리 마쳐 두어야 합니다.

- 매물의 증감에 따라 올바른 매수 타점과 매도 타점을 미리 잡을 수 있습니다.
- 매물이 늘면서 가격이 오르는 구간은 시장성 회복에 따른 대세 상승의 초입이 됩니다.
- 매물이 늘면서 가격이 내리는 구간은 전형적인 대세 하락의 초입 구간이니 주의하세요.
- 매물이 줄면서 가격이 오르는 구간은 상승장 후반으로 지나친 매도 우위의 모습입니다.
- 매물이 줄면서 가격이 내리는 구간은 매도 우위로 전환되며, 저점일 가능성이 높습니다.

금리 변동 주기

: 돈의 흐름은 금리에서 시작된다

금리도 타점 선정에서 중요한 기준입니다. 일반적으로 고금리에서 저금리로 이동하는 지점에서 부동산 투자가 권장되며, 저금리에서 고금리로 이동하는 지점에서 부동산 매도가 권장됩니다. 그러나 이것은 이론적인 이상(理想)이며, 실제 시장에서는 금리 변수만 존재하는 것이 아니므로 종합적으로 의사결정을 할 필요가 있습니다.

2021년 사상 최대의 폭과 속도로 금리를 올리는 동안 집값이 일시적으로 내렸는데, 그 찰나와 같은 타점을 잡아 매도를 하고 다시 매수를 한 경우와 수익률을 비교해 보면 그대로 보유한 세대가 더욱 높았습니다. 더구나 2024년 전후의 강남 3구는 전고점 기준 110%를 초과 회복했으니, 결국 중간에 매도를 하고 매수를 하려고 시도한 구간에 잘못 타점을 잡은 경우 되돌릴 수 없는 손해를 봤을 겁니다. 집값은 오르고 내리는 와중에 오르는 것에서 더 오르는 것에만 집중해야 하기 때문입니다. 금리가 오른다고 해도 매도하지 않는 게 더 좋을 수 있습니다.

따라서 금리를 기준으로 매도 타점을 잡는 방법론은 지양하기 바라며, 매수 타점으로는 활용하기를 권장합니다. 부동산 투자에서 매도는 거의 전쟁과 같은 큰 격변이 있지 않는 한 선택할 이유가 작습니다. 어차피 남들과 같이 오르내리는 파도 안에서 더 나은 결정만 반복하며 나아가면 되니까 말입니다.

그러니 금리 주기의 활용은 매도가 아닌 매수에 대해서만 사용하세요. 큰 틀에서 움직이는 저금리 기조 외에도 금리가 변동되는 주기를 보면 고금리에서 저금리로 변하는 구간이 가장 안전하면서 변동이

한국 중앙은행 기준금리 추이

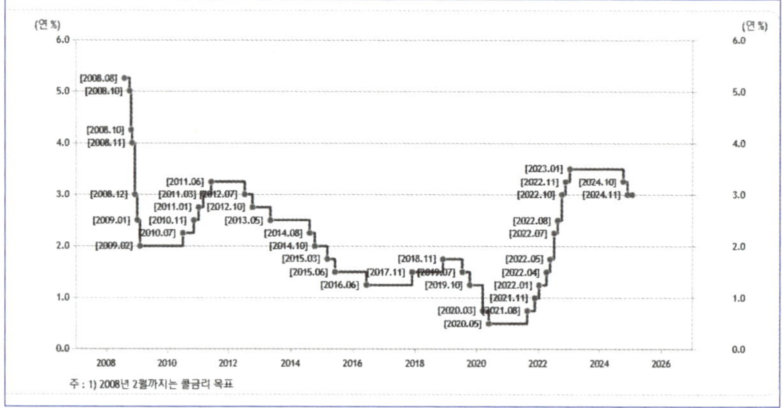

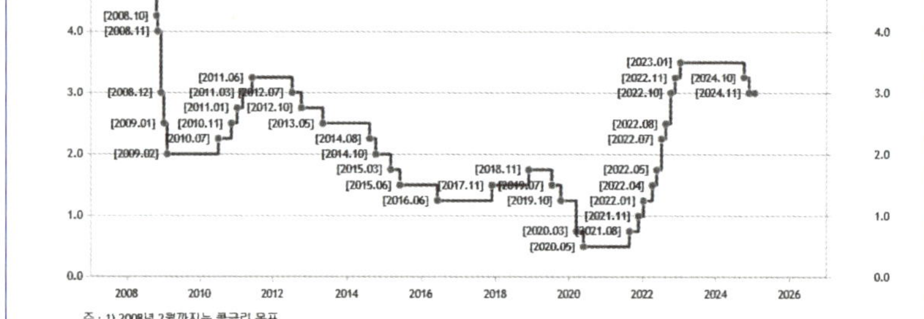

출처 : 한국은행

작아서 매수 타점으로 권장합니다. 높은 금리를 유지하다가 마침내 금리 인하를 하는 사이클로 진입하는 신호가 포착되면 그때부터 적극적으로 매수하면 됩니다.

과거에 금리가 오르내린 주기를 살펴보면, 2008년 이후 금리 인하를 시작해서 2020년까지 이어지던 흐름이 모두 하나의 큰 매수 타점이었습니다. 2008년 리먼 사태를 비롯한 글로벌 경기 침체 이슈로 시장 상황이 좋지 않았고, 2기 신도시 공급도 적지 않아서 2012년 전후까지 매수가 권장되지 않았습니다. 그럼에도 불구하고 결국은 2008년 말에 고점이 찍히고 해당 지점부터 대세 하락이 시작되어 매수하기 좋은 구간으로 진입했습니다.

시장에서 무조건 내가 저점을 잡겠다는 오만한 생각보다 2008년 이후로 시장에 관심을 가지면서 끊임없이 매수의 문을 두들겼던 투자자가 오히려 저점까지는 아니더라도 그 근방에 점을 찍으며 물건을 선점했을 것입니다. 당장에야 고점에 물렸다고 조롱당하겠지만 결과를 보십시오. 대치동 은마의 경우 2008년 당시 판매가 평균이 9억 8,000만 원이었는데 2025년 12월 기준으로 38억 원이 됐으니 말입니다. 10억 원에 샀든, 11억 원에 샀든, 13억 원에 샀든 그 즈음 매수해서 38억 원쯤에 매도를 하면 되는 것입니다. 소탐대실(小貪大失)이라고 하지요. 정말 큰 것은 굴곡이 아니라 기울기입니다.

2022년 금리 인상에 의한 집값 하락을 보아서 알겠지만 대규모 입주 물량과 같은 양질의 공급이 없다면 집값은 장기적으로 내릴 수 없다는 사실을 인지해야 합니다. 경제위기였던 1997년에도 1기 신도시라는 대규모 공급 덕분에 장기적으로 집값이 안정되었고, 금융위기였

2020~24년 기준금리 변경

연도	변경일자	기준금리
2024년	11월 28일	3.00%
2024년	10월 11일	3.25%
2023년	1월 13일	3.50%
2022년	11월 24일	3.25%
	10월 12일	3.00%
	8월 25일	2.50%
	7월 13일	2.25%
	5월 26일	1.75%
	4월 14일	1.50%
	1월 14일	1.25%
2021년	8월 26일	0.75%
2020년	5월 28일	0.50%

던 2008년에도 2기 신도시라는 대규모 공급 덕분에 장기적으로 집값이 안정될 수 있었다는 것을 잊지 마십시오.

금리는 화폐 가치의 척도여서 자산 투자에서 중요한 지표이지만 전부는 아닙니다. 부동산처럼 환금성이 낮은 비탄력 재화의 경우는 수급이 시장 기초가 됩니다. 이것을 인지하느냐, 하지 못하느냐에 따라 필승할 수 있는 상황에서도 필망할 수 있습니다. 현재 상황보다는 공급 시점을 기초해 판단하는 것이 중요하며, 향후 금리가 오르든 내리든 오히려 입주 시점이 언제인지 파악해 두는 것이 더 필요합니다.

전반적으로 방향성을 가늠하는 것이 중요합니다. 위기를 그저 공포로만 볼 것이 아니라 그 위기로 인해 금리가 인하되기 시작하면서 시장에 다시 풀리는 유동성을 기대해야 합니다. 그러다가 마침내 장세가 회복되면 내가 원하는 단가에 기다리던 물건을 주저 없이 매수하는 용기가 필요합니다.

옆 페이지의 표만 보아도 얼마나 빠른 속도로 기준금리를 올려 왔는지 가늠이 될 것입니다. 반대로 말하면 2025년 전후는 금리 방향에 대한 전망에서 위가 아니라 아래를 보고 대비하면서 대응해야 할 구간입니다. 계속적으로 위를 바라보면서 종말론을 기대할 때가 아니라는 것입니다. 따라서 결론적으로 매수하기에 적합한 시점도 차츰 올 것입니다.

- 가파른 금리 움직임에 따라 부동산 시장 상황이 일시적으로 요동칠 수 있습니다.
- 지역에 따라서는 금리 인상에 미리 매도를 하는 것보다 보유 대응한 경우가 수익률이 높았습니다.
- 금리는 매도 타점을 잡기보다는 매수 타점을 잡는 용도로 활용할 것을 권장합니다.

분석 기법
: 맞춤 설정

- 나에게 맞는 투자 조건을 설계하라

이 장에서는 앞서 분석한 모든 단계를 초월해 개인 상황에 따라 단순히 투자 수익만 고려할 수가 없어서 최선이 아닌 차선을 택해야 하는 분들을 위한 내용을 공유합니다. 학령기 자녀의 양육 때문에 지역 이동이 불가한 경우 등 여의치 않은 상황에 그나마 최선을 고르기 위한 방법론입니다.

01

출산 예정 가정

: 수요가 꾸준한 지역 찾기

저는 애초에 개인적인 사유로 인해 투자의 맥이 끊어지는 것을 반대합니다. 그러나 인생사에 반드시라는 것은 없지요. 출산을 앞뒀는데 녹물이 철철 나오는 재건축 단지에서 실거주하며 버티기는 어려울 수 있습니다. 아이의 건강과 직결되는 문제인데다 시기상 배우자의 공감도 이끌지 못한다면 말입니다.

이 경우에 투자의 맥을 최대한 놓지 않으며 결정할 수 있는 방안은 최우선으로 거주지를 분리하는 선택이 될 것입니다. 토지거래허가구역을 비롯한 실거주 의무 단지가 아니라면 경제적 여건에 따라 전세나 월세로 사는 것이죠. 예를 들어, 수서역세권 개발을 하는 강남구 수서동 소재 재건축 아파트를 매수하되 경기도 동탄 신축 월세로 사는 것입니다.

만약 이런 식의 투자 분리도 불가능한 경우라면 구축이 아닌 준신축 컨디션의 물건으로 선회해야 합니다. 이 경우는 추후 구축이 되었을 때 그나마 괜찮은 사업성이 있는 단지를 선정해야 합니다. 예를 들어, 이명박 정권 때 보금자리로 공급한 우면동, 세곡동, 내곡동 등 뛰어난 입지에 재건축 사업성이 나오는 준신축입니다. 위 지역에 자리잡은 단지는 모두 용적률이 낮은 편이며 비교적 대지지분이 큽니다.

한편 2022년에 건축된 경기도 평택시 지제동 지제역더샵센트럴시티 33평 가격이 2025년 2월 기준 7억 7,000만 원입니다. 신축이라 거주하기 편리하지만, 저는 1992년에 건축된 같은 시기에 같은 가격인 서울특별시 강서구 가양동 가양6단지를 추천합니다. 경기도 외곽 신축과 서울 구축에 대한 평가로 재고해야 할 것입니다. 당연히 지어진 지 오래되어 불편할 수 있지만 이것은 거주 분리로 대응할 수 있는 영역입니다. 투자와 불편함을 상계하는 것입니다.

괜히 투자에 자신의 조건을 넣어 헷갈리지 마십시오. 그런 것들이 모이다 보면 결국 본인 가족의 미래에 대한 불안과 자산 증식의 실패로 궁핍한 삶을 대물림하게 되어 결과적으로 가족을 더 괴롭게 만드는 것입니다.

정리하자면, 출산을 앞둔 가정의 경우 신생아 돌봄 때문에 구축 거주가 부담된다면 최우선으로 투자와 거주를 분리하여 실거주는 월세로 지내기를 권장합니다. 이 거주지 분리조차도 여의치 않은 경우는 구축이 아닌 준신축 컨디션에서 고르되 추후에 정비 사업 진행이 가능한 곳을 목표하세요.

만약에 이것도 불가하다면 차라리 주식과 코인을 하십시오. 더 오르고 덜 내리는 투자를 해도 모자랄 판에 잘못된 선택을 하면 시간이 지나면 지날수록 손해가 막심해지니 그렇습니다. 자산 증식을 목적으로 부동산 투자를 하고자 한다면 타인과의 비교나 주변 사람들의 조언을 초월하여 실행에 옮겨야 성공할 수 있습니다. 이런저런 눈치를 보다가 뒤처지게 되면 되돌릴 수 없기 때문입니다.

- 매수를 목적했다면 최우선으로 투자만 고려해야 한다는 사실은 잊지 마세요.
- 구축이 아닌 준신축 컨디션 단지를 매입할 때에는 미리 재건축 사업성을 고려하세요.
- 투자 목적과 위배되는 단서가 붙는 경우는 거주지 분리를 통하여 만회해야 합니다.

02

학령기 학군지

: 학군은 부동산의 절대 가치

자녀 교육 때문에 투자만 생각하기 어려운 경우도 있습니다. 학령기는 시기적으로 중요하고, 자녀 스스로도 무척 예민한 시기이기 때문에 잦은 이사가 어렵습니다. 해당 경우도 출산 예정 가정과 같이 최우선으로 거주지 분리부터 고민해야 합니다. 하지만 이 경우는 자가 거주로 인한 안정감 또한 발달에 지대한 영향을 끼치니 월세 거주도 결정하기 쉽지 않습니다.

이 경우에 최선은 무엇일까요? 결론적으로 학령기 자녀의 학군지 실거주는 다행히 투자로도 권장이 가능합니다. 우리나라는 교육열이 상당하므로 거주지 선택에서도 학군지 선호가 높기 때문입니다. 전세 가격의 형성만 보아도 비학군지 대비해 평균 9% 정도 높은 값에 거래

서울·경기 주요 학군

지역 구분	형성 학군
서울	대치 학군
	반포 학군
	잠실 학군
	목동 학군
	중계 학군
경기	분당 학군
	일산 학군
	평촌 학군

가 되니 말입니다.

서울의 3대 학군으로는 대치, 목동, 중계 정도를 꼽으며 최근 반포 학군과 잠실 학군이 추가적으로 거론됩니다. 경기도의 3대 학군으로는 분당, 평촌, 일산 정도를 말하며 최신의 학업성취도 등 자료를 확인해 보면 지역 평당 가격 순서와 유사한 양상을 보입니다. 집값이 비싼 곳이 학군 서열도 높다는 것입니다.

대치 학군부터 보면 아파트 평당 매매가 기준 8,256만 원이며, 특목고 진학률, 자사고 진학률, 서울대 진학률 등 모든 범주에서 압도적으로 1위이고, 4년제 대학교 진학률은 거의 100%입니다. 학령기 자녀를 둔 상황이라 학군지를 벗어날 수 없을 경우 금전적으로 여유가 있다면 우선적으로 선택할 곳입니다. 인근의 역삼, 개포, 도곡 일대도 학군지로 훌륭한 편입니다.

반포 학군은 삼호가든 사거리 부근에 학원가가 형성되어 있고, 대치 학원가를 이용할 수 있습니다. 서울대 진학률이 높은 편이며, 고등학교뿐만 아니라 중학교 성적도 고르게 우수한 편입니다. 평당가 7,478만 원으로 대치 학원가에 미치지 못할 경우 그다음으로 확인할 학군지입니다. 잠원 또는 방배 학군도 제법 우수하니 여건에 맞춰 진입을 해도 좋습니다.

잠실 학군은 평당 6,060만 원에 진입이 가능하며, 학업성취도 평가, 특목고 진학률, 자사고 진학률 모두 우수한 편입니다. 소위 말하는 엘리트(잠실동 잠실엘스, 잠실동 리센츠, 잠실동 트리지움) 외에도 신천동 장미1차나 방이동 올림픽선수기자촌 등 재건축 유망 단지가 많은 편이니 학군 목적이 아닌 재건축 투자 목적으로도 진입이 추천됩니다.

목동 학군은 평당 4,898만 원으로 강남 3구 대비해 비교적 저렴한 값에 우수한 교육 여건을 가질 수 있습니다. 목동은 학업성취도가 특히 높고 특목고 진학률도 우수합니다. 유해시설이 없으니 학업 분위기 형성도 다른 지역에 비해 월등한 편입니다. 목동신시가지7단지 등의 재건축 유망 단지도 많아 투자 목적으로도 진입하기 좋습니다.

중계 학군은 서울에서 가장 저렴한 비용으로 수준 높은 교육 여건을 맞출 수 있다는 강점을 가집니다. 평당가 3,718만 원으로 학령기 자녀 교육을 위해서도 좋고, 서울 진입을 목적해도 충분히 합리적인 결정이 될 곳입니다. 특히 은행사거리 학원가에 인접한 중계주공5단지 등은 학교가 인접하여 차로 등·하원할 필요도 없습니다.

분당 학군은 전반적으로 고르게 형성된 것이 특징입니다. 지역구 전체가 학군지로서 학업 분위기 형성에 유리한 편이며, 경기권에서 가장 우선적으로 고려할 지역입니다. 단, 아파트 매매가 기준해 평당 가격이 4,883만 원으로 서울의 일부 지역과 비등하니, 서울 진입을 최우선으로 목적할 경우에는 배제되어야 할 옵션입니다.

일산 학군은 평당 가격이 일산서구 2,035만 원부터 일산동구 2,142만 원까지 수도권 진입 하단이 되는 지역입니다. 따라서 신혼부부를 비롯해 금액이 부족한 경우 1차적으로 일산에 진입하여 자본을 모아 차후 서울 진입을 목적할 수 있으며, 마두동 강촌마을5단지 정도를 추천합니다.

평촌 학군은 평당 3,605만 원에 규모가 큰 학원가 인프라를 사용할 수 있다는 강점을 가집니다. 그러나 이곳 또한 가격이 이미 웬만한 서울에 버금가는 탓에 가성비로 추천할 곳이 아니며, 서울 진입을 우선 고려할 경우 배제해야 할 지역 중 하나입니다. 진입할 매수 단가가 저렴한 것만 보자면, 평촌동 초원7단지부영 정도를 추천합니다.

이상 나열한 지역들은 서울·경기 지역의 대표적인 학군지로 매수를 해도 사실상 투자 실패로 이어지기는 쉽지 않습니다. 결국에 지역적인 우위가 학업성취도까지 영향을 주어 우열을 가린다는 것이니 학령기 자녀 거주지 선택에 학군지를 목적으로 할 때 투자 면에서도 우수한 지역들입니다.

참고로 높은 전세 가격이 형성된 것도 투자 목적으로 좋습니다. 전세 가격이 타 지역에 비해 높다는 것은 결국에 실거주 여건이 좋다는 것이며, 전세를 낀 매매를 위한 투자 목적의 수요 모집에도 일부 기여할 수 있으니 말입니다. 매매값 대비 전셋값 비중인 전세가율이 높다는 것 자체가 충분한 이점입니다.

매매와 전세의 거래량을 확인해도 학군지의 평년 거래량이 학군지가 아닌 지역보다 평균 30% 정도 상회합니다. 학기가 시작되는 연초가 아니라도 전학을 목적으로 한 반기 단위의 거래량이 많아서 계절적으로 비수기라는 9월 전후의 거래량도 나쁘지 않습니다. 결국 상급지 갈아타기를 고려한 매도 타점을 잡기에도 장세와 무관하게 유리할 것입니다.

경기도에서 꼽히는 학군지는 모두 1기 신도시이므로 재건축 연한도 찼습니다. 정비 사업을 목전에 둔 신축이 될 구축의 투자 콘셉트에 부합하며, 학군지 이내 거주를 목적하면서 투자로서도 무리가 없는 결정이 될 것입니다. 신도시 특성상 바둑판식의 배치로 토지 및 단지 태생이 비등한 편이니 물건 선정에서도 난이도가 높지 않습니다.

따라서 학령기 자녀를 둔 부모라면 학군지 내에서 매수를 고려해도 좋습니다. 실거주 여건 외에도 투자 목적을 가질 수 있으며, 경우에 따라 재건축 목적의 단지 선점을 통해 구간별 수익률을 극대화하여 상급지 갈아타기를 목적하기도 알맞습니다. 앞서 설명했듯이 계절 특수도 작아 거래도 활발한 편이고 타점 잡기도 수월하니 훌륭합니다.

- 학령기 자녀를 둔 부모로 상급지만을 고려하기가 어렵다면 학군지 매수로 대응하세요.
- 학군지는 비교적 전셋값이 높게 형성돼 전세가율을 높여서 투자 수요를 이끕니다.
- 경기도에서 결정한다면 학군지가 대부분 1기 신도시여서 재건축 특수를 노려 볼 수 있습니다.

03

1층·탑층 매수

: 층수에 따른 장단점 이해하기

매수할 물건을 고르다 보면 1층이나 탑층이 매물로 나오는 경우가 있습니다. 통상적으로 1층과 탑층은 절대로 매수해서는 안 된다고 합니다만 꼭 그렇지는 않습니다. 더 괜찮은 일반 층수 매물이 있는데 구태여 1층이나 탑층을 먼저 매수할 필요까지는 없지만 경우에 따라서는 득이 되기도 하니 말입니다.

가장 이득인 건 저렴한 가격입니다. 일반 층수와 달리 통상 가격 할인이 기본적으로 적게는 10%, 많게는 20%까지 되니까 결국 매수 단가를 아껴 경우에 따라 상급지 진입을 가능하게 합니다. 실제로 평당 가격의 격차가 500만 원 미만인 경우는 저층과 탑층 매수 전략을 써서 급지 자체를 올릴 수 있습니다.

예를 들어, 일반층이 10억 원인데 1층이라서 20% 할인받아 8억 원에 매수하면 20평 기준 평당 5,000만 원인 단지를 평당 4,000만 원에 매입할 수 있다는 것입니다. 단순히 저층 매물을 선택에 넣는 것으로 투자 지역 자체를 바꿀 수 있는 것이니 작게 볼 것이 아니죠. 보유 금액이 적다면 1층과 탑층을 선택지에 넣어 고민할 필요가 있습니다.

또 매수 단가가 저렴하다는 것은 추후 매도를 할 때 가격적으로 우선 노출이 되는 이점을 가지기도 합니다. 네이버 등 부동산 매물 광고를 하는 사이트 대부분은 가격 순으로 검색하는 검색량이 단연 높으므로 저렴한 값을 내세워 광고 노출을 높여 매수의 불리함을 일부분 만회할 수 있습니다.

실제로 서울권 인기 단지의 1층과 탑층 매물 그리고 일반층 매물 거래 빈도를 보면 층별 거래 간격에 거의 차이가 없습니다. 특히 인기 있는 단지는 통상 가격이 오르는 경우 가격 상승의 폭과 속도가 상당하므로 구간만 잘 잡아낸다면 바겐세일도 필요가 없어지니 매수 자체의 리스크가 해소됩니다.

또 탑층과 달리 1층은 어린이집을 포함한 노약자 세대 거주의 수요가 상당합니다. 따라서 반드시 매수를 하면 안 된다거나 절대적으로 매도하기 어려운 것처럼 묘사를 하는 비판은 일정 부분 가감할 필요가 있습니다. 결론적으로 1층과 탑층 매수도 가격 할인만 충분하다면 선택지에 넣고 고민해도 무방합니다.

이 외에도 재건축 투자를 목적한다면 1대1 재건축이 아닌 이상 일반 층수를 받아 수익성을 대폭 올릴 수 있습니다. 분담금 자체가 높다는 인식이 있습니다만 어차피 매수 단가가 저렴하니 상계 가능합니다.

또한 추후에 조합원 세대를 배정받는 시점에 1층과 탑층이 아닌 일반 층수를 배정받아 수익성을 높일 수 있으니 희소성이 있기도 합니다.

물론 단점도 있습니다. 물리적으로 1층은 하수구 냄새, 해충, 역류 문제가 있을 수 있고, 탑층은 외벽 코킹의 크랙에 의한 누수를 비롯하여 구조상 문제가 있을 수 있습니다. 이러한 단점은 최근 공법의 발전에 따라 시공으로 해소할 수 있으니 미리 하자 점검을 하고 매수를 해야 합니다.

- 1층과 탑층을 무조건 매수하지 말라고 하는 의견은 일부 오류가 있음을 인지하세요.
- 시점에 따라 매수 단가를 현저히 낮춰 매수부터 바로 이득을 보는 경우도 있습니다.
- 재건축 투자의 경우, 1대1 재건축만 아니면 일반 층수를 받는 전략도 세울 수 있습니다.

04

소셜 믹스 단지

: 구성에 따라 가치도 달라진다

임대 세대가 많은 단지의 매수는 언제나 고민입니다. 실제로 임대주택이 많으면 많을수록 학군지 형성에는 좋은 영향을 주지 않습니다. 또 현행제도상 임대주택은 재건축 사업 진행에 큰 걸림돌이기도 합니다. 그러나 향후 나아질 미래를 기대하며 선점한다는 의미에서 용기를 내 볼 필요가 있습니다.

영구임대주택과 민간 아파트가 섞인 단지의 경우 주민이 희망한다면 한국토지주택공사(LH)를 시행자로 지정할 수 있으며, 이로 인해 사업 속도를 일부 단축시킬 수 있습니다. 정비 사업의 특성상 진행 도중에 돌발 변수가 많이 생기는데 공공이 참여해 사업성도 높이고 위험 부담도 일부분 낮출 수 있다는 것입니다.

또 임대주택의 비중이 높은 단지는 이 자체를 공공기여로 인정해 추가적으로 인센티브를 주기도 합니다. 임대의무 기간이 5년 이상인 임대주택은 10% 안팎의 인센티브를 주기도 하고, 소셜믹스 제도 활용으로 임대주택을 공급하여 용적률을 완화하고 일반분양을 상당 부분 늘릴 수도 있습니다.

최근 동향을 보면, 임대주택을 건설하는 경우에 용적률 완화 외에도 공공임대 인수 가격과 주차장 확보 기준 등의 완화를 제공하여 일부분 사업성을 제고하기도 합니다. 공공에 기여하는 토지에 공시지가가 아니라 감정평가액을 기준해 초과이익에서 빼 주는 등 완화 조짐이 있는 지금이 기회일 수 있습니다.

모두가 현재의 임대주택을 사업장의 애물단지로 평가하지만, 이런 시장의 냉대 덕분에 가격에서 할인이 있는 것입니다. 모두가 좋다고 할 때에는 이미 기회가 없을 것입니다. 따라서 임대주택의 매수를 고려한다면 장기적인 관점에서 큰 방향성을 기대하며 인내할 필요가 있습니다.

- 현재의 임대주택은 재건축 사업에 장애가 되는 것은 사실이지만 미래는 모르는 것입니다.
- 가격에서 충분한 할인이 있다면 진입 가액을 낮춰 위험 부담을 상계할 수 있습니다.
- 임대주택이 많은 단지를 골라 매수할 필요까지는 없습니다만 기대할 시사점은 있습니다.

05

해외 거주 세대

: 수요의 폭을 넓게 보기

매수·매도 자문을 하면서 지방에 직장이 있는 세대, 해외에 거주하는 세대를 자주 만납니다. 이 경우는 반드시 투자 지역과 거주 지역을 분리해야 합니다. 저는 이런 경우 앞서 줄기차게 권장해 온 재건축 대상 단지의 투자를 추천합니다.

그 이유는 시간 때문입니다. 재건축은 안전진단을 기준으로 준공까지의 기간이 평균 10년 이상 소요됩니다. 그 시간을 직접 거주하면서 지내는 것도 주거 안정과 함께 추가 소득이 있습니다만 한편으로는 지방과 해외 거주로 인해 깔끔하게 세대 분리가 된다면 좋은 점도 있습니다. 재건축 투자의 경우 실거주 여건이 계속해서 열악해지니 말입니다.

2000년 이후 구역지정 통과 사업장의 평균 진행 속도

사업 진행 단계	사업 소요 기간
정비구역지정	평균 1.2년
조합설립인가	평균 3.1년
사업시행인가	평균 1.4년
관리처분인가	평균 1.4년
사업대상착공	평균 2.6년

위 표는 2000년 이후 구역지정 통과 사업장의 평균 진행 속도입니다. 준공까지 목적한다면 개략적으로 10년은 소요됩니다. 실거주 여건이 더욱 열악해지는 와중에 매수한 보유 물건에서 거주하며 시간을 들일 자신이 없는 세대의 경우, 거주지 분리가 권장되는 마당에 어차피 분리가 강제적이면 괜한 고민을 줄일 수 있습니다.

참고로 재건축이 진행되는 와중에 상황이 여의치 않다면 언제든 매도를 해도 됩니다. 많이 오해하는데 재건축 사업장을 매수했다고 반드시 분양까지 보유할 필요가 없습니다. 대치동 은마를 보더라도 아직 재건축이 시작되지 않았는데도 약 2,000만 원의 분양가에서 2025년 12월 기준으로 38억 원이 넘었습니다.

재건축이 되든 말든 입지 가치에 따라 기간 수익은 모두 반영이 된다는 것입니다. 그러니 매도 시점에 대한 고민을 보태기보다는 거주 분리가 강제되는 조건을 활용하여, 오히려 거주 여건을 전혀 고려하지 않은 재건축 투자를 목적하세요. 대지지분 등 단지의 태생적인 조건만 다루어 수익 여건만 고려하는 방법을 권장합니다.

만약 해외 거주로 인해 국내 자산으로 투자를 고려하는 시점에 해당 사업장의 재건축이 불가해지거나 하필 정부가 토지거래허가구역 등으로 규제를 한다면 부동산 투자보다 주식과 코인 투자로 선회해야 할 것입니다. 앞에서도 말했지만 사실 수익률 자체는 부동산보다 비부동산 투자가 월등히 높습니다. 따라서 애매한 부동산에 목돈을 넣을 바에야 금융 자산에 투자하는 게 더 낫습니다. 재건축이 아니면 주식과 코인입니다. 그 외에 다른 선택은 없습니다.

- 해외 및 지방 거주로 인해 거주 분리가 강제되는 세대는 재건축 투자를 권장합니다.
- 실거주가 어려우므로 시간이 지남에 따라 열악해지는 거주 여건 등의 불만을 일부분 걷어 낼 수 있습니다.
- 재건축 투자도 분양 시점부터 준공 시점까지 가격이 커 나가니 타점에 장애가 없습니다.

실전 전략 : 정성 평가

- 좋은 입지를 선별하는 눈을 길러라

앞서 설명한 자료 수집 방법과 분석 기법 외에도 지역 간 관계, 도시 기능에 관한 주관적 정성(定性) 평가도 필요합니다. 이 장에서는 부동산 업자의 시각에서 바라보는 수도권의 추천 지역들을 간략히 소개하겠습니다. 매수하기 적합한 추천 지역의 특징을 통해 다른 지역과 어떤 차이가 있고, 그 차이가 시장에서 왜 강점이 되는지를 설명합니다.

01

최상급 후보지

: 승산 있는 입지를 골라라

| 압구정 |

서울특별시 강남구에 위치한 압구정동은 강남구의 대표적인 부촌으로 사실상 현재 대한민국에서 가장 집값이 비싼 동네 중 하나로 꼽힙니다. 참고로 압구정이란 상품의 값이 잘 이해되지 않는다면 형성된 값을 기준해 그 가치를 역산할 필요가 있습니다. 가격이 비싼 것에 의문을 품을 것이 아니라 현재 시장에서 매겨진 값을 기준으로 억지로라도 이해해 보라는 것입니다.

압구정동 아파트의 가격 형성 원인에 대해서는 여러 의견이 있는데, 가장 합리적인 이유는 압구정동 전부가 한강변 선점 지역에다 사

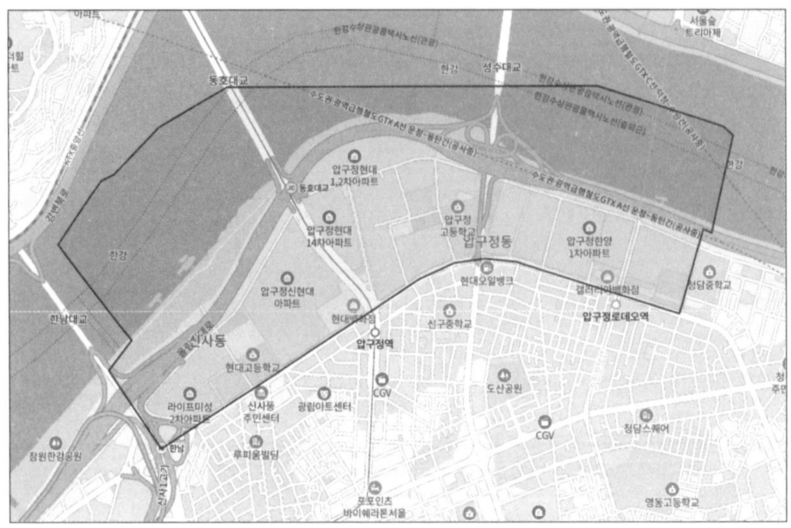

실상 단일 아파트로 구성되어 있고, 강남대로와 압구정로에 한강을 가로지르는 다리가 3개나 접해 강남과 강북 생활권 모두를 점하기 때문입니다. 한강과 접한 완만한 경사지에 자리 잡은 데다가 사통팔달 입지에 학군까지 훌륭합니다.

강남권 집중 개발에 의해 지가 상승이 이루어짐으로써 거주 구성이 균등해졌고, 이는 소위 말하는 강남 8학군으로 연결되었습니다. 버스 노선만 봐도 종로와 명동, 삼성과 강남, 이태원과 여의도 등 어디로 그어도 총합 거리가 최단이니 투자를 떠나서도 편의적인 생활수준이 보장되는 훌륭한 동네임이 틀림없습니다.

그러니 명실상부 우리나라 최상급지 상품을 앞으로 비교 분석할 단지들의 기준으로 두십시오. 매입할 자본이 없다 하더라도 지역에 접한 한강변 및 역세권 인접 조건, 가로의 올림픽대로와 세로의 강남대로가 접하는 사통발달의 입지적 우위 그리고 균등한 거주 구성에 의한 지가 상승과 우수한 학군 형성, 도보 거리에 유명 백화점이 있고 공원 생활권이어서 여러분이 투자할 지역의 기준을 세우기 적합합니다.

압구정동의 가격 형성을 명확하게 이해한다면 제2의 압구정동이 된다는 추천 지역에 대한 비판적인 수용이 가능하며, 위에서부터 순차적으로 나열할 지역 및 단지 간 가격 비교에도 눈높이가 개선될 것입니다. 압도적 입지 우위로 매수 추천 지역이면서 모든 서울권 지역 위계 서열의 척도로서 공유합니다.

참고로 압구정동에 재건축 등 정비 사업의 이슈가 있습니다만 특성상 해당 지역은 다른 사업장과 달리 일반분양분을 무리하게 늘리지 않고 1대1 재건축을 선호하니 계속해 선점의 가치가 높아질 개연성이 높습니다. 따라서 법정동 기준 1만 가구 정도가 계속해 해당 지역에 거주할 공산이 높습니다. 그 1만 가구에 들어가면 상위 0.05% 정도 됩니다.

지역을 추천하는 경우에 우선 고려할 것은 대체 지역이 있는지, 있다면 최선지가 이곳이 맞는지입니다. 최상급지 선점이라는 전략에서 이곳을 대체할 대안이 제 눈에는 없습니다.

- 매입할 수만 있다면 모든 지표의 최상위권인 압구정동의 매입을 우선하여 추천합니다.
- 자금상 한계가 있는 경우는 해당 지역의 가격 형성을 기준하여 위계를 나눠 보세요.
- 압구정동은 진입만으로 전국의 가구수 기준 상위 0.05%에 속합니다.

| 반포 |

반포는 특유의 만(灣) 형태로 한강 조망이 특별한 지역입니다. 강남에 자리한 최상급지 중 하나면서 가까운 미래에 목적될 한강 르네상스 수혜를 누리기에 태생 조건이 더없이 유리합니다. 지리적으로 동쪽에 강남, 서쪽에 동작을 두고 강 건너의 용산을 이으니 자연스럽게 교통 허브가 되는 지역입니다.

강북에서 곧바로 강남으로 갈 경우에는 반포대교를 건너 반포를 거쳐야만 합니다. 따라서 위치상 태생 조건에 강남 진입 길목이 되는 영구적인 입지 강점이 있습니다. 추후 용산을 비롯한 강북 재개발 간접 수혜도 가능합니다. 강남 생활권으로 묶어도, 강북 생활권으로 묶어도 어디든 최상급지와 연계돼 미래 가치가 더욱더 견고해지는 입지

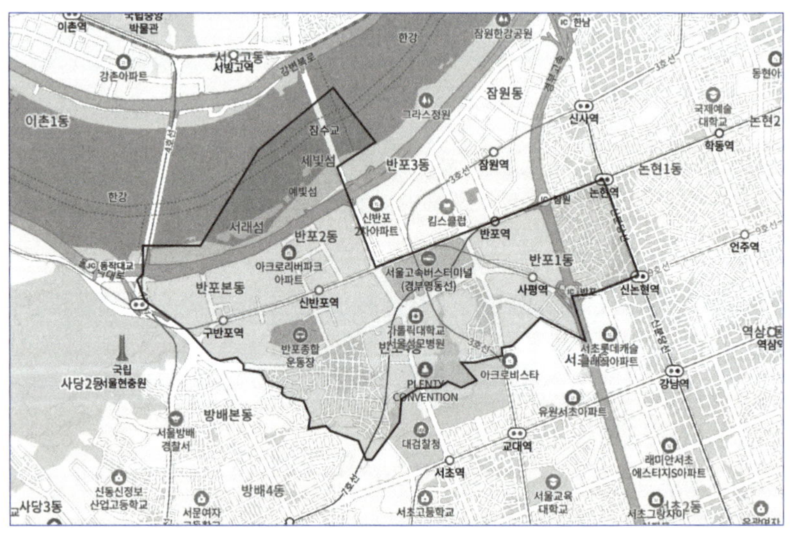

적 특징을 지녔습니다.

앞서 소개한 압구정과 평당 가격이 비등하거나 낮지만 향후 상승할 개연성은 오히려 높다고 전망하는 편입니다. 이유는 앞서 말했듯이 강북 대개조 속에 접근이 가장 용이한 중간지대를 선점하고 있어 용산부터 한남을 잇는 개발 수혜를 전폭적으로 수용할 곳이기 때문입니다. 시기적으로 재건축 진행인 단지도 많아 매수 타점에 놓기에도 적합합니다.

2024년 기준 수도권 평균 가격 증감보다 2배 가까이 오른 지역이며, 선점만으로도 이득인 곳입니다. 또 소위 말하는 강남 8학군이고 고속터미널역, 반포역, 사평역, 논현역, 신논현역, 구반포역, 신반포역, 동작역이 인입돼 있어 시간 거리 조건만으로 비교해도 견줄 지역이 없습니다.

교통 여건의 집약 수준이 최상위권이며 앞으로 지나게 될 타 지역의 장기 계획도 모두 직·간접적으로 반포로 이어질 확률이 높습니다. 앞서 말했듯이 강북 연결에 가장 효율적인 한강 이남에 자리하니 말입니다. 정리하자면, 미래 한강의 수혜, 우수한 교통과 학군 그리고 강북과 강남 일통의 지리적 여건 전부가 반포를 돕습니다.

투자자 입장에서는 미래에 개발될 확률이 높은 택지의 인접지로서 접근이 용이하다는 것만으로도 반포에 투자 맥점(脈點)이 나온다는 것이 흥미롭습니다. 여의도 개발 구상과 계양테크노밸리 등 예견될 개발 안에서 미리 선점할 지역을 나열해 보는 것도 방법입니다. 강북 대개조의 최대 수혜지로 서초와 반포를 꼽아 봅니다.

- 반포는 이미 부촌이지만 여의도 등과 다르게 지리적인 통행로로 강점을 갖습니다.
- 강북 재개발 수혜 여부로 강남 위계가 재정립되면 반포는 최상급지로 자리할 것입니다.
- 정비 사업을 앞둔 단지 비율 수준도 서울 상위권이며, 재건축 웨이브도 누리는 지역입니다.

용산

미래 서울의 절대 최상급지인 압구정동 이외에 가성비로 선택할 곳으로 여의도와 용산이 있습니다. 개인적으로는 사실 강북을 선호하지 않습니다. 계획적으로 개발된 강남과 달리 구불구불한 길에 경사도 급해 개발이 불리하며, 지형 제약이 많고, 세부 권리도 복잡한 편입니다. 단순히 통행이 번거롭다는 문제가 아닙니다. 그 구불구불한 것이 다 복잡한 권리 관계를 뜻하기 때문입니다.

따라서 언제나 강북보다는 한강 이남의 강남, 또는 경기 남부나 신도시 투자를 권장합니다. 그러나 용산은 다릅니다. 지리적으로 서울 중심에 있어 동부의 성동구, 서부의 마포구, 남부의 서초구, 북부의 중구 접근이 용이함에 따라 광역 철도망 중심지로 부상해 개발축으로 사실상 확정되었기 때문입니다.

GTX 노선을 기준해 서울역, 청량리, 삼성에 집중되는 외곽 수요에서 용산은 여의도와 강남 전체를 아우르는 입지적 강점을 지닙니다. 현재의 강남 평당가를 기준으로 보면 매우 저렴한 편이며, 하위 호환

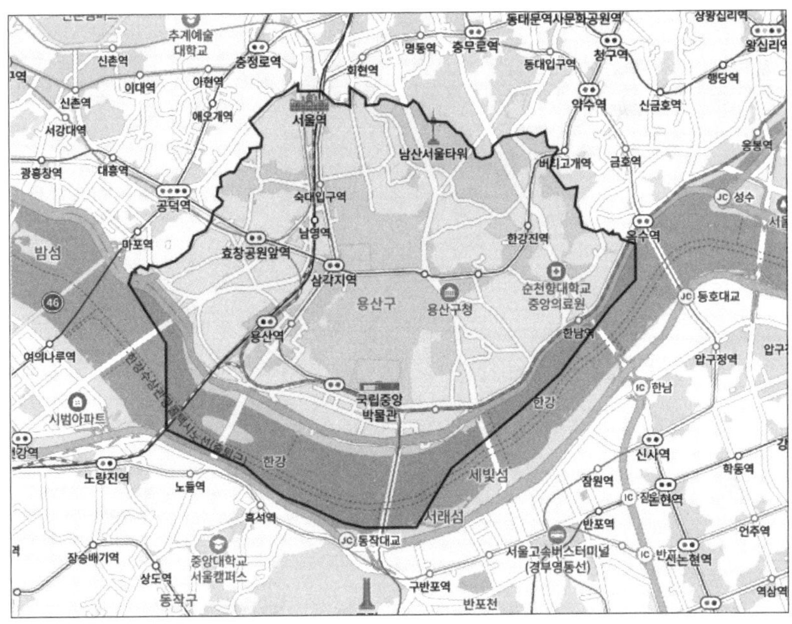

을 목적하면 입지적으로 오히려 남는 장사가 되는 곳입니다. 지리적 태생에 비해 현재 매겨진 시장 가격이 저렴하다는 뜻입니다.

신분당선과 GTX 연속 인입에 6개의 노선 환승역이 있습니다. 언덕이 많아 개발이 어려운 탓에 아파트 단지 수가 작아서 재개발까지 포함해 투자처를 고안할 필요가 있습니다. 서울시에서 분류한 생활권 기준, 이촌·한강 지역생활권, 한남 지역생활권, 후암·용산 지역생활권, 청파·원효 지역생활권 순으로 추천합니다.

다시금 강조하지만 평당가 기준으로 보면 강남과 비교해 여전히 저렴합니다. 앞으로 가격이 오르더라도 강남과 간격이 유지되면서 소비자의 대안이 되는 1순위 지역으로 꼽힐 것입니다. 앞서 언급한 압구정과 여의도처럼 아파트 밀집 지역이 아닌 재개발을 포함한 투자처입니다. 가성비 좋은 서울 중심지 투자를 목적한다면 반드시 들여다봐야 하는 지역입니다.

여유가 있다면 토지거래허가구역을 비롯한 실거주 규제가 걸힐 때, 또는 규제를 비껴간 상품에 자녀 증여를 목적으로 투자하여 묵혀 두면 좋습니다. 초기 사업장의 경우는 20년 안팎까지 시간이 소요되기 때문에 대부분의 투자자가 주저하니 오히려 기회가 될 수 있습니다. 매수는 본인이, 매도는 본인의 대(代)를 물려서 고민할 지역으로서 제시합니다.

- 미래의 부촌도 여전히 강남이겠지만 용산은 강북에서 베팅해 볼 만한 유일무이한 곳입니다.
- 자녀 증여를 목적하여 아파트가 될 수 있는 빌라 투자 상품까지 톺아 볼 가치가 있습니다.
- 환승 노선이 6개까지 있다는 것은 앞으로의 개발에서도 배제되지 않는다는 뜻입니다.

한강 르네상스

: 대표적 입지 성공 사례 읽기

여의도·영등포

최상급지로 분류해도 무방하지만 향후 미래 가치를 키울 재목으로서 한강을 통한 지역 발전이 돋보입니다. 한강 르네상스의 대표적인 상징성을 이어 가며 관광특구로도 성공할 곳입니다. 2025년 지역 평당가 기준 6,285만 원으로 압구정을 비롯한 강남 생활권보다 상대적으로 저렴해서 가격 경쟁력이 높은 편입니다.

한남동, 압구정동, 청담동과 함께 대표적인 부촌입니다. 노후된 현재 또 하나의 강점은 지역 내에 반지하나 다세대 빌라가 없고 오로지 아파트로만 구성돼 비교적 빠른 재건축 속도를 기대할 수 있다는

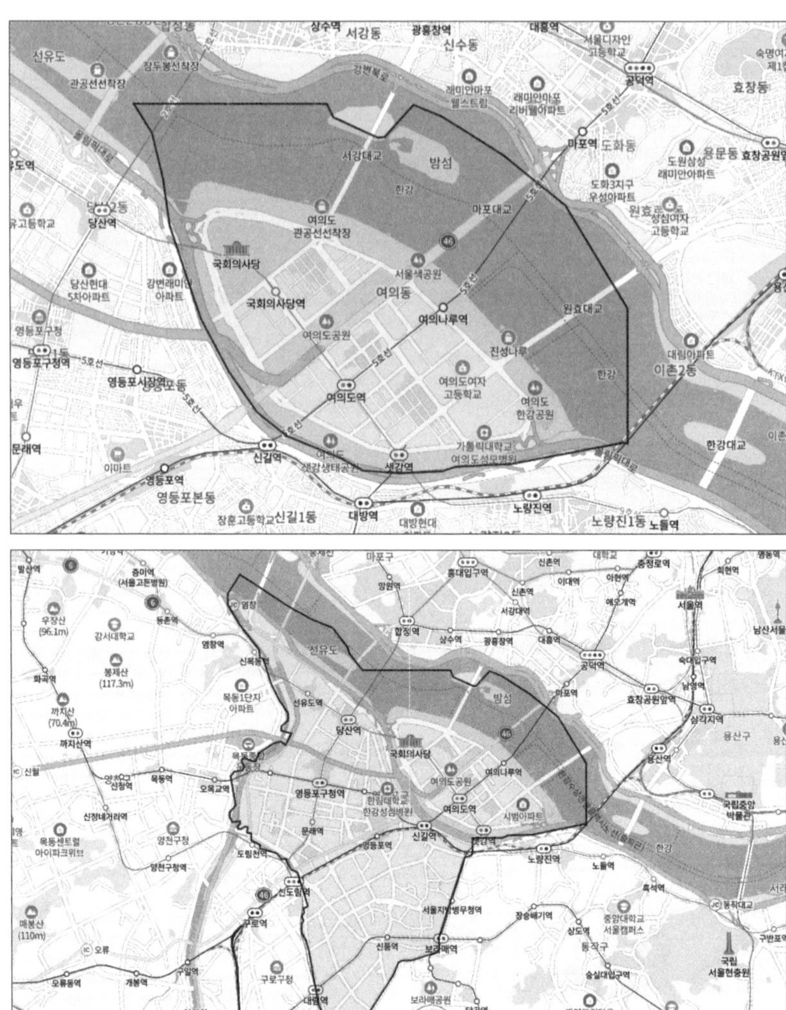

것입니다. 또 1970년대 초반부터 조성된 탓에 재건축 순서도 앞서 있고, 지역 전체에 아파트 면적이 압도적인 데다 경사도 없어 개발이 수월한 편입니다.

계획도시인 탓에 공간 구성과 권리도 복잡하지 않으니 재건축 규제만 풀린다면 특별한 장애가 없을 곳 중 하나입니다. 특히 가까이에 자리한 여의도 한강공원은 명동과 함께 세계적 관광명소로 꼽히니 지역만의 부가가치가 창출되는 기대감도 있습니다. 나아가 여의도역은 신안산선과 GTX-B가 통과하면서 4개 이상 노선 환승까지 되는 교통 허브가 됩니다.

한국의 맨해튼이란 별칭처럼 국회가 아니더라도 금융 및 방송 부대시설이 밀집하여 대체불가한 집약적 특수성이 있습니다. 해당 업태는 사실상 영구적으로 자본주의 사회에 필요할 것이므로 투자자 입장에서는 투자 기간에 대한 고민을 줄일 수 있다는 강점도 있습니다. 미래 산업 중에서 관광과 금융 특구로 손색이 없는 입지와 현 위상이 공존하는 지역입니다.

서강대교와 마포대교 그리고 원효대교가 인입된 탓에 강 건너에 있는 마포와 용산 진입이 수월합니다. 한강으로 인한 물리적 단절인 단점을 시간 거리를 단축시켜 상쇄하니, 용산을 필두로 한 강북 경쟁력 강화 수혜가 이어져 가격에 반영될 확률도 높습니다. 한강 르네상스로 개발될 핵심축이니 선점해도 무방합니다.

- 최초의 계획도시인 덕분에 토지 경사 및 단지 구성이 개발하기 수월한 장점이 있습니다.
- GTX와 신안산선을 비롯하여 이미 개발축이며 교통 허브여서 전망이 밝습니다.
- 관광과 금융 특구로 독보적인 위상을 지닌 탓에 평당 가격을 넘어 최상급지로 여겨집니다.

| 가양 |

한강을 끼고 있으면서 최상급지로 넘어가지 않은 곳 중에서 가장 저렴한 지역입니다. 2025년 12월 기준으로 강서구 가양동의 지역 평당가는 3,560만 원밖에 되지 않으며, 평형 구성도 작아서 15평 기준 7억 원 안팎에 매수가 가능합니다. 차후에 금액이 바뀔지라도 대한민국의 수도권에서, 그것도 서울 한강변 선점 진입의 가장 하단이 되니 특별합니다.

가양대교를 기준으로 지역 거점인 수색과 상암 진입도 수월한 편입니다. 뒤에 있는 마곡도 거점 지역 중 하나입니다. 향후 서울의 미래 위상을 예측할 때 여의도부터 이어질 전통적인 도심지 개발 외에도 인근의 수색과 상암, 마곡지구의 연계 개발로 인구가 늘어날 것으로 보

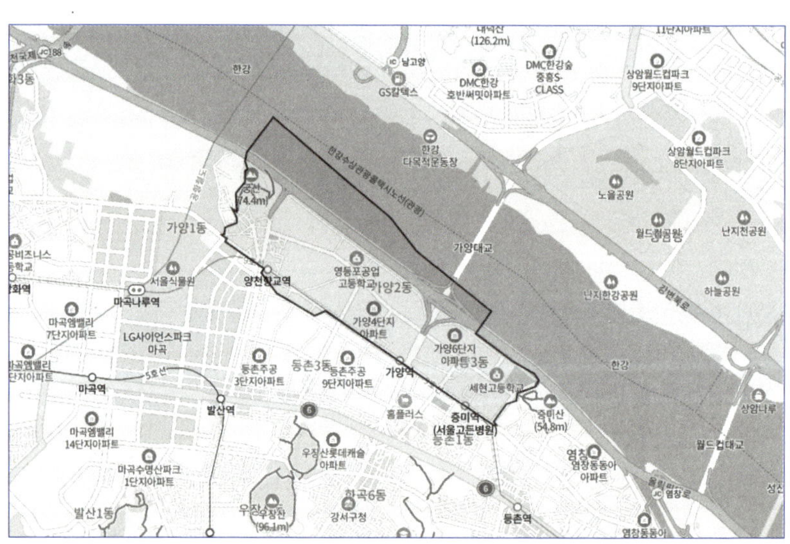

이며, 그 사이에 순환매만으로도 가격적 수혜를 볼 곳입니다. 이명박 정권 때 공급한 보금자리인 우면동, 세곡동, 내곡동 등지처럼 말입니다. 우면동, 세곡동, 내곡동 등지는 입지 자체는 강남구와 서초구이면서 강남의 핵심에서는 벗어난 지역인데, 경기 판교와 분당 평당가 상승에 순환매마다 3개월 간격을 지키며 가격 상승이 있었습니다.

가양은 여의도부터 마곡까지, 또는 마포부터 수색까지의 지리적 연계만으로도 이점인 지역 중 하나입니다. 서울의 핵심지부터 경기와 인천을 잇는 길목 중간에 있어 가격이 덩달아 형성되는 순환매 상품입니다. 가격대별로 나눠서 보자면, 수서와 강동 그리고 구로 정도로 볼 수 있으며, 서남권 개발축에서 여전히 가성비 지역으로 꼽힐 만합니다. 인근 전체가 평야인 탓에 마곡까지 이어지는 반경에서 특별히 모난 구석 없이 매끈한 토지여서 개발도 용이합니다.

재건축 투자 목적으로도 진입하기 좋습니다. 여의도와 목동의 재건축이 가시화되는 순간부터 이주 수요가 밀려들며 단기적으로 전셋값 상방에 투자 수요가 일어날 곳이며, 말미에는 재건축 이슈를 받아 동등하게 대수선 수혜를 볼 확률이 높습니다. 계속 언급되는 한강 르네상스, 고도제한 완화와 용적이양제 도입도 기대해 볼 만합니다.

현재 언급되는 유력안을 보면, 국제민간항공기구 국제기준 개정안이 2028년 전후에는 완화될 것이니 결국 원안의 높이 제한이 거의 2배는 상향되어 최종적으로 건축물 높이 상향과 층수 제한의 완화가 이뤄질 개연성이 높습니다. 또한 임대주택이 많아 얻게 되는 인센티브로 기부채납 계수도 대폭 보정될 수 있습니다.

상상의 영역이지만, 이 모든 것이 가시화되지 않아서 현재 한강변 선점 매수의 단가 책정이 이렇게 낮게 된 것이라 생각합니다. 서울 전반에서 가양의 미래상만큼 무한한 가능성을 갖고 있는 투자처가 드뭅니다. 모두가 확신을 하기 전에 미리 선점해야 수익률을 대폭 개선할 수 있습니다. 개발축에 속한 순환매 지역에서 한강변 핵심지로 부상할 것을 기대합니다.

- 한강변 선점이 가능한 지역 중에서 가장 저렴한 곳 중 하나입니다.
- 여의도부터 마곡까지 이어지는 개발축에 속하며, 순환매로도 유리한 곳입니다.
- 가양대교를 기준해 강북 진입도 수월하며, 한강 르네상스 수혜가 가능합니다.

| 옥수 |

지역별 가격 증감을 계산할 때 한강변 수혜로 가격이 크게 오르는 지역 중 하나입니다. 왕십리부터 강남까지 나열되는 순환매상 3개월 시차를 두고 가격이 오르는 동네로 동호대교만 건너면 압구정동 생활권 진입이 가능합니다. 동쪽의 금호동과 서쪽의 한남동을 둔 입지인데도 불구하고 시간이 지나더라도 강남과 간격이 유지되면서 가격이 클 곳입니다.

동 전역에 경사가 가파른 편이지만 투자할 만한 아파트가 제법 있습니다. 2010년 전후로 재개발이 완료되면서 동 면적 대부분에 아파

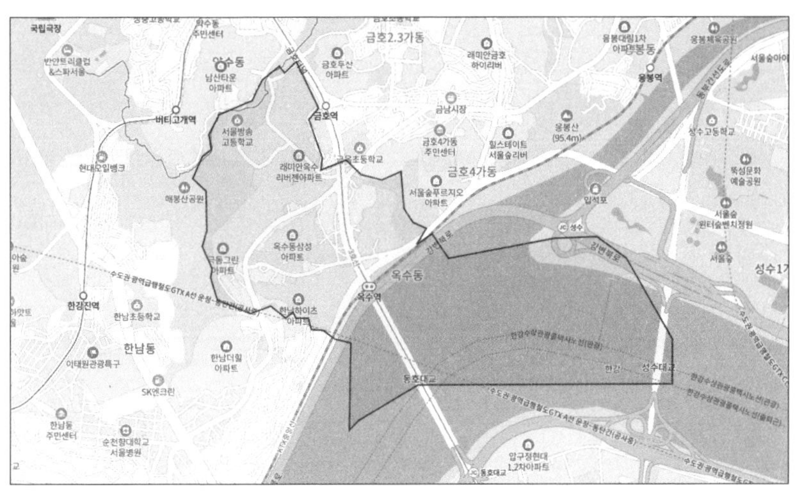

트가 들어서 있어 동 단위의 월 평균 거래 빈도도 낮지 않은 편입니다. 투자를 목적한다면 한강변에 인접한 단지 매수를 최우선으로 고려하는 것이 좋으며, 인접 단지들 중에서 대지지분이 비교적 큰 단지에 주목할 필요가 있습니다.

강남과 서초 그리고 목동에 우선 진행될 큰 재건축장이 섰기 때문에 사실 서울에서 재건축 순서가 하위에 나열되는 동네이지만 강 건너 압구정 재건축이 최우선으로 진행될 예정되므로 덩달아 가격적으로 간접 수혜를 보며 값이 따라갈 것으로 보입니다. 선점을 통해 순환매 구간 초입 이전에 매수하는 전략이 유효합니다.

용의 꼬리와 뱀의 머리를 빗대 표현할 때 전자에 가까운 지역입니다. 한남과 압구정 전반의 가격 형성에 자그마한 호재가 하나 나온다면 투자로서 안정적인 편입니다. 그 호재로 기대하는 부분은 한강변 조망 내지는 권역 진입입니다. 재개발이든 재건축이든 기회가 큰 장이 인근 지역에 여전히 많아 자본에 맞게 골라서 선점하면 될 것입니다.

자본이 부족하다면 시간이 필요한 초기 사업장 투자를 목적하고, 넉넉하게 자본이 받쳐 주면 그 돈으로 시간을 사십시오. 사업시행인가 전후에 거의 확정된 후기 사업장을 매입하는 것입니다. 시간은 금이라는 말대로 초기 사업장과 후기 사업장의 진입 구분은 금과 시간의 대가입니다. 옥수동 인근 지역까지 넓혀 재건축과 재개발 모두 투자 기회로 좋습니다.

- 전형적으로 순환매상 투자 추천이 가능하며 한강변 선점 전략에서 가성비가 좋습니다.
- 관내의 대규모 일자리 특수로 오가는 통행은 크지 않으나 정주(定住) 여건이 우수합니다.
- 정비 사업 순서가 늦은 편이나 인근의 압구정이 재건축될 때 바로 간접 수혜를 입을 수 있습니다.

03

노후 지역 정비

: 재개발·재건축의 기회를 잡아라

분당

분당은 1기 신도시 중에서 가장 빼어난 입지입니다. 송도와 같이 사실상 서울과의 지리적 분리로 인한 자족이 아닌, 강남 생활권인 동시에 거의 유일한 자족도시로서의 상징성이 있습니다. 여전히 강남 출퇴근 목적의 침상도시 성격이 있긴 하지만 인근 판교의 테크노밸리 개발과 교통망 개선 등 직주 범위를 넓혀 기타 신도시와 비교할 수 없을 정도로 도시 내 입주 기업과 인구 유입이 이루어졌습니다.

1989년부터 서울의 아파트 수요를 충족시키기 위해 개발되었지만 현재는 판교 개발과 함께 아래에 있는 용인의 플랫폼시티 등 범위를

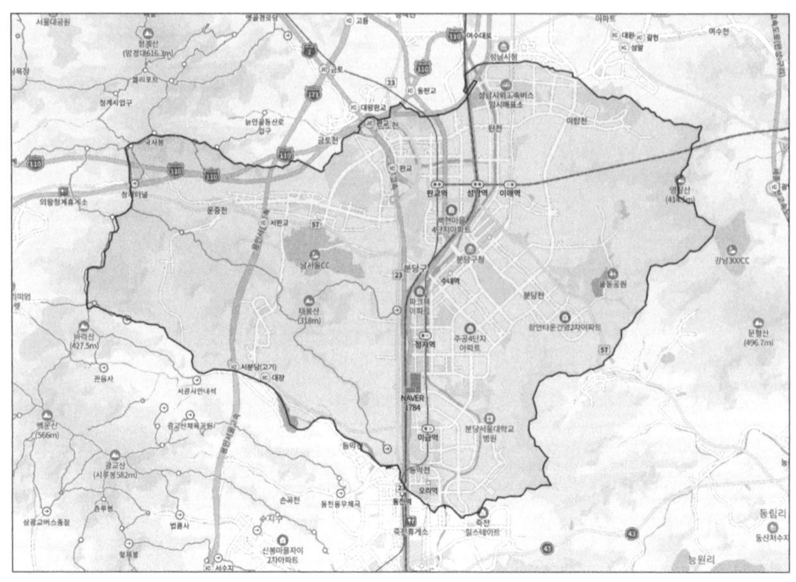

키워 자족도시로서의 위상을 갖게 되었습니다. 가격 상승폭이 1위이며, 1991년 태생의 단지는 최근 재건축 등 정비 사업 이슈도 있습니다. 그래서 서울이 아닌 경기도 도시이지만 추천 지역에 꼽힙니다.

더구나 학군도 우수한 편입니다. 서울의 학군지라도 실제로 형성되는 학군의 크기는 협소한데 분당은 전 지역이 고르게 발달한 거의 유일한 도시입니다. 초등학교부터 고등학교까지 대체적으로 학군지 형성이 고른 편이라 순환매의 속도도 비교적 빠른 편이며, 거래도 타 지역의 약 2배 가까이 많고 전셋값 형성까지 우위입니다.

이미 앞서 말했듯이 수도권 입주 물량을 늘리기 위해서는 반드시 재건축을 비롯한 정비 사업을 통하여 대수선을 해야 하는데, 1기 신도시는 연한을 채운 상태라 시장참여자 대부분이 선호할 입지입니다. 최근 거론되는 3기 신도시와 다르게 서울로의 자차 진입이 1시간도 안 걸립니다. 이러한 독보적 입지에 신축이라면 현 가격 형성은 여전히 저렴합니다.

기술의 발달과 함께 계속해 시간 거리는 단축되고 도시는 확장할 것입니다. 이 와중에 이미 강남 생활권에 달한 분당은 강남 확장에 하나의 군(群)으로 자리할 것이며, 전쟁 특수로 인해 수도권 이남 개발이 거듭되는 우리나라의 특수성에도 부합합니다. 개발은 남쪽으로 계속될 것이고, 그 중심에 성남시 분당구가 있습니다.

타 지역을 비교 분석할 때, 특히 신도시 흥망에 대해 전망할 때 분당과 비교합니다. 부동산 투자는 상대평가가 원칙이므로 지리적, 태생적, 가격적 우열을 놓고 비교해 차후 투자할 목이 되는지 아닌지를 판별할 기준값으로 분당을 기준 삼는 것입니다. 분당은 신도시 개발의 지침으로서 확고한 가치가 있습니다.

- 분당은 서울이 아니지만 강남 생활권이며, 수도권 이남 개발로 계속해서 가격이 오를 곳입니다.
- 인근의 판교 개발과 한강 이남에 있는 용인의 사업체와 종사자 수의 증가도 호재입니다.
- 수도권 이남 개발에 서울로의 진출입에서 배척되지 않을, 영구적으로 입지 우위 지역입니다.

수서

수서는 1990년대에 정부 계획으로 조성된 택지지구입니다. 현재 재건축 등 정비 사업이 예고되어 재건축 투자 목적의 진입 수요로 손바뀜이 잦습니다. 또 수서역세권 복합 개발이 예정된 곳, 업무단지 건설을 위한 4,000억 원대 규모의 PF 조달과 착공으로 미래에 기대되는 지역 중 하나입니다.

강남부터 경기 이남까지 이어 볼 때 구룡산부터 대모산까지 물리적인 장벽이 있어 수서를 지나칠 수밖에 없습니다. 그러니 광역 교통망 구축에서도 우위를 선점할 수밖에 없으며 GTX뿐만 아니라 향후

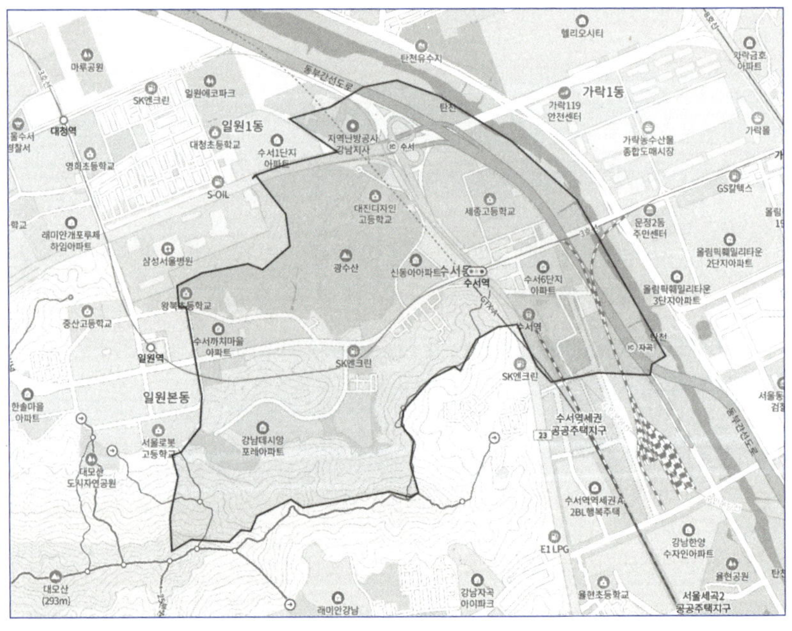

교통망 구축에서도 배제되기 힘든 곳입니다. 경기 이남과의 연계 길목에 있는 주요 요충지 중 하나로 과천처럼 순환매만으로도 평당가가 오를 곳입니다.

분당 위 판교의 사업체와 종사자 수의 증가 외에도 1기 신도시 정비 사업이 대두되니 단기적으로는 재건축 이주 특수로 인한 전셋값 상방 압력과 함께 가격이 더 오를 확률도 높습니다. 대규모 정비 사업이 진행될 예정인 경우에 하급지는 부담이지만 상급지는 이주 수요를 기대하면서 투자처로 수요가 늘기 때문입니다.

경기 남부가 크면 클수록 길목 선점으로 값이 같이 오르는 곳, 정부의 주택 공급 촉진이 가시화되는 미래에 대두되는 역세권 복합 개발과 용적률 완화 이슈로 인해 단기적으로 가격이 오를 수 있으니 노후 지역 정비에 선점해 미리 대응할 수 있습니다. 강남에서 가장 저렴한 편이므로 사실상 강남권 선점을 목적으로 할 때 가성비가 좋습니다.

우면부터 세곡까지 이어지는 강남, 서초 권역의 외곽 라인에서 항상 추천되는 가성비 지역 중 하나입니다. 시기적으로 수서역세권 복합 개발이 가시화되기 전이라 수도권 일극(一極)주의로 몰려들 예비 수요의 최종 목표가 되는 지역 안의 하품을 선점해 향후에 시세 차익을 노려 볼 필요가 있습니다. 용의 꼬리가 제법 좋습니다.

- 경기 이남의 확장에 따라 수혜를 볼 지역으로서 순환매만으로 평당 가격이 오를 곳입니다.
- 구룡산부터 대모산까지 이어진 물리적 장벽으로부터 계속적인 나들목 우위를 지닙니다.

■ 미래에 있을 공급 절벽에 대한 우려가 결국 정비 사업의 활황을 이끌 것이니 강남을 선점하세요.

창동·상계

상계동과 인접한 창동까지 묶은 지역은 미래의 핵심 거점입니다. 서울과 경기 북부를 잇는 라인을 그을 때 양주부터 의정부를 따라 잇는 길목에 있어서 영구적으로 지리적 이점을 가집니다. 경기 북부와 연계할 개발축에서 지나칠 수밖에 없는 통행로가 되니, 아마도 최근 정부의 개발 계획에서 지역 거점으로 승격됐을 것입니다.

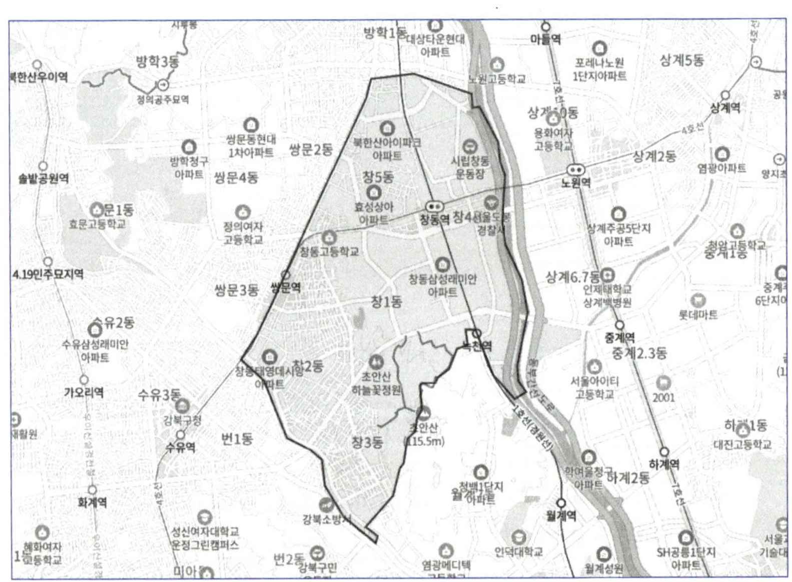

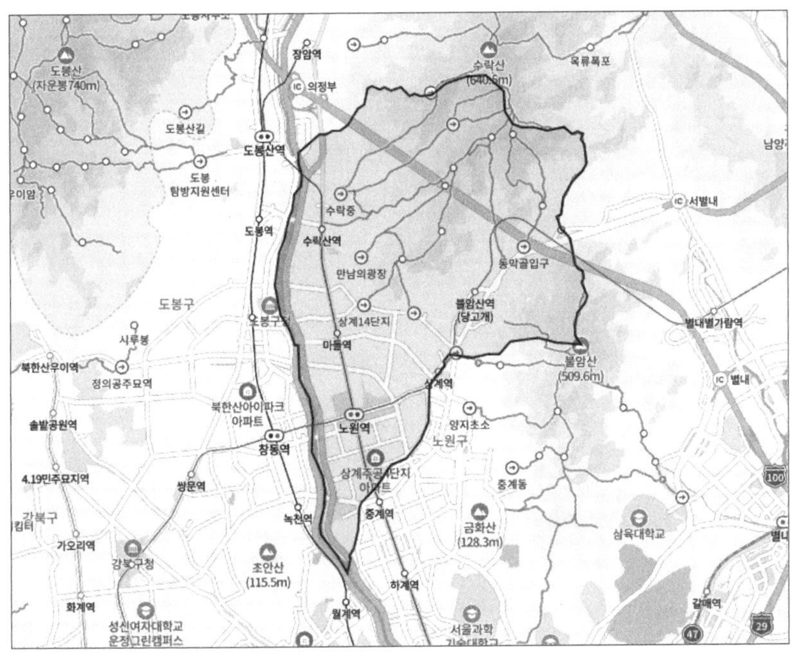

동북권 거점이 되는 창동과 상계 등지는 결국 경기 북부의 개발 중심이 될 것입니다. 대표적인 예시로 경기 이남의 개발축으로 이을 경기도 분당 뒤 용인, 수원 라인에 이은 동탄 등지를 꼽을 수 있습니다. 북부 개발축에서 가장 교통의 핵심이 될 지역인데 2025년 12월 기준으로 2억 원만 있어도 진입 가능한 매물이 있으니 가격만으로도 진입할 목표가 됩니다.

서울로 진입하고자 한다면 창동과 상계를 우선적으로 고려하세요. 2억 원만 있어도 서울 진입이 가능한데 경기 언저리에서 양극화를 대비해서는 안 될 일입니다. 이것은 회복 속도와 비율을 기준으로 입지가 상급지로 승격될 가능성 등을 통해 유망 지역을 미리 선점하려고

하기 때문입니다.

참고로 노원구는 아파트가 많습니다. 서울에서 가장 아파트가 많은 구로서 아파트 비중 자체가 86%에 달하며, 전체 25개 구의 아파트 합의 10%를 차지할 정도입니다. 따라서 순환매상 호흡이 긴 편이며 많은 매물이 나와 소화될 급매 라인도 두터워서 반등이 다소 늦다는 지역적인 단점이 있습니다.

워낙 아파트 수가 많으므로 동일한 비율로 매물이 나오더라도 소진까지 시일이 길게 소요되는 편입니다. 특히 가격 하락이 줄을 이을 때는 더더욱 오래 하락하는 것처럼 보이기도 하는데, 급매물조차 총량이 많아 모두 소진될 때까지 지수가 끝없이 추락하는 것처럼 보이기 때문입니다.

그러나 반대로 상승장이 시작된다면 그 호흡도 길고 꾸준한 편입니다. 실제로 2021년 전후로 보인 상승장 중반부터 지수로 보인 상승은 연평균 상승률 기준으로 서울 5개구 안에 들었습니다. 단순히 평당 가격이 저렴하다고 무시할 지역이 아닙니다. 서울로 진입할 가격 하단의 가성비 지역이면서 향후 거점이 되는 미래 가치도 두루 지닌 동북권 거점으로서 확인해 둘 필요가 있습니다.

- 상계와 창동 등지는 서울 진입의 마지노선이 되는 지역으로서 가격만으로도 추천됩니다.
- 추후 경기 북부 개발에 따라 개발축이 길어질수록 지역 거점으로서 가격이 오를 곳입니다.
- 서울의 25개 자치구 중 노후 아파트가 가장 많으므로 재건축 수혜로도 적합합니다.

실전 전략 : 종합 평가

- 모든 정보를 종합해 최적의 결정을 내리다

이 장에서는 앞서 설명한 모든 전략을 토대로 의사결정에 도달하는 사례를 제공합니다. 가감 없이 지역과 단지에 대한 개인적인 의견을 담았습니다. 여러분의 의사결정 방식과 어떤 차이가 있는지 확인하면서 덧대고 빼는 과정을 거쳐 자기만의 의사결정을 해 보면 좋겠습니다. 강조하지만 정답은 없습니다. 방법 중 하나 정도로 참고하면 족합니다.

01

매수 물건 자문

: 살 만한 물건, 전문가처럼 고르기

오산동 동탄역롯데캐슬

2023년 5월, 김**님 매수 자문

비교가 아닌 매수를 분석할 때에는 매수할 물건의 대체재를 설정해 놓고 시작합니다. 목적한 단지 34평의 매수 단가는 15억 원 안팎이었습니다. 서울로 진입이 가능한 당시 최저 평당가는 2,854만 원 정도였기 때문에 경기도 진입이 아닌 서울시 진입을 최우선으로 권장했습니다.

본래는 의뢰인 직주 근접이라는 조건이 있었지만 시장의 평가 기준에 아무 효용이 없다는 것을 설명하였고, 투입될 15억 원을 20평으

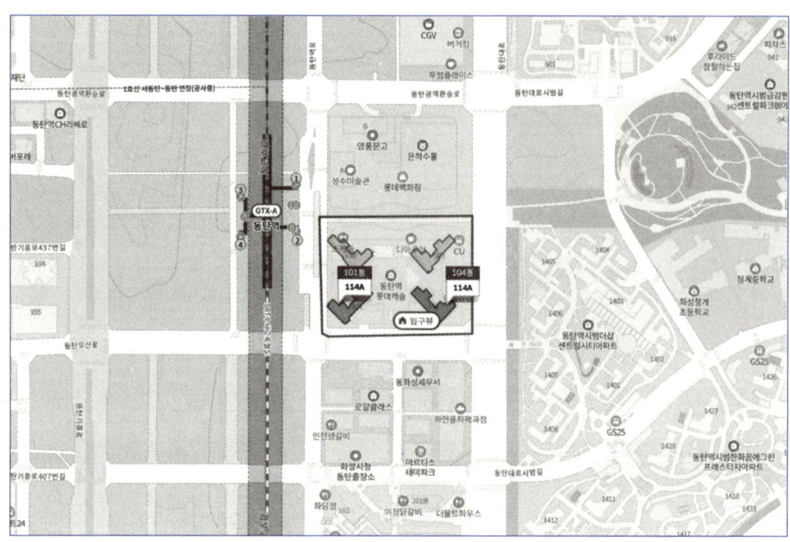

로 나누면 평당 7,500만 원의 지역 선점도 가능하다고 설명하며 당시에 토지거래허가구역을 비껴간 곳들 중에서 물건을 골랐습니다. 이처럼 투자에는 거주 분리가 필요할 수 있습니다.

결과적으로 해당 시점에 대체지로 설정한 곳은 송파구 문정동 올림픽훼밀리타운이었고, 최종적으로 배우자 명의로 계약을 마쳤습니다. 투자와 거주 분리에 대한 염려가 있었지만 당시 전세 가격을 시세 평균보다 높게 들여서 최종 10억 원 정도만 자산을 투입하여 투자 원금액도 줄였습니다. 당시에 실제로 제시한 의견은 다음과 같습니다.

"현재에 들일 자본상, 동탄이 아닌 송파를 매수해야 할 조건입니다. 당장의 등락으로야 신축과 인구 유입이 되는 동탄이 비등해 보이겠지만 결국은 인구 감소 등 구조적 위협에서 수도권 핵심지로 의사결정을 마쳐야 올바른 대응이라는 생각입니다. 경기가 아닌 서울로 진입하세요.
수도권 연평균 상승은 5%, 서울은 7% 가까이 되며 구간에 따라 최대 28%까지 오를 수 있습니다. 재건축 특수가 있다면 말입니다. 본 물건의 연평균 상승은 현재에도 8% 안팎이니 기축 상품들 중에서 최상위 수준이며 38년 차로 추후 재건축이 확실시되는 지점에는 기간 특수로 보다 큰 상승을 누릴 것입니다.
따라서 현재 재건축 대상이라 구축인 해당 단지의 건물 감가를 활용하여 재건축이 불확실한 지금 상급지 선점만을 목적하여서 매수하십시오. 올바른 방향은 이쪽입니다."

우면동 서초호반써밋

2023년 3월, 구**님 매수 자문

비교가 아닌 매수를 분석할 때에는 매수할 물건의 대체재를 설정해 놓고 시작합니다. 이 사례의 경우 보유 현금이 15억 원 전후로 일부 대출을 받아서 우면동 소재 단지의 45평을 목적했습니다. 그런데 해당 금액으로 최선을 택한다면 평당 7,500만 원의 지역을 선점할 수 있었기에 서초 보금자리가 아니라 송파 한강변 진입을 권했습니다.

참고로 위에서 설명한 오산동 동탄역롯데캐슬의 자문 사례와 비등한 금액이지만 문정동 소재 단지의 진입이 아닌 신천동 소재 단지로 선회했습니다. 그 이유는 위의 조건과 달리 실거주 목적으로 토지거래

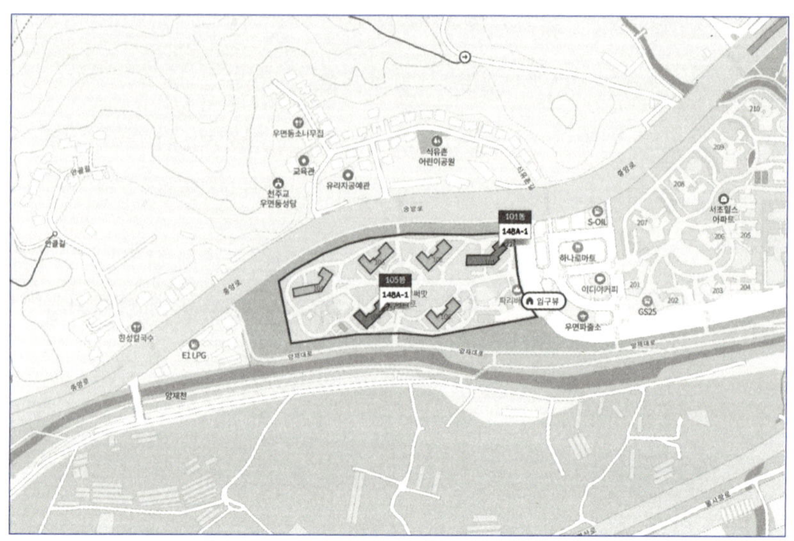

허가구역도 매입할 수 있었으며, 해당 시점에 시세보다 약 9,000만 원 저렴한 급매물도 나왔기 때문입니다. 결과적으로 한강변 선점 목적의 신천동 장미1차 매입을 추천했습니다. 당시에 실제로 제시한 의견은 다음과 같습니다.

"우면동 자체는 아래의 주암지구를 비롯해 주택단지가 덧대며 수요가 붙어 가격이 오를 곳입니다. 추후 개통될 위례과천선의 수혜도 있어 타점도 알맞은 편입니다. 그러나 현금 15억 원에 일부 대출까지 받아 18억 원 안팎 매수 단가를 가진다면, 현재 한강변 선점 목적의 신천동 장미1차가 최선의 선택입니다. 특히 실거주 가능한 목적이니까 토지거래허가구역의 매수 조건도 가능하므로 현재 매물로 나온 중층 급매를 잡으십시오. 역세권 복합 개발과 한강 르네상스의 모든 수혜를 보는 곳이니 우면동이 아니라 강남권 한강변 신천동을 선점하세요."

상도동 상도역롯데캐슬파크엘

2024년 7월, 신**님 매수 자문

비교가 아닌 매수를 분석할 때에는 매수할 물건의 대체재를 설정해 놓고 시작합니다. 이 사례의 경우 4인 가족의 거주를 위해 상도동 소재 대형 평형을 목적하여 매수단가를 19억 원 정도로 맞춘 상태였습니다. 그러나 당시 서울 지역은 양극화 초입에 다다랐기에 평수를 줄이고 건물 컨디션을 낮춰 최대한 상급지로 이동하라고 설득했습니다.

양극화 초입 구간은 대세 상승과 대세 하락과 달리 인기 지역과 인기 단지만 계속해 값이 오르며 격차를 벌리는 초격차 구간입니다. 작게는 단지 간, 크게는 지역 간의 격차에서 나타나는 것으로 해당 시점은 이미 서울과 비서울 격차가 심화 단계로 접어들고 서울에서도 25개 구마다 전고(前古) 회복에 큰 차이를 보였습니다.

따라서 목적했던 42평형에서 최대한 평수를 줄이고 신축과 준신축이 아닌 차후에는 신축이 될 구축을, 건물 감가를 활용하여 매수단가를 줄이되 급지를 높이는 전략으로 선회하기를 권했습니다. 결과적으로 당시 급매가 있던 도곡동 개포우성5차의 매입을 추천했습니다. 당시에 실제로 제시한 의견은 다음과 같습니다.

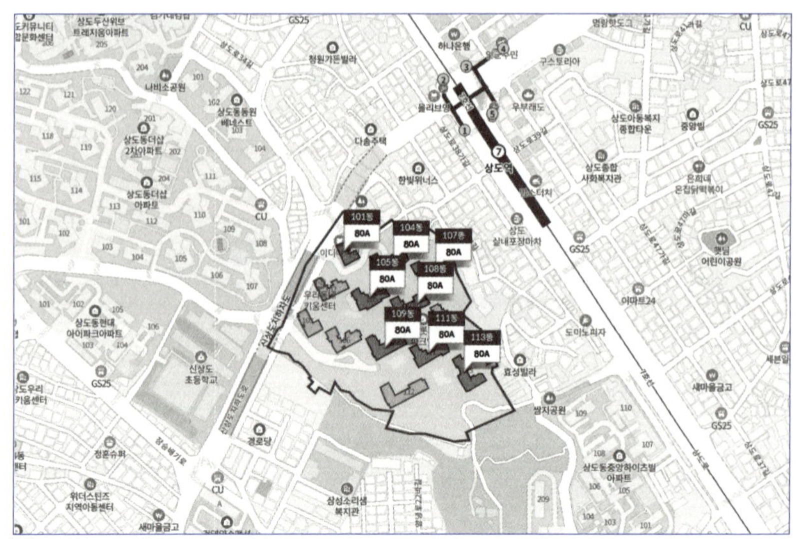

"현재는 시황상 평형을 최대한 줄이고 입지만 고려해야 합니다. 시기적으로 각 구마다 전고점 회복에 큰 차이가 보이며, 2026년 전후로 입주 물량이 더욱더 줄어 양극화 해소가 더 늦어질 것이기 때문입니다. 내달부터 시행될 대출 규제 때문에 일시적으로 급매가 나올 수 있으니 4분기까지 늘여서 급매 선점을 고려하기를 권장합니다.

매수로 추천할 단지는 강남구 도곡동 소재 단지인 개포우성5차입니다. 27평으로 작지만 89타입 구성에 방이 3개이니 현재 미취학 자녀 정도는 수용 가능할 것입니다. 40년 차에 용적률 179%이며 세대당 평균 지분도 14.2평으로 작지 않아 추후 재건축 등의 정비 사업도 진행이 가능할 곳입니다. 상도동을 고민할 때가 아닙니다."

송도동 송도더샵퍼스트월드

2023년 10월, 정님 매수 자문**

비교가 아닌 매수를 분석할 때에는 매수할 물건의 대체재를 설정해 놓고 시작합니다. 이 사례의 경우 인천 송도에 예정된 GTX-B노선 호재를 목적해 인근 단지에 투자할 것을 희망한 매수 자문입니다. 최종적으로 총 가용 현금이 4억 원, 신용대출을 비롯한 추가 대출로 조달 가능한 금액이 3억 원인 조건상 강남 진입을 추천했습니다.

대표적으로 강남권 진입 목적의 재건축 소형 단지는 개포동, 수서동, 일원동 등지에 작게 분포하는데 해당 조건에서 첫 번째로 시도한 물건은 수서동 까치마을이었습니다. 서울특별시 강남구 소재 단지로 소형 재건축이 추진 중이었습니다. 당시 평당가 5,000만 원 초반에 갭 매수로 6억 원 안팎이 소요된 상품으로 임차인 동의를 구할 수 있어 금리가 높은 신용대출이 아닌 후순위 대출로서 자금을 조달하여 계약을 마쳤습니다.

송도는 투자하기에 매력적인 곳입니다. 인천의 강남이라 불리며 인천 특유의 바다 인접한 지리적 장점 활용이 가능합니다. 서울에 종속되는 도시가 아닌 자족도시로서 GTX 인입 시 신규 수요가 대거 일어날 곳입니다.

서울에 대한 의존도가 높은 지역들은 이미 자리 잡은 수요층이 두터워 개통 효과가 그리 크지 않지만 애초에 물리적 거리가 있어서 수요가 적거나 없던 지역에 새로 생기는 광역 교통망 구축은 신규 수요를 끌어 기대 이상의 상승을 만들 수 있습니다. 신구로선과 신안산선

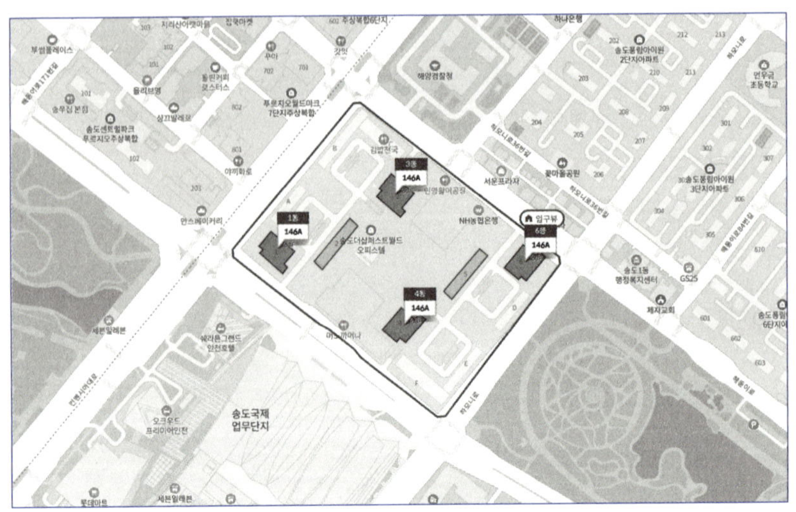

을 예로 들 수 있는데, 이런 교통 혁명에 가까운 호재 선점은 대체적으로 알맞은 타점입니다.

문제는 당시 수도권 가격 형성에서 순환매가 일부 사라지며 양극화 초입이 예견된 것입니다. 가능하다면 서울로 진입하는 게 좋은 데다 교통 호재라는 단기 특수를 들어 서울의 강남 진입이 아닌 송도 매수를 권장하기는 어려웠습니다. 매매와 전세물의 호가와 매물대로 보아도 매수 타점에 이미 호재값이 꽤 반영되었다고 판단해 만류했습니다. 당시에 실제로 제시한 의견은 다음과 같습니다.

"송도의 매수 여부를 논하기 전에 현재 시황에 대한 이야기를 하겠습니다. 현재는 수도권 전반에 시장성이 사라진 상태로서 전체적으로 가격이 오르내리는 장세가 아닙니다. 서울의 주요 지역만 더욱 큰 값의 성장이 있고 앞으로 더욱 심화될 개연성이 높습니다. 2023년인 지금 2024년을 전망하는 것에 힘주어서 말하는 것이 무모하다 여겨질지 모르겠지만, 과거와 달리 매물의 호가와 따라 오르는 상승폭이 대단히 저조합니다.
따라서 시황만으로 송도와 같은 수도권 외곽 내지는 테마 상품이 아닌 고전적으로 이미 시장에서 인정한 최상급지 선점이 권장됩니다. 현재 가진 금액을 기준하여 수서동 까치마을의 14평 매입과 함께 거주 분리로 대응해야 알맞을 것으로 사료됩니다. 가격의 고저만 놓고 보아도 평당가 3,000만 원대 상품 매입이 아닌 5,000만 원대 상품 매입이 되니 충분히 이쪽이 우월합니다. 송도와 강남 사이의 지역별 우열도 나눌 이유가 작아 산술적으로 해당 의견에 대립해서 각을 세울 수도 없습니다. 재고해야 합니다."

걸포동 한강메트로자이2단지

2025년 2월, 백**님 매수 자문

비교가 아닌 매수를 분석할 때에는 매수할 물건의 대체재를 설정해 놓고 시작합니다. 이 사례의 경우 김포 소재에 직장이 있어 직주 근접을 고려하여 해당 단지를 매수해도 되는지 묻는 자문이었습니다. 해당 시점에 급매물이 있어서 빠른 의견을 원했으며, 34평 기준 7억 원 초반에 매수 여부를 물었습니다.

최종적으로 7억 원이라는 금액에 현금 3억 원이 있으니 갭으로 매수할 것을 제안했습니다. 3억 원의 현금이라면 대출을 절반 끼워서 해당 단지와 같은 준신축(6년 차)이 아닌 신축이 되는 구축을 선점하라고 제안했고, 최종적으로 상암동 DMC상암센트럴파크2단지 매입을 추천했습니다. 당시에 실제로 제시한 의견은 다음과 같습니다.

"현재에 목적하는 김포시 걸포동 소재 단지는 준신축으로 결국은 감가되어 사라질 가치이니 구축이라도 입지가 우위인 단지를 선점하기를 권장합니다. 평당가 기준으로 보아도 평당가 2,078만 원인 하품(下品)이 아니라 평당가 3,875만 원인 상품(上品) 매입을 고려해야 알맞을 것입니다. 지역별 소개로 보아도 경기도 김포시 걸포동보다 서울특별시 마포구 상암동이 좋습

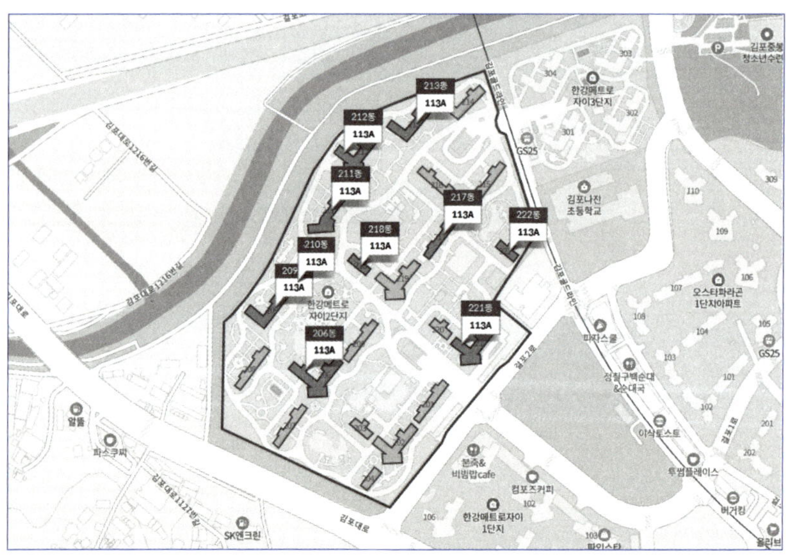

니다. 현재의 호가 기준해 급매로서 매력이 있다는 7억 2,000만 원이 사실상 제 눈에는 별 매력이 없습니다. 차라리 웃돈을 주고서라도 상급지 상품(上品)을 매입해야지, 당장 몇 천만 원의 득실을 이유로 하품(下品)을 매입한다면, 가족이라면 뜯어 말려야 할 것입니다.

부동산 투자에서 매수로 볼 것은 물건의 절대 입지, 주변 환경, 미래 전망입니다. 상암동이란 절대 입지의 우위, 주변 환경의 상대적 우위, 수도권 거점 중 하나로 향후 가격이 클 확률이 높은 미래 전망에 힘을 실어서 의사결정을 마치길 권장합니다. 김포의 서울 편입이 중요한 것이 아닙니다. 이미 서울인 곳을 선점할 수 있는데 행정 개편상의 호재로 상상이 아닌 망상을 하지 마세요. 이미 현실에 정답이 있습니다. 참고로 해당 금액에서 가장 최선은 현재 분당의 수내 소형도 있습니다만 거주지 분리가 불가하다는 요청에 이런 의견을 남깁니다. 상급지 선점만을 목적하세요."

매도 물건 자문

: 팔기 좋은 시점 판단하기

금광동 e편한세상금빛그랑메종

2024년 1월, 정**님 매도 자문

비교가 아닌 매도를 분석할 때에는 매도한 뒤 손에 쥐게 될 예상 자본을 이용해 갈아탈 목적지를 명확히 설정하여 옮겨 갔을 때 실익이 있는지를 최우선으로 고려합니다. 결론적으로 성남시 금광동 소재 지역의 평당가는 2,851만 원이므로 서울 진입이 곧바로 가능했습니다. 매도하고서 손에 쥐게 될 8억 원 안팎의 현금과 최대로 받을 수 있는 대출이 3억 원이라는 조건으로 최선지를 서울 강남구로 잡고 진행했습니다.

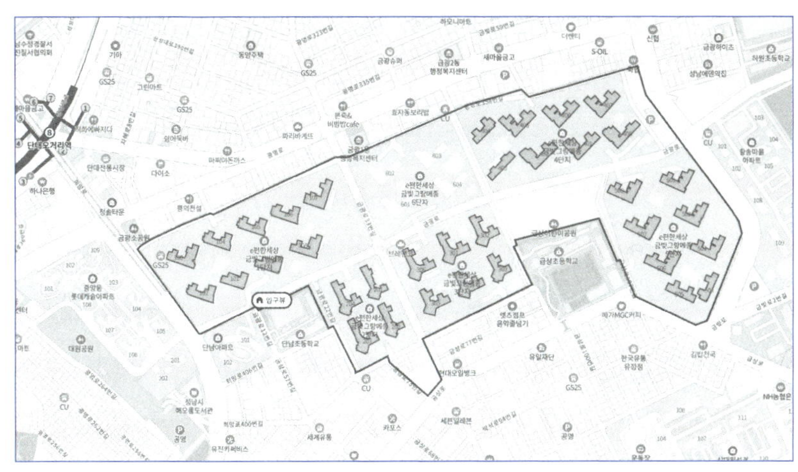

1인 거주로 평형은 매수 조건에 하등 관계가 없었기에 오로지 입지만 고려하면 되었던 사례입니다. 추천한 물건은 개포동 대치2단지였습니다. 이유는 2,000세대 가까운 대단지이면서 용적률 174%이며, 공부상 세대당 지분이 9.7평이고, 역세권 복합 개발의 수혜를 볼 수 있었기 때문입니다.

당시 재건축 관련 공사비 급등 등으로 향후 재건축 진행이 어려울 수 있다는 전망이 많았지만 오히려 불안한 시장 덕분에 실망 매물을 잡아 강남권 선점을 추천했고 매수를 마쳤습니다. 성남과 강남은 큰 차이가 있습니다. 지금까지는 매수단가가 엇비슷했을지라도 가격 증감과 도시 위계를 분석했다면, 지역 평균의 지수 상승만 2배 가까이 큰 강남이 정답입니다. 당시에 실제로 제시한 의견은 다음과 같습니다.

"성남은 추후 재개발 등의 이슈로 값이 오를 곳입니다. 보유한 단지 소재인 금광동 지역 평당가 기준 2,851만 원으로 여전히 수도권 진입에 값도 저렴한 편입니다. 그러나 결론적으로 본 물건은 매도해야 유리합니다. 이유는 해당 지역의 상승 동력은 재개발로부터의 대수선인데, 우리 물건은 지역 전반의 수혜를 보는 시점에 준신축에서 구축으로 넘어가 열등재가 될 가능성이 높기 때문입니다.

2022년 준공된 신축 단지가 거주 편의가 높기는 할 것입니다. 그러나 단지 생애를 보면, 7년 차 전후 신축의 메리트가 사라지면서 준신축으로 넘어갈 때 시장 평가가 한 번 꺾이며, 15년 전후로 리모델링 연한이 차면 그때부터는 사업성 평가에서 자유롭지 않습니다. 하지만 용적률 256%에 건폐율도 20%가 거의 꽉 차는 단지 보유가 과연 적절한 것일까를 생각하면 권장하기가 어렵습니다.

해당 매물을 매도하고 쥐게 될 현금 8억 원에 대출 3억 원을 더하면 약 11억 원 안팎의 자금 조달이 가능하며 해당 금액으로 강남구 진입도 시도할 수 있습니다. 추천 단지로는 개포동 소재의 대치2단지, 대청 정도가 있으며 현재 재건축 관련 불안한 이슈 덕분에 급매를 잡아 볼 타점도 보입니다. 따라서 다음 주에 담당자 배정 및 임장 일정을 잡으십시오."

장항동 호수마을4단지

2024년 9월, 최님 매도 자문**

비교가 아닌 매도를 분석할 때에는 매도한 뒤 손에 쥐게 될 예상 자본을 이용해 갈아탈 목적지를 명확히 설정하여 옮겨 갔을 때 실익이 있는지를 최우선으로 고려합니다. 이 사례의 경우 고양시 장항동은 지역 평당가 기준 3,334만 원이라 서울로 진입이 가능한데도 48평형을 보유한 탓에 금액이 초과되어 하급지를 선택한 잘못된 투자로 분류했습니다.

부동산 투자는 말 그대로 부동(不動)의 위치를 사고파는 것이기 때문에 그 위치가 가진 자본에 비해 가치가 작다면 가치를 올릴 방도를 찾거나 자리를 옮겨야 합니다. 결과적으로 예상되는 자본 9억 원은 서

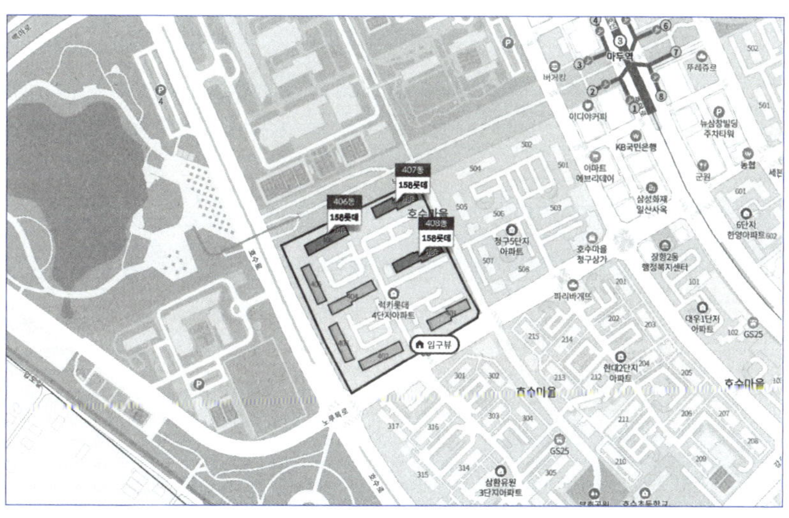

울 강남권 진입도 가능합니다. 최우선으로 수서동, 일원동, 개포동 급매 선점을 추천했습니다.

그러나 배우자 직장 문제로 강남 진입이 어렵다고 하여 1차적으로 투자와 거주 분리를 해야 한다고 설득했습니다. 하지만 완강한 탓에 결국은 선회하여 최종적으로 일산과 가깝지만 도시기본계획에 거점으로 찍힌 마포로 결정하고 성산동 성산시영의 매입을 추천했습니다. 당시에 실제로 제시한 의견은 다음과 같습니다.

"일산은 거주 여건이 좋습니다. 1기 신도시 중 가장 쾌적한 환경이며, 비교적 용적률이 낮고 세대당 평균 대지지분이 높은 동네입니다. 더구나 자리 잡은 토지 자체가 넓은 평야같이 경사가 완만하고 개발도 용이한 편입니다. 따라서 개별 단지에 소형 평형을 목적하여 서울로 진입이 불가한 금액 조건은 디딤돌로 쳐도 무방합니다. 그러나 현재 보유한 장항동 호수마을4단지 48평 물건은 시세가 10억 원을 바라보고 있으므로 해당 지역에 보유 유지로 대응할 이유가 없습니다.

손에 쥐게 될 현금과 대출 포함해 9억 원 안팎의 자본은 강남구 소재 개포동, 일원동, 수서동 진입이 가능합니다. 평수를 줄여 입지를 올려야 하는 것이지, 경기도 일산 보유로 대응할 이유가 없습니다. 그러나 직주 근접을 비롯한 개인사정에 의해 강남권 진입이 어렵다면 그나마 가까우면서 서울의 거점 중 하나가 될 지역으로의 선회가 나을 것입니다.

해당 조건에 가장 부합하는 곳은 마포이며, 금액 조건에 맞는 추천 단지는 성산동 성산시영입니다. 해당 단지는 3,710세대에 40년 차로 재건축 연한이 이미 찬 곳입니다. 제3종일반주거지역에 자리 잡은 토지에 용적률은 148%로 현격하게 낮은 사업장입니다. 대지지분도 평균으로 보아도 14.2평이 되며 추후에 재건축 등 정비 사업이 진행될 곳이니 선점하여 규제 완화를 기대해야 알맞습니다."

가락동 헬리오시티

2024년 7월, 박**님 매도 자문

비교가 아닌 매도를 분석할 때에는 매도한 뒤 손에 쥐게 될 예상 자본을 이용해 갈아탈 목적지를 명확히 설정하여 옮겨 갔을 때 실익이 있는지를 최우선으로 고려합니다. 조건은 33평형 보유자로서 약 23억 원의 매도자금을 조달하여 새롭게 갈아탈 만한 물건이 있는지, 본 물건을 매도해야 하는지에 대해 자문을 했습니다. 당시에 실제로 제시한 의견은 다음과 같습니다.

"현재 수도권 안에 입주 물량이 없어서 신축이 귀해지고 있습니다만 이것은 단기적인 관점입니다. 입주 물량이 없어서 신축이 귀해진다는 것은 새로 공급할 공급처를 발굴해 새로 개발하겠다는 미래 방향을 말합니다. 궁극적으로는 서울 안에서 모든 토지에 건물이 올라간 이상 재건축, 재개발 같은 정비 사

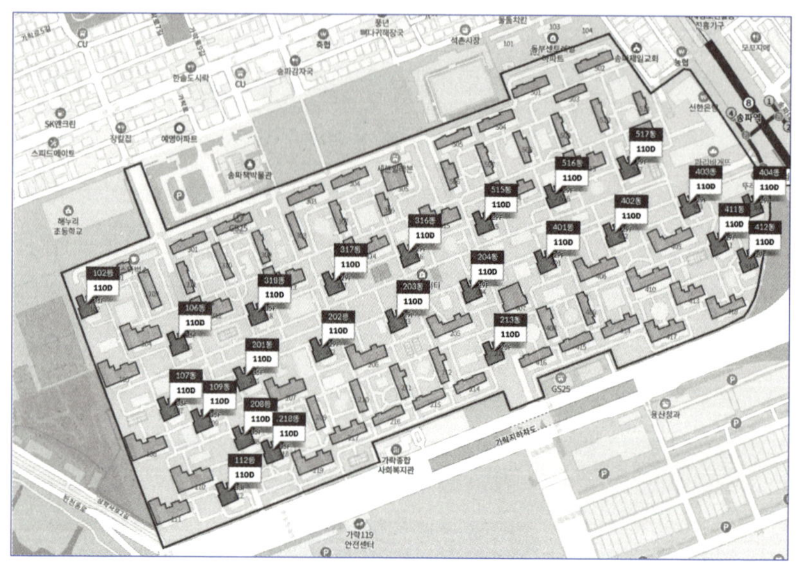

업을 해야 한다는 방향성이 나오니까 말입니다.

그러니 입주 물량이 줄어서 신축이 귀해진다는 단기적인 타점을 보기보다는 앞으로 공급을 늘리기 위해 탈바꿈될, 현재 지어진 구축 아파트에 집중해야 합니다. 특히 규제 완화에 따라 곧바로 재건축이 진행될 가능성이 높은 단지에다 미리 투자를 하여 장기적으로 수혜를 보아야 알맞습니다.

재건축이 진행되는 시점에 현재 귀하다는 신축은 모두 준신축 또는 구축으로 넘어가며 열등재가 될 것입니다. 따라서 현재 보유한 가락동 헬리오시티를 매도해 손에 쥐게 될 현금 23억 원을 기준으로 신천동 장미1차, 여의도동 시범 중에서 선택하는 방향이 낫겠다는 제언입니다. 두 단지는 모두 한강변 선점이면서 미래에도 최상급지가 될 희소한 입지입니다."

상계동 상계주공3단지

2025년 1월, 김님 매도 자문**

비교가 아닌 매도를 분석할 때에는 매도한 뒤 손에 쥐게 될 예상 자본을 이용해 갈아탈 목적지를 명확히 설정하여 옮겨 갔을 때 실익이 있는지를 최우선으로 고려합니다. 의뢰인은 현금 6억 원에 상계동 상계주공3단지 24평을 보유한 상태였습니다. 총 가용 금액을 고려할 때 자산에 비해 하급지를 보유한 경우로 해당 매물을 최대한 빠른 시일에 매도하여 상급지 갈아타기를 시도하라고 설득했습니다.

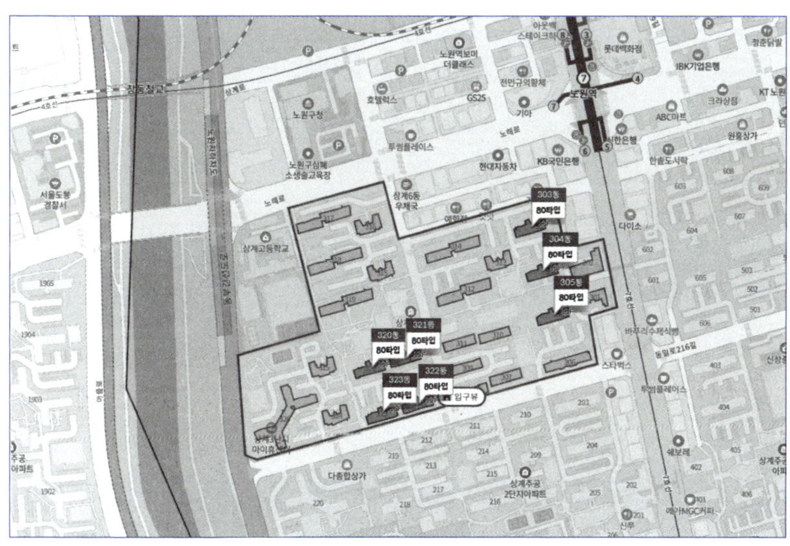

가격에 따른 차등적 위계 구분을 보면, 경기도 최저 진입은 일산과 평택, 그리고 서울 최저 진입은 창동과 상계 정도를 권장합니다. 따라서 본 물건의 절대적 투자 가치는 사실 투자 목적에 그리 위배될 만한 것은 아니었습니다. 충분히 향후 재건축 투자에서 허용 용적률 기준으로 인센티브를 받아 진행이 가능한 단지입니다.

그러나 문제는 보유 현금에 있습니다. 부동산 투자란 쥐고 있는 돈에 맞춰서 최대 효율이 기대되는 상급지 선점을 목적해야 하므로 해당 투자가 아쉽다는 것입니다. 현금 6억 원이라는 돈에 대출을 절반 받으면 총 투입될 투자금액이 12억 원입니다. 이는 결국 20평 기준 평당가로 보면 평당 6,000만 원 안팎의 지역 매입도 가능하니 송파와 서초 진입을 시도해 볼 수 있는 것입니다.

여기서 대출을 절반씩이나 늘리는 것에 반감이 있다면 전세입자를 맞춘 상태에서 후순위 대출 내지는 사업자 대출 일부를 끌어 자금을 조달할 수 있으며, 극단적으로는 평형을 10평대 초반으로 낮춰서 진입할 매수 단가를 낮춰 시도해 볼 수도 있습니다. 결국 현금 기준 정배 대출을 일으키든, 전세를 끼워 후순위 대출을 일으키든, 평수를 극단적으로 줄이든 방법은 다양합니다.

이 와중에 상계동 상계주공3단지라는 물건에 대출 없이 목돈이 묶여 있으니, 투자의 투입 요소 중 하나인 기간 산입이 아깝다는 생각에 매도를 권장했습니다. 최종적으로 노원구 상계동 상계주공3단지에서 송파구 가락동 가락극동으로 갈아타기를 마쳤습니다. 당시에 실제로 제시한 의견은 다음과 같습니다.

"상계동 자체는 훌륭한 지역입니다. 서울에 진입할 목적에서 하단의 허들인 지역으로 창동과 상계동을 꼽으니까 말입니다. 가격만으로는 매력적입니다. 여전히 평당가 2,000만 원대로서 자리 잡은 태생 자체가 경기 북부를 잇는 거점이 되는 곳입니다. 서울시에서 추진하는 동북권 거점으로 꼽히는 이유가 있으며, 불변의 지리적 이점이 있어 결국은 개발이 있을 확률이 높습니다.

문제는 손에 쥐게 될 현금입니다. 현금이 6억 원이라면 현행 대출을 기준해서 절반을 대출받으면 12억 원 안팎의 단지 매수도 가능한데 그 돈을 오롯이 상계동에 묻어 둘 이유가 없다는 생각입니다. 정상적인 대출만 받아도 20평형 기준으로 평당가 6,000만 원 안팎의 상급지 갈아타기가 가능하므로 강남 3구에 곧바로 시도해 볼 수 있습니다.

현금 6억 원에 대출 없이 전세를 끼워 가양동 등 한강변에 접한 단지를 선점해 볼 수도 있습니다. 강북에서 골라야만 하더라도 성산동 성산시영을 비롯하여 더 서울 핵심지에 닿는 단지를 선점해 볼 수 있습니다. 매도해야 합니다. 강남 3구에 매수 고려할 단지로는 비공개 급매물이 있는 가락동 가락극동과 수서동 신동아에 기회가 있습니다."

지제동 지제역더샵센트럴시티

2025년 2월, 변님 매도 자문**

비교가 아닌 매도를 분석할 때에는 매도한 뒤 손에 쥐게 될 예상 자본을 이용해 갈아탈 목적지를 명확히 설정하여 옮겨 갔을 때 실익이 있는지를 최우선으로 고려합니다. 의뢰인은 현금 4억 원에 33평을 보유한 상태였습니다. 지역 전망에 큰 문제가 있어 매도를 권장한 것은 아닙니다. 4억 원이라는 금액은 서울 진입이 곧바로 가능하므로 매도로 설득했습니다. 당시에 실제로 제시한 의견은 다음과 같습니다.

"보유한 지제동 지제역더샵센트럴시티가 자리 잡은 평택이라는 지역적 위상 자체는 사실 별 문제가 아닙니다. 평택은 대

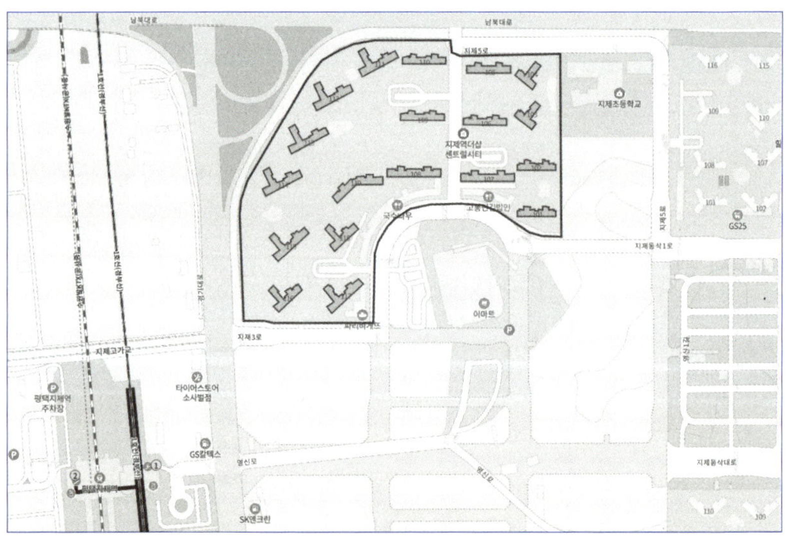

규모 투자와 개발이 예정된 지역으로서 2025년에 예정된 입주 물량만 9개 단지니까요. 최근 5개년 기준 수도권에서 공급될 물량이 많은 지역에 속하므로 당연히 현재 집값이 눌리면서 버텨야 할 구간입니다. 하지만 그 공급이 소화된 이후 인구 증가와 함께 인근 지역의 수요를 끌어당기며 결국은 자족성을 띨 개연성이 높습니다.

이를테면 인천의 송도나 바로 위 동탄과 태생이 비슷하며, 서울로의 의존도가 낮으면서 동시에 자족적인 도시 구성에 인구가 붙으며 일정 지점까지는 값이 오를 곳입니다. 그러니 공개적으로 평택이라는 지역에 대해 신도시 투자 중에서 거의 유일하게 검단, 계양과 함께 추천이 가능한 지역이라 소개한 것이며, 지금도 이유는 동일합니다.

문제는 손에 쥐게 될 현금입니다. 평택은 청약을 통한 매수나 이충동 이충현대와 비등한 재건축 목적 투자가 아닌 이상 그리 큰돈을 묶어 둘 값어치는 작거나 없습니다. 4억 원이라면 전세를 끼면 가양동 가양6단지 매입이 가능합니다. 아이의 교육 여건을 고려한다면 분당의 수내동 양지마을5단지한양, 야탑동 장미마을1단지동부 정도를 시도해 볼 수 있습니다. 여기에 대출까지 더해 매매가의 절반을 조달한다면 실거주로 나열된 단지 매수도 가능합니다.

그럼에도 불구하고 평택이라니 가당치도 않습니다. 매도해야 합니다. 관내의 부동산에 매도를 걸고 가계약 시점 전후로 다시 연락을 주십시오. 당장의 확정 손실을 무서워할 것이 아니라 현재의 잘못된 투자 목적을 청산하여 상급지의 상품을 선점해야 보수적인 투자이니 말입니다.

대부분 착각하는데 저렴한 단지 매수가 보수적인 투자가 아닙니다. 부동산 투자는 철저한 상대평가로 상급지에 가까운 단지를 매수하면 할수록 그 방향에 안정성이 보태지면서 보수적인 투자가 완성되는 종목입니다. 투자 금액에 대한 부담이 커도 물건의 상품성 자체가 높아지면 높아질수록 안정성을 높인다는 것입니다. 그러니 현재 물건의 매도 의견과 함께 가계약 전후 담당자 배정 및 물건 조사와 계약 진행을 서울의 가양, 경기의 분당 정도로 할 것을 추천합니다."

03

비교 물건 자문

: 여러 물건을 비교해 최적의 선택 찾기

수색동 DMC롯데캐슬더퍼스트 vs 수서동 신동아

2022년 11월, 홍**님 비교 자문

통상 단지에 대한 비교는 가격분포지도와 가격증감비교를 최우선으로 활용합니다. 위 두 단지의 평당 가격은 2022년 기준, 수서동 5,635만 원, 수색동 3,147만 원입니다. 이 정도의 평당 가격 차이는 상급지 갈아타기를 시도할 정도의 간격이므로 더 이상 분석할 가치가 없습니다. 당시에 실제로 제시한 의견은 다음과 같습니다.

"지역적으로 둘 다 추천이 가능한 개발 거점이 됩니다만 고민

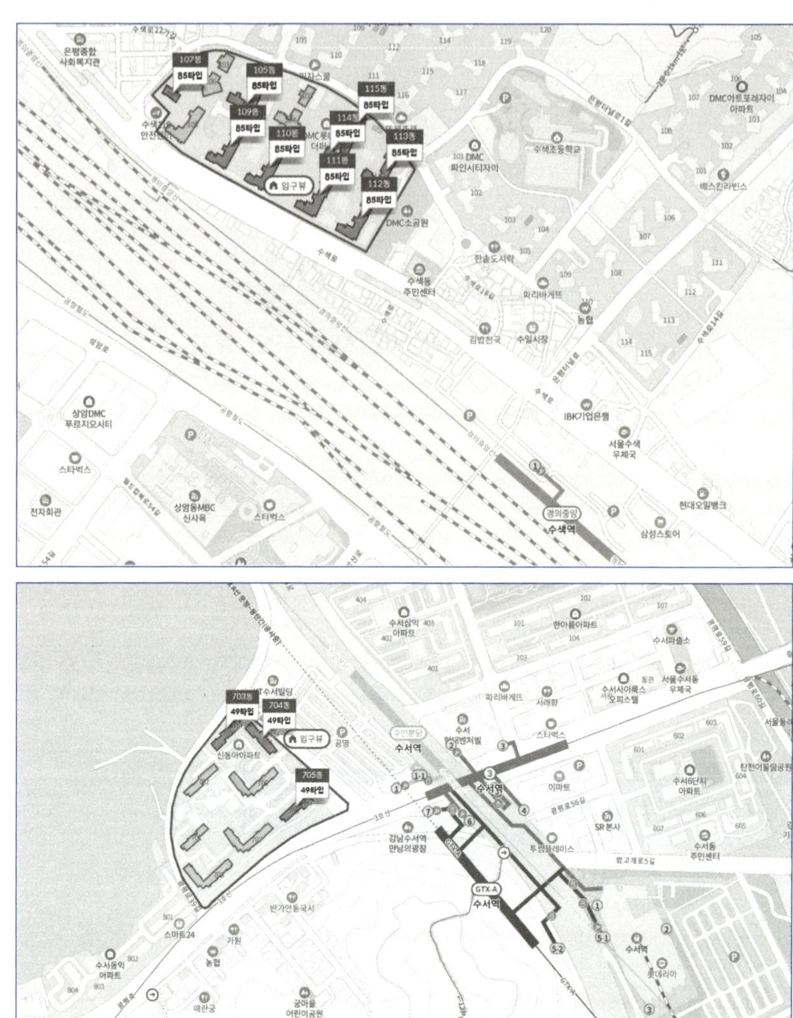

하는 두 단지를 비교하면 평당 가격 기준의 큰 차이로 볼 때 후자가 낫습니다. 수서의 경우 광역철도의 인입과 함께 수서역세권 개발로 인한 거점 승격, 단지 자체의 재건축 이슈도 있어

상승 탄력도 있습니다. 따라서 본 자문에 대한 답으로 수서동 신동아 매수를 권장합니다."

가양동 6단지 vs 수내동 양지마을5단지한양

2024년 12월, 송**님 비교 자문

통상 단지에 대한 비교는 가격분포지도와 가격증감비교를 최우선으로 활용합니다. 위 두 단지의 평당 가격은 2024년 12월 기준, 가양동 4,282만 원, 수내동 4,883만 원입니다. 시장 평가가 비등한 편으로 평당 가격에 크게 차이가 없습니다. 따라서 분석을 위해 도시기본계획과 수도권 개발축을 활용했습니다.

도시기본계획상 가양은 상암·수색부터 마곡까지 이어진 개발축 사이에 위치해 광역 교통망의 수혜를 입을 확률이 높습니다. 더 크게 보면, 서울부터 김포와 인천을 잇는 큰 줄기에서 배제될 수 없는 길목에 위치하고 있어 선점할 만한 지역입니다. 수내는 수서·문정부터 판교와 성남으로 이어지는 개발축에 위치하며, 크게 보면 경부선을 따라서 크는 경기 이남의 핵심이 됩니다.

지역적 위계에서도 큰 우열이 없어 단지 분석을 해야 하며, 결과적으로 단지태생분석과 가격증감비교를 활용합니다. 가양동 소재 단지의 세대당 평균 대지지분은 10.3평, 수내동 소재 단지는 14.5평으로 수내가 우위입니다. 또 가격증감비교를 위하여 3년 변동률을 비교하면 가양동 소재 단지는 -11.49%, 수내동 소재 단지는 +9.83%입니다.

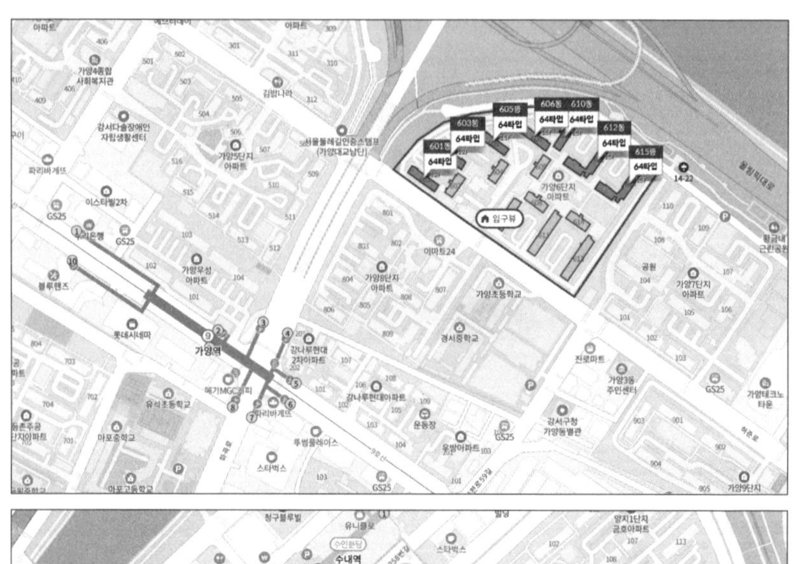

여기서 수익 변동 차이를 더 면밀히 파악하고자 3년간의 변동 폭을 조사했습니다. 가양동 소재 단지가 집계 이전에 한강 르네상스를 비롯한 호재로 이미 큰 상승을 보인 뒤 보합 구간에 다다라 오류가 있

습니다. 바꿔 말하면 가격적으로 가양동 소재 단지의 저평가 구간, 저렴한 매입 구간일 수 있습니다.

종합적으로 결론을 내자면, 두 단지는 단지 태생에 대지지분의 우열은 일부 있으나 가격 증감은 구간에 따라 현재 가양동 소재 단지의 저평가 여부를 고려해야 할 것으로 급매물을 최우선으로 파악해 눌림목을 활용할 전략을 세워 볼 수 있습니다. 또 호가가 올라 기회가 끝난 경우는 수내동 소재 단지의 추격 매수도 차선으로 권장됩니다. 당시에 실제로 제시한 의견은 다음과 같습니다.

> "가양과 분당의 비교는 단순히 서울과 경기 등 지역적 위계로 나눌 것이 아니며, 결론적으로 두 지역 모두 광역 교통망 축에 위치해 매수가 권장되므로 급매 여부로 우열만 가리면 되겠습니다. 현 시점에 나온 매물을 보면 가양동 소재 단지에 평당 4,000만 원을 하회하는 단지가 있으니 해당 매물을 최우선으로 임장하여 확인하세요."

옥수동 래미안옥수리버젠 vs 옥수동 e편한세상옥수파크힐스

2024년 9월, 정**님 비교 자문

통상 단지에 대한 비교는 가격분포지도와 가격증감비교를 최우선으로 활용합니다. 그러나 위 두 단지는 같은 동 단위 소재의 물건이니

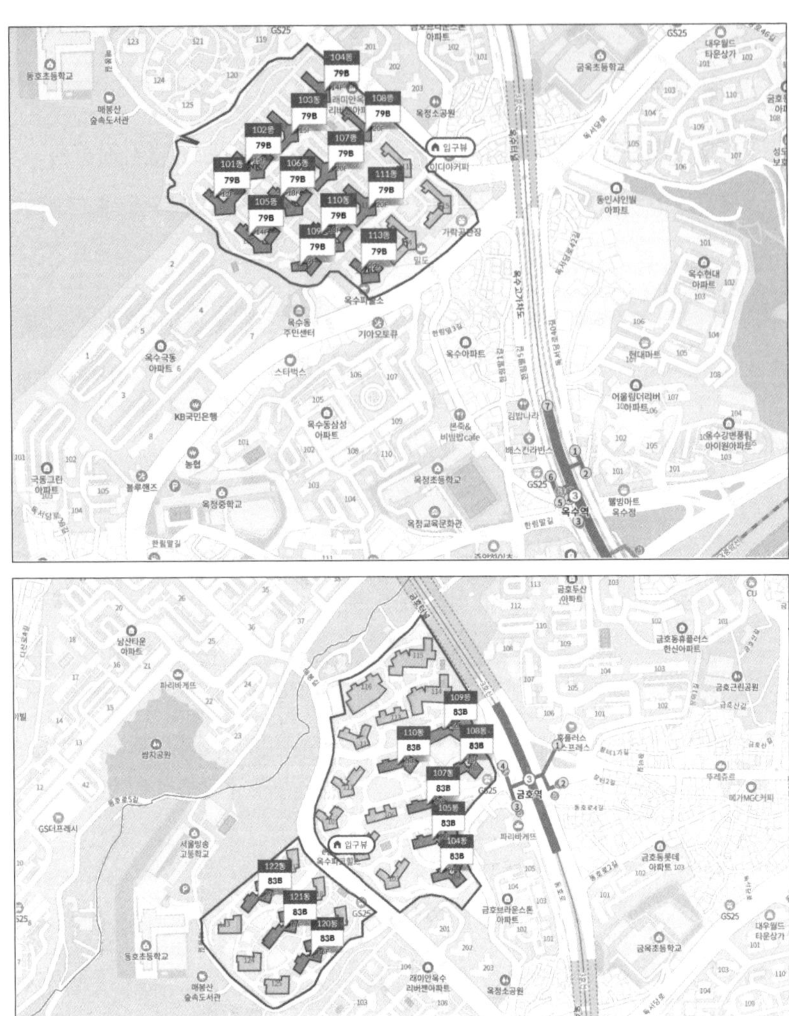

지역의 우열을 나눌 필요 없이 결정된 현재 시세만으로 우선 분류합니다. 2024년 기준, 옥수동 래미안옥수리버젠 24평형 16억 원, 옥수동 e편한세상옥수파크힐스 25평형 17억 2,000만 원으로 차이가 없습니다.

가격만으로 시장 평가가 비슷한 경우에는 입지에 큰 차이가 있는지 유불리를 다시 살펴봅니다. 다만 바로 맞은편 단지의 경우는 괜한 요건을 달아 우열을 가리기보다 해당 시점에 급매물이 있는지만 우선 확인합니다. 온라인 광고 진행이 되지 않는 A급 물건은 관내 부동산에 방문하여 가격 흥정을 시도해야 합니다.

따라서 첫 제안은 반드시 위 두 단지에서만 매수를 목적한다면 두 단지의 우열을 가릴 이유 없이 오로지 급매를 찾아 평단을 최대한 낮춰 보라고 제안했습니다. 덧붙여 만약 위 두 단지가 아닌 추천 물건을 매수할 의향이 있는 경우라면 17억 원 정도 되는 금액은 사실 강남 3구도 가능하니 재고하라고 했습니다. 당시에 실제로 제시한 의견은 다음과 같습니다.

> "옥수동 소재 두 단지는 가격적으로 비등하면서 입지적으로 큰 차이가 없습니다. 여기서 굳이 요건을 덧붙여 둘의 우열을 가른다면 그것은 오히려 순환매 부정(不正), 즉 잘못된 분석입니다. 따라서 만약 두 단지에서만 매수하기를 희망한다면 관내 부동산의 전체 매물에서 급매물 여부만 찾아 기계적으로 평당가만 계산하기를 권장합니다.
> 그러나 만약 현재 고민하는 두 단지가 아닌 다른 단지로 선회가 가능하다면, 사실상 현재 투입한 자본 17억 원 안팎의 금액은 곧바로 강남구로 진입이 가능합니다. 강남에서는 개포동 대치2단지, 수서동 신동아 같은 투자 수요가 있는 최상급지 선점 전략이 가능하며, 송파에서는 현재 급매물 기준 문정동 올

림픽훼밀리타운, 송파동 가락삼익맨숀 매수가 가능합니다.

참고로 소개한 강남 3구의 지역적 미래 가치는 현재 가치와 크게 다르지 않을 것입니다. 추천한 모든 물건은 추후 재건축 등 정비 사업이 반드시 진행될, 슬럼화되기 어려운 곳들 중 하나이니 현재의 두 물건을 고민하기보다는 재건축 수혜도 입을 수 있도록 장기 투자적 관점에서 접근하기를 권장합니다. 소개하는 물건은 현재 전세를 낀 매매로 진입이 가능합니다. 실거주할 필요가 없다는 것입니다. 거주 여건에 따라 가족 간의 반대가 있는 경우라면 타 지역의 전·월세로 타개할 수 있으니 이 점을 참고하여 의사결정을 마치십시오."

맺음말

부동산 건설, 개발, 투자, 중개, 자문을 업으로 하는 제 모든 방법론을 담았습니다. 이 책을 통해 독자 모두가 투자자로서 홀로서기를 희망합니다. 누군가의 출판 소식을 듣고, 진정으로 자신의 노하우를 적은 것인지, 하나 정도는 비법을 빼놓고 쓰지 않았느냐고 물은 기억이 있습니다.

책에 소개한 내용 외에 제가 따로 숨겨 둔 것은 없습니다. 축약해 적느라 소실된 빈칸 정도야 반복적으로 읽으면 채워질 것입니다. 오히려 전체적인 균형을 위해 진행상에서는 생략했던 내용을 보탰으니 문자상으로는 특별하게 부족한 것이 없음을 알립니다. 제 눈에는 여러분이 이 책에 담긴 내용만 온전하게 이해한다면 절대로 아파트 투자에서 헷갈릴 일이 없을 거라고 생각합니다.